KB193887

인도의 길을 걷고 있는 예수

E. Stanley Jones

The Christ of the Indian Road
By E. Stanley Jones

인도의 길을 걷고 있는 예수와 갈릴리 호숫가를 거니시던
그리스도가 무엇이 다릅니까? 전혀 다르지 않습니다.
여러분은 이제 인도인들의 사고 속에서 그분의 임재하심을 느끼며
자주 그리스도를 만나게 될 것입니다.

인도의 길을
걷고 있는 예수

E. Stanley Jones

스탠리 존스 지음 김상근 옮김

iN크리스토
in Christo

"인도는 지금 인도의 길을 걷고 있는 예수 그리스도와 함께
자신의 길을 걸어가기 시작하였습니다
얼마나 놀라운 길이 될까요?"

　인도는 이미 나에게 소중한 존재가 되었습니다. 그러나 지금 내가 품고 있는 인도에 대한 사랑은 선교 초기 내가 지녔던 사랑과는 다소 질적인 차이가 있습니다.

　인도에 처음 갔을 때 내 마음은 연민으로 가득 차 있었습니다. 나는 배우는 데 아무런 생각이 없었고 단지 가르치려고만 했습니다. 그러나 인도에 머무르는 동안 많은 것을 배웠습니다. 사실 나는 인도에 와서 동양의 부드러운 미덕을 배운 덕분에, 이전보다 훨씬 괜찮은 사람이 되었다고 생각합니다.

　하지만 내게 '스승'이란 단어가 적합한지 여전히 의문입니다. '소개하는 사람(introducer)'이라는 단어가 더 적합하지 않을까 생각합니다. 훌륭한 소개자가 되려면 먼저 그들에 대해 잘 알고 있어야 합니다. 이것은 아주 중요한 일입니다.

　한 힌두교인 변호사가 나에게 물었습니다.

　"예수를 본 적이 있습니까?"

　"예, 저는 보았다고 믿습니다."

　"그렇다면 선생님은 제가 아직 찾지 못한 무엇인가를 이미 찾으셨겠군요. 저도 그것을 찾아야 되겠습니다."

예수 그리스도를 아는 것, 그리고 그를 소개하는 것이 나의 임무입니다.

인도에는 아주 아름다운 결혼풍습이 있는데, 이 인도의 결혼풍습에서 우리가 할 임무를 어렴풋하게나마 발견할 수 있습니다. 인도의 결혼식에서는, 신부의 여자친구들이 음악소리에 맞춰 신부를 신랑의 집으로 데리고 갑니다. 그들은 신부를 신랑이 있는 곳으로 안내합니다. 그들의 역할은 여기서 끝납니다. 신부의 친구들은 신부를 신랑 곁에 남겨두고 떠납니다. 이것이 바로 인도에서 우리가 해야 할 즐거운 사명입니다.

그를 알고 그를 소개한 후, 이제 떠나는 것입니다. 여기서 떠난다는 것은 꼭 지리적으로 떠나는 것을 의미하지는 않습니다. 그것은 인도를 예수 그리스도에게 위임하고, 예수 그리스도를 인도에 위임하는 것을 의미합니다. 우리의 역할은 여기서 끝납니다. 나머지 길은 예수 그리스도와 인도가 함께 걸어 갈 것입니다.

인도는 지금 인도의 길을 걷고 있는 예수 그리스도와 함께 자신의 길을 걸어가기 시작하였습니다. 얼마나 놀라운 길이 될까요?

《인도의 길을 걷고 있는 예수》의 본문 중에서 발췌

일러두기

《인도의 길을 걷고 있는 예수》는 1926년 영국에서 출간된 책으로, 전체 13장으로 구성
되어 있다. 내용의 이해를 돕기 위해 각 장마다 소제목과 카피를 두었으며, 본문에 등
장하는 인물과 사건 등에 대한 주석과 사진 등을 함께 곁들였음을 밝힌다.

prologue

문제의 정의

자이나교 출신의 한 변호사가 《구약성서》에 나타난 수많은 모순
점들에 대해 일일이 열거할 때, 스탠리 존스는 이렇게 대답했다.
"형제여, 나는 형제가 제기한 모든 모순점들에 대해 논쟁할 수
있지만 이상하게 그렇게 하고 싶지 않습니다. 나는 기독교를 예수
그리스도라고 정의합니다. 만약 형제께서 예수 그리스도에 대해서
모순점을 지적하고 공박한다면 나는 모든 것에 대해 속 시원히 대답
할 자신이 있습니다."

'예수'가 바로 복음의 핵심

"예수 그리스도 앞에 서 있을 때, 삶의 매순간이 역동적으로 다가 옴을 느낍니다. 그곳에 서 있을 때 하늘과 땅의 모든 신비가 풀립 니다. 그분이 바로 이 세상 모든 문제를 풀 수 있는 열쇠이기 때문 입니다."

예수 그리스도의 열두 사도들이 처음으로 기쁜 복음의 소식을 전하고 돌아와 예수께 '자기들이 행한 일과 자신들이 가르친 일' 에 대해 보고했습니다. 그 열두 사도들은 자기들이 행한 일과 자 신들이 선교현장에서 가르친 일들 외에 세 번째로 중요한 사건이 일어났음을 보고해야만 했습니다. 그것은 사도들이 선교현장에 서 무엇을 배웠는가와 연관된 것이었습니다. 선교현장에서 사도 들이 무엇을 배웠는가의 문제는 예수 그리스도의 복음을 통하여 무엇을 행한 것이 아니라, 예수 그리스도 그분에게 무엇을 했는가의 문제였습니다.

예수 그리스도의 복음을 통해서 무엇을 했다는 것은, 나의 인도 선교를 경우로 든다면, 아마 무의식중에 내가 무엇을 어떻게 해냈는가에 대한 증언이 될 것입니다. 인도에서 나는 복음의 메시지를 전하면서 내 신앙을 고백하는 등 내 선교사역의 의무를 단순화하는 데 충실했습니다. 그리고 그런 선교와 신앙의 단순화가 내 삶 속에 실천되었음을 믿습니다.

최근 나의 친구 중의 한 사람은, 그의 연설 말미에서 이렇게 말한 적이 있습니다.

"존스 선교사는 인도를 위해서 제법 유익한 일을 했습니다. 그러나 인도는 그를 위해서 더 엄청난 일들을 이루었습니다."

사실 그렇습니다. 인도는 내게 커다란 결실을 주었습니다. 언제나 내게 선물처럼 다가왔던 인도와 더불어 살면서, 나는 내가 일찍이 생각했던 것보다 훨씬 작은 것을 소유하고 있음을 알게 되었습니다. 사실 이전만 해도 내가 더 많은 것을 소유하고 있다고 믿었습니다.

지금에서야 비로소 얼마나 내가 선교사역의 의무를 복잡하게 이해하고 있었는지 깨닫게 되었습니다. 이전에 나는 선교사역이 어려운 것이라기보다는 오히려 복잡한 것이라고 생각하고 있었습니다. 처음 선교사 자격으로 인도에 도착했을 때, 〈창세기〉에서부터 〈요한계시록〉에 이르는 아주 긴 내용의 규칙 같은 것을 인도에서 펼치리라 생각했습니다. 아니 그 규칙은 〈창세기〉에서부터 시작해서 서구문명과 서구 기독교의 교회론까지 연결되는 아주 긴 내용이었습니다. 나는 마치 내가 모세와 다윗, 그리고 예수와 바울, 아니 모든 서구문명과 기독교 세계를 위해서 싸우는 용사가 된 듯한 착각에 빠져 있었습니다.

나는 언제나 무엇인가를 지키기 위해 근심하고 있었습니다. 그러나 사실 무엇 때문에 근심하는지, 정확한 문제의 핵심을 알지 못하고 있었습니다. 나는 무엇인가를 지키기 위한 이 전투에서 세 가지 부분은 절대 양보할 수 없다고 굳게 믿고 있었습니다. 그것은 성서, 서구문명, 그리고 보편적 교회였습니다. 나는 이것들에 대한 정확한 정의를 내리지도 못하고, 본능적으로 이것들을 지켜야 한다고 믿고 있었기 때문에 내 마음속 깊은 곳에 자리잡고 있는 진짜로 지켜야 할 중요한 것들과는 거리를 두었습니다. 그러다가 마침내 그 긴 규칙의 내용을 줄일 수 있고, 또 그렇게 해야만 한다는 사실을 알게 되었습니다. 그리스도만을 내 중심에 세울 수가 있었습니다.

불신 세계가 예수 그리스도를 부인하고 그를 십자가에 못박히도록 했지만, 오로지 그리스도만을 내 중심에 세우고 당당히 그 앞에 설 수 있었습니다. 사역에 임하면서 인생의 먹구름처럼 느껴졌던 모든 부담감들이 나로 하여금 그 장소에 설 수 있도록 해 주었습니다. 이제서야 그 장소가 내가 지금까지 줄곧 서 있던 바로 그 장소임을 알게 되었습니다. 나는 비로소 예수의 본성 가운데 복음의 핵심이 놓여 있음을 직시하게 되었습니다. 예수의 본성이 바로 복음의 기쁜 소식 그 자체이기 때문에, 나의 임무는 그분과 더불어 살면서 그분이 존재함을 증명하는 것입니다. 내 사역의 임무는 매우 간략해졌습니다.

그러나 사실 내 선교사역의 임무가 단순화되었을 뿐 아니라 매우 역동적으로 변했습니다. 특히 예수 그리스도 앞에 서 있을 때, 삶의 매순간이 역동적으로 다가옴을 느낍니다. 그곳에 서 있을 때 하늘과 땅의 모든 신비가 풀립니다. 그분이 바로 이 세상 모든 문제를 풀 수 있는 열쇠이기 때문입니다.

아시아인들에게 기독교 개종을 강요했던 까닭은

"우리가 복음을 아시아에 전할 때, 우리는 서구문명의 위대함을
본받게 하기 위해 기독교로 개종하라고 아시아인들을 강요하지
않았습니까? 너무나 부끄러운 잘못된 길이었습니다."

나는 여전히 《구약성서》를 믿습니다. 《구약성서》는 예수의 성
육신 이전에 주어진 이 세상을 위한 하나님의 가장 숭고한 계시가
기록되어 있는 책입니다. 나는 예수가 생각한 것처럼 《구약성서》
가 그런 역할을 했다고 믿습니다. 그러나 문제의 핵심은 이러한
확신보다 좀 더 복잡합니다. 기독교를 맹렬히 반대하던 한 유능한
자이나교 출신의 변호사는, 한 종교모임에서 《구약성서》에 나타나
있는 수많은 모순점들을 일일이 열거하면서 내게 성서의 진리성
에 대해 공박한 적이 있습니다. 그때 나는 이렇게 대답했습니다.

"형제여, 나는 형제가 제기한 모든 모순점들에 대해 논쟁할 수
있지만 이상하게 그렇게 하고 싶지 않습니다. 나는 기독교를 예수

그리스도라고 정의합니다. 만약 형제께서 예수 그리스도에 대해서 모순점을 지적하고 공박한다면 나는 모든 것에 대해 속 시원히 대답할 자신이 있습니다."

그러자 그는 이렇게 되물었습니다.

"누가 당신에게 기독교를 예수 그리스도라고 정의하도록 권위와 자격을 부여했습니까? 어느 교회의 결정이 당신으로 하여금 기독교를 그렇게 정의하도록 허락했습니까?"

나의 주님께서 그렇게 하셨다고 나는 대답했습니다. 교회의 신학적 결정을 따르고 있는 것이 아니라, 예수 그리스도 그분만을 따르고 있다고 대답했습니다. 그리고 그분께서 친히 "너희는 이전에 이렇게 들었다. 그러나 나는 이제 이렇게 말한다"고 말씀하셨음을 상기시키고, 바로 그런 이유 때문에 나는 그분의 인도하심을 따르게 되었다고 말했습니다.

성서의 기록 가운데서도 그분의 말씀이야말로 최종적인 권위를 가진다고 말해 주었습니다. 나는 〈요한계시록〉 끝부분에 나오는 불완전한 결말을 끌어 당겨서 최후에 위치한 예수 그리스도와 연결지을 수 있었습니다. 하나님의 계시는 계속해서 발전해 오다가 예수 그리스도 그분 가운데서 완성되었습니다. 그렇다면 왜 나는, 내가 가지고 있던 불완전한 규칙의 긴 내용을 지키기 위해 안절부절해야 합니까? 예수 그리스도를 통해 하나님의 계시가 완성되었는데도 말입니다. 그 변호사 친구에게서 당황하는 기색을 엿

볼 수 있었습니다. 그 친구가 참고했던 수많은 반(反)기독교적인 문서의 주장이 일시에 허물어지는 것을 느끼고 있었기 때문입니다. 그런 반기독교적인 문서들의 주장은 문제의 핵심을 잘못 짚고 있습니다.

그러나 나는 그 변호사 친구를 비난할 생각도 없었고 그가 문제의 핵심을 잘못 짚고 있다고 생각하지 않았습니다. 우리 스스로가 그 변호사로 하여금 그렇게 생각하도록 애매모호한 태도를 가진 적이 없습니까?

우리들의 애매모호한 태도는 베드로의 고백에서 상징적으로 드러납니다. 베드로도 변화산상에서 애매한 태도를 취한 적이 있습니다. 변화산상에서 모세는 율법을 상징하고, 엘리야는 선지자를 대표하며 예수는 새로운 계시를 대표하고 있었습니다. 원래 유대인의 심성을 가지고 있던 베드로는 이 세 가지 모두를 지키고 싶어했습니다. 그에게 이 세 가지는 모두 동등하게 중요한 것이었기 때문에, 초막 셋을 지어 이 세 가지를 지키고자 했습니다. 이때 구름 위에서 음성이 들렸습니다.

"이는 내 사랑하는 아들이다. 그의 말을 경청하라. 율법과 선지자의 계명은 예수 그리스도를 통해서 완성되었으니, 그의 말을 들으라!"

그리고 제자들이 눈을 들어 바라보았을 때 오직 예수 그리스도만이 그 자리에 남아 있었습니다. 그분께서 모세와 엘리야가 남긴

빈 자리를 채웠습니다. 그분이 우리의 빈 자리로 채워 주실 것입니다.

　다시 한 번 강조합니다. 우리가 인도와 비기독교 국가들에게 복음을 전할 때 불필요하게 서구문명의 모델을 전수하기 위해 문제 삼지 않았습니까? 세계대전 이전에 우리가 복음을 아시아에 전할 때, 우리는 서구문명의 위대함을 본받게 하기 위해 기독교로 개종하라고 아시아인들을 강요하지 않았습니까? 너무나 부끄러운, 잘못된 길이었습니다. 우리는 거듭 용서를 구하기 위해 끊임없이 머리를 숙이고 변명이라도 늘어놓아야 할 지경입니다.

서구문명에는 '비기독교' 적인 요소가 있다

"미국의 청교도 개척자들이 새로운 땅 미국으로 건너갈 때, 바로 그 옆을 항해하던 배에는 흑인 노예들이 가득 실려 있었습니다. 예수라는 돛단배를 타고 신대륙을 찾아 떠났던 우리 선조들은 노예를 사고파는 일에 가담했습니다. 바로 이런 이유 때문에 기독교를 신봉하는 서구에서 인종차별이 횡행하고 있지 않습니까?"

어떤 점에서는 아름답고 또 다른 점에서는 추하기도 한 우리 서구문명에 대해서 인도사람들은 아무런 미련이나 기대가 없습니다. 선교사역을 통해서 오랜 세월 동안 동과 서가 만나왔지만 어떤 때는 자기희생과 사랑의 정신으로 보기에 아름다울 때도 있었고, 또 어떤 때는 추하고 비기독교적인 모습을 보일 때도 있었습니다.

그러나 사실 유럽에서 기독교가 전파된 역사를 기억해 볼 때, 우리가 얼마나 비기독교적일 때가 많았던지 솔직히 깨닫게 됩니다. 지금 유럽 사회의 수많은 사악한 현실은 그 과정에서 파생된 것입니다. 사실 처음 유럽에 기독교를 전파한 선교사들은 보기 드문 성자적인 삶의 태도와 철저한 자기희생 정신을 가지고 있었습니다. 그러나 그렇다고 해서 유럽의 기독교화가 그런 성자적인 태도와 철저한 자기희생을 통해서 늘 성취되지는 않았습니다.

왜 우리 서구문명에 비기독교적인 요소가 내재되어 있는지 세 가지 예를 들어보겠습니다.

러시아는 블라디미르 황제에 의해 기독교화되었습니다. 그는 처음에 기독교인이 되는 것을 매우 망설이고 있었습니다. 자신의 체면도 있고 해서 그는 결국 그 지역의 사제로부터 세례를 받지 않았습니다. 블라디미르 황제는 콘스탄티노플의 대주교가 자신에게 세례를 베풀어 줄 것을 희망하고 있었습니다. 그렇게 하는 것이 그에게 황제로서의 권위를 살려준다고 믿었기 때문입니다.

그러나 그렇게 되려면 콘스탄티노플의 대주교에게 예물을 헌정해야 하고, 이는 곧 남의 손에 자신의 재산을 넘겨주는 것을 의미했습니다. 그래서 그는 콘스탄티노플을 무력으로 정벌한 다음 대주교로 하여금 세례식을 베풀도록 하는 것이 자신의 권위를 세우는 것이라고 판단했습니다.

그는 세례를 받는 성도의 모습이 아니라 권력을 휘두르는 폭군의 모습으로 대주교 앞에 서기를 원했습니다. 그리고 그 계획은 실행에 옮겨졌습니다. 콘스탄티노플은 공략을 당하고, 대주교는 강제적으로 블라디미르 황제를 위한 세례식을 베풀어야 했습니다. 그렇게 해서 전 러시아가 기독교화된 것입니다!

바로 이런 이유 때문에, 기독교를 신봉하는 서구에서 오히려 서로를 정복하는 데 혈안이 되어 있는 것 아닙니까? 기독교가 유럽에 전해질 때 정복자의 모습으로 전해졌기 때문입니다.

또 다른 예를 들겠습니다. 유럽의 호전적인 민족이었던 색슨족은 샤를마뉴 대제의 공략에 의해 기독교화가 되었습니다. 그들은 기독교를 받아들이면서 한 가지 조건을 내걸었습니다.

그 조건이란, 그들이 기독교 세례의식에 참여할 때 지켜져야 하는 것이었습니다. 그 호전적인 색슨족들은 기독교 세례를 받을 때 몸 전체가 물에 잠기는 것을 원치 않았습니다. 물 속에 몸 전체를 잠기게 하는 것 자체가 그들이 누렸던 이전의 죄악된 삶 전체를 죽이는 것을 상징하므로, 그들은 그들의 오른팔만은 물 속에 담그지 않게 해달라고 조건을 내걸었습니다. 그 요구대로 색슨족들은 세례를 받을 때 오른손을 머리 위로 높이 치켜들고 있었습니다. 색슨족들은 싸움과 살육의 오른쪽 손을 포기하지 않았습니다. 그들이 진정한 기독교인이 되었다고 말할 수 있습니까? 바로 이런 이유 때문에 기독교를 신봉하는 서구에서 전쟁의 소문이 끊이지 않는 것 아닙니까? 기독교가 유럽에 전해질 때 전쟁과 살육의 전통이 함께 따라 온 것입니다.

또 다른 예를 들어 볼까요? 메이플라워호를 타고 미국의 청교도 개척자들이 미국이라는 새로운 땅으로 건너갈 때, 바로 그 옆을 항해하던 배에는 흑인 노예들이 가득 실려 있지 않았습니까? 예수라는 돛단배를 타고 신대륙을 찾아 떠났던 우리들의 선조들은 노예를 사고파는 일에 가담했습니다. 바로 이런 이유 때문에, 기독교를 신봉하는 서구에서 인종차별이 횡행하고 있지 않습니까? 기독교와 함께 이런 것들이 함께 전해졌습니다.

아시아 사람들은 이런 것들이 여전히 남아 있다고 믿고 있습니다. 서구문명의 그늘에 가려져 있는 인도는 위대하고 매력적인 존재에 끌려 왔습니다. 인도사람들은 그분에게 가까이 다가서는 것을 망설여 왔습니다. 그들은 만약 그분을 맞이한다면, 그리스도만을 영접하는 것이 아니라 서구문명까지도 같이 받아들여야만 하는 것이 아닌가 근심하고 있기 때문입니다.

이제 인도사람들의 마음에 새로운 여명이 떠오르고 있는데, 그것은 그리스도를 영접하기 위해서 서구문명도 함께 받아들여야 할지 모른다는 불안감이 해소되고 있기 때문입니다. 그들은 서구문명과 상관없이 예수 그리스도를 영접하기를 원하고 있습니다. 이러한 복음의 새로운 여명은 그들에게 매우 중요한 의미를 가지고 있습니다. 우리들에게도 이것은 매우 심각한 의미를 부여하고 있습니다.

약 7년 전에 어떤 힌두교를 믿는 변호사가 내게 물었습니다.

"진짜로 당신은 인도의 문명을 파괴하고 서구문명을 우리에게 강요하기 위해서 이곳에 온 것이 아닙니까? 복음을 진정으로 받아들인다는 것은 서구문명을 받아들인다는 것을 전제조건으로 한 것이 아닙니까? 나는 기독교를 혐오해 왔습니다. 그렇지만 당신이 말했듯이 기독교가 그리스도라는 것이 사실이라면, 인도사람 누구라도 기독교를 싫어하지 않을 것이 확실합니다."

　나는 그 사람에게 내가 말한 것이 사실이란 것을 다시 한 번 확인해 주었습니다. 단지 그것뿐이라고 말해 주었습니다. 그러나 그것은 이미 7년 전의 일입니다. 이제 그 사실은 어느 정도 정리가 된 것 같습니다. 우리가 인도에 온 이유가 서구문명을 인도인들에게 강요하기 위함이 아니라는 것은 어느 정도 분명해졌습니다.

기독교와 예수는 같은 존재가 아님을 발견하다

"기독교가 새로운 여정을 향해 새롭게 출발할 때마다 예수 그리
스도의 본성이 새롭게 제기되었습니다. 그가 다시 빛을 받았을
때, 세상의 어둠은 그분 때문에 다시 밝아졌습니다."

인도 사람들에게 매력적인 요소가 있는 것은 분명하지만, 그들
은 각자의 취향대로 서구문명으로부터 일정부분 거리를 유지하
거나 어떤 부분을 선택하기도 합니다. 그러나 우리는 그것을 문제
삼지 않기로 했습니다. 사실 우리가 이것을 문제 삼지 않으면, 인
도사람들은 서구문명으로부터 더 많은 것을 선택하게 될 것으로
보입니다.

그러나 언제나 신속하고 정확한 인도사람들의 본능적인 판단
은 여기서 한 걸음 더 나아갑니다. 인도사람들은 아주 놀랄 만한
사실을 발견했습니다. 그것은 기독교와 예수가 같은 존재가 아니

라는 사실입니다. 그들은 경이롭게도 서구사회의 체계에 의해 유지되어 온 것과는 상관없이 예수를 받아들일 수 있다는 가능성을 발견했습니다.

인도에서 돌아온 지 얼마 되지 않는 유명한 설교가 한 사람은 기독교와 예수가 언제나 같은 존재가 아님을 발견한 인도인들에 대해 이렇게 말합니다.

"인도인들이 기독교와 예수가 동일한 존재가 아니라는 사실을 발견했다는 것이 선교의 첫 번째 원동력이 될 수 있었음을 뜻합니다."

이 둘이 같은 존재가 아니라는 새로운 발견은 사실 전에도 늘 있어 왔던 일입니다. 그러나 실제로 '새로운 일'이란 이제 복음을 받아들이는 인도사람들이 이 차이를 분명히 인식하고 있고, 이 차이를 바탕으로 그들의 신앙을 고백한다는 것입니다. 이것은 인도와 세상 모든 사람들에게 가장 놀랄 만한 일이며, 엄청난 영적인 통찰력을 가지고 있는 인도사람들이 기독교의 중심에 예수 그리스도가 있음을 발견했다는 것은 매우 중요한 의미를 지니고 있습니다.

이제, 인도인들이 그분에게 모든 것을 드리며, 그분의 영과 혼을 따라 살고 기독교인으로서의 삶을 살아간다는 것은 놀라운 일입니다. 이러한 사실은 이 세상 모든 인류의 종교적 미래에 대해 매우 중요한 가능성을 제시하고 있습니다.

이러한 놀라운 가능성을 거시적인 안목에서 바라볼 때, 인도에서 대규모의 개종이 일어나기 전에 이러한 사실을 인도인들이 발견했다는 것은 우연의 결과가 아니라 하나님의 섭리하심이 함께한 것이라고 생각하지 않을 수 없습니다.

만약 이러한 발견 없이 인도의 기독교화가 진행되었다면, 인도의 기독교는 서구의 무미건조한 복사품에 불과할 뿐 아니라 서구 기독교의 약점을 고스란히 간직하게 될 것입니다. 그러나 대규모 기독교화가 일어나기 전에 인도사람들이 기독교와 예수가 동일한 존재가 아니라는 점을 발견했다는 것은 이 세상에서 가장 영적으로 밝은 사람들이 새로운 가능성과 함께 그리스도를 기독교 그 자체로 받아들이기 시작했다는 것을 의미합니다. 이러한 가능성속에서 그리스도가 기독교 그 자체임을 분명히 하고, 예수 그리스도를 교회의 중심에 세우고 초대 교회를 부흥시키고자 했던 인도사람들은, 우리 서구 기독교인들에게 영적 힘이란 어떻게 솟아나오는지 보여주게 될 것입니다.

오랜 동안 기독교 역사가 흘러오면서 예수 그리스도에 대해서도 새롭게 강조되어 왔는데, 그럴 때마다 새로운 영적인 힘과 역동적 가능성이 신선하게 제기되었습니다. 보셋(Bousset)*은 이렇게 말한 적이 있습니다.

*빌헬름 보셋 (Wilhelm Bousset, 1865~1920)
독일의 신학자로 종교사학파의 개척자 중 한 사람이다.

"기독교가 새로운 여정을 향해 새롭게 출발할 때마다 예수 그리스도의 본성이 새롭게 제기되었습니다. 그가 다시 빛을 받았을 때, 세상의 어둠은 그분 때문에 다시 밝아졌습니다."

복음을 위해 한 민족이 태초에 선택되었다면, 그 복음의 명료화와 새로운 활기를 위해 또 다른 민족이 선택되었습니다. 우리들은 모든 인류를 위한 새로운 영적 세계의 충격이 인도의 국경선 안에서 진행될 것이라고 믿고 있습니다.

chapter 1

복음의 본질은 무엇인가

백 프로 솔직할 것

어느 누구의 종교도 공격하지 않을 것임을 먼저 확인시켜 주어라

종교 간의 대화를 마칠 때에는 참가자들이 질문할 수 있도록 시간을 준다

집회가 열리는 도시의 비기독교 지도인사를 집회의장으로 세운다

기독교는 그리스도로 정의되어야 한다

그리스도는 단순한 논쟁이 아니라 기독교적인 경험에 의해 해석되어야 한다

스탠리 존스가 선교하면서 종이쪽지에 적어 두었던 선교원칙

왜 낮은 계층에만 전도하려는 겁니까?

"왜 당신네들은 낮은 계층한테만 가서 전도를 하셨나요? 실수했 군요. 당신들이 올바른 방식으로 우리에게 오기만 한다면, 우린 당신들을 원합니다."

꾸욚 오아

이 책의 집필 목적은 나의 선교사역이 아시아에서 어떻게 추진 되었는지에 대해서 설명하는 것에 있습니다. 진정한 복음 사역은 복음 전파자 안에서 시작된다는 것을 깨달았습니다. 전 세계에 존 재하는 기독교 사역의 문제는 기독교 사역자의 문제이며, 가정교 육이 가족의 특성에서 나오는 것처럼, 기독교 사역은 기독교 사역 자의 특성에서 나오는 것입니다.

그래서 나는 내가 경험한 것들을 말하는 데에서 이 글을 시작 하려 합니다. 이러한 시도를 할 만한 용기가 과연 내게 있는지, 그 것은 또 다른 문제입니다.

나는 인도에서 이 일을 시작한 지 8년이 넘도록 영국 교회의 목사, 출판사의 책임자, 마을 전도자, 넓은 교구를 책임지는 교구장 등 많은 사역을 감당하였습니다. 그러다 문득 인도의 교육받은 상류계층, 소위 인텔리를 위해 일하고 싶다는 생각이 들었습니다.

사실, 선교 측면에서 볼 때 우리는 그들을 위해 한 일이 거의 없었습니다. 우리는 선교의 가장 쉬운 방법을 택하였고 그것은 낮은 계층들 속으로 들어가는 것이었습니다.

나는 일상적인 일을 하면서, 힌두교와 이슬람의 지도자들이 많이 모이는 인도의 마을회관에서 성서수업도 하고 공부모임도 가졌습니다. 저녁에 테니스를 치고 나면, 우리는 둘러앉아 어두워질 때까지 《신약성서》를 공부하면서 영적 문제를 논의하였습니다. 하루는 정부의 고위관리인 힌두교인이 이렇게 물었습니다.

"이 도시에서 개신교 선교가 시작된 지 얼마나 되었습니까?"

50년이 되었다고 내가 대답하자, 그는 다시 이렇게 꼬집어 물었습니다.

"그런데 왜 당신네들은 낮은 계층한테만 가서 전도를 하셨나요? 왜 우리들한테는 전도하지 않았지요?"

"당신네들이 우리를 원치 않을 것이라고 생각해서입니다."

나의 대답에 그가 다시 말했다.

"실수했군요. 당신들이 올바른 방식으로 우리에게 오기만 한다면, 우린 당신들을 원합니다."

그 후 매 순간 나는 그 올바른 방식을 찾고자 노력하였고, 그 올바른 방식은 다름아닌 기독교인이 되는 것이라는 결론을 내렸습니다. 기독교인이란 용어가 함축하고 있는 의미를 두려워해서는 안 된다는 결론이었습니다.

너에게 준 사명을 수행할 준비가 되었느냐?

"저는 이제 끝났습니다. 저는 벼랑 끝에 있습니다."
"네가 아무 걱정 하지 않고 나에게 모든 것을 맡긴다면
내가 모든 것을 알아서 하겠다."
나에게 그리스도는 새로운 생명이 되셨습니다.

꙳꙳꙳

그러나 이런 일을 할 만한 사람이 누가 있겠습니까? 그러자면
인도 전체를 휩쓸고 있는 민족주의의 흐름 가운데 그리스도를 세
워야 하며, 그리스도를 그 상황에 맞게 해석해야 했습니다. 가슴
아프지만 나는 그럴 만큼 현명하지도, 성령으로 충만하지도 않았
습니다. 게다가 당시 나의 몸은 기력이 다 쇠해 있었습니다.

8년간의 긴장된 생활 때문에 나는 심신이 모두 지쳐서 탈진하
여 쓰러지기 일쑤였습니다. 그래서 나는 휴식을 취하기 위해서 인
도를 떠났습니다. 휴가를 떠나는 배에서 일요일 아침 예배에서 설
교를 하는 동안에도 나는 또 한 번 쓰러졌지요. 미국에서 일 년 간의

휴가를 보내고 인도로 돌아오던 중 마닐라에서 필리핀의 대학생들과 복음대회를 가질 때였습니다. 수백 명의 학생들이 개종을 결심하였습니다. 그러나 그 대회에서 계속 긴장하고 있던 탓인지 결국 나는 또다시 쓰러지고 말았습니다. 다시 인도로 향했고, 지병은 점점 깊어졌습니다. 건강이 좋지 않은 상태에서도 사역을 다시 시작하였으며, 그런 연유로 번번이 의식을 잃곤 했습니다.

인도에 도착한 나는 곧바로 공기 좋은 고원지대로 갔습니다. 거기서 몇 달 동안 충분한 휴식을 취했습니다. 그 후 평지로 내려와서 선교사역을 다시 시작하였으나, 곧 몸은 더욱 나빠졌습니다. 나는 다시 고원지대로 올라갔습니다. 다시 평지로 내려왔을 때, 더 이상은 이 일을 할 수 없다는 사실을 깨닫게 되었습니다. 기력이 완전히 쇠진해 있었고, 해야 할 임무가 코앞에 놓였음에도 전혀 준비가 되어 있지 않은 상태였습니다.

만약, 그 어떤 도움을 받지 못한다면 지금의 사역 일을 포기하고 미국으로 돌아가서 농사를 지으며, 건강을 회복하는 데 주력해야 한다는 사실을 깨달았습니다. 그때가 내 인생의 암흑기였지요. 그런데 럭나우(Lucknow)에서 열린 집회에 참가했을 때였습니다. 기도 중, 나 자신에 대해서는 별다른 생각을 하고 있지 않았는데, 한 음성이 들려왔습니다.

"내가 너에게 준 사명을 수행할 준비가 되었느냐?"

"아닙니다. 주여, 저는 이제 끝났습니다. 저는 벼랑 끝에 있습니다."

이렇게 대답하자, 다시 음성이 들려왔습니다.

"네가 아무 걱정 하지 않고 나에게 모든 것을 맡긴다면, 내가
모든 것을 알아서 하겠다."

곧바로 나는 대답하였습니다.

"주여, 그렇게 하겠습니다."

그러자 마음에 고요한 평화가 넘쳤습니다. 이제 고통이 끝나가
고 있음을 알았습니다. 생명이, 아주 풍요로운 생명이 차고 넘쳐
흘렀습니다. 그날 밤 조용히 집으로 오는데, 마음이 어찌나 들뜨
던지 걸으면서 몸이 공중에 둥둥 뜨는 기분이었습니다. 걸음걸음
닿는 곳마다 성스러운 땅이었습니다.

그날 이후 나는 내 몸이 있다는 사실조차 느끼지 못했습니다.
그날 이후 밤늦게까지 계속 일했으며, 심지어는 잠자리에 들 때에
도 '꼭 자야 하나?' 하는 생각이 들 정도였습니다. 전혀 피곤하지
않았으며, 나에게 생명과 평화와 안식이 가득 차 있는 듯하였습니
다. 마치 예수님이 인도에 사시는 느낌이었습니다.

문득 '내가 이것을 말해야 하나? 말하지 말아야 하나?' 하는
생각이 들기도 했습니다. 나는 두렵고 망설였지만, 말해야 할 것
같았고 그렇게 했습니다. 그 일이 있은 후 이것은 모든 사람 앞에
놓여진 생사의 문제가 되었습니다.

그러나 그 후 내 인생의 가장 힘들었던 9년은 지나갔으며, 더

이상의 고통은 없었습니다. 나의 건강은 최상이었습니다. 그러나 이것은 단순히 신체적으로 건강해졌다는 말이 아닙니다. 이것은 마치 몸과 마음과 정신에 새로운 생명을 불어넣은 것과 같았습니다. 내 생명은 완전히 새로운 단계에 올랐습니다. 그것을 위해 내가 한 일은 아무것도 없었습니다. 단지 주신 것을 받은 것밖에는.

물론 이러한 경험도 심리학적으로 연구되고 설명될 수 있을 것입니다. 그러나 그것은 중요하지 않습니다. 내가 얻은 새로운 생명은 그 과정들보다 원대하며 풍성한 것입니다. 나에게 그리스도는 새로운 생명이 되셨습니다.

만약 이 도움이 없었다면, 내가 과연 인도의 지도자들 속으로 들어가는 이 사역을 감당할 용기를 가질 수 있었을지 자문해 봅니다. 아마 그럴 수 없었을 것입니다. 왜냐하면 그것은 너무나 크고, 힘든 일이기 때문입니다.

그러나 나는 이 경험을 통해 나의 방법을 발견하였으며, 그 방법은 단 한 번도 실패하지 않았습니다. 그 방법은 다름아닌 주님의 도우심이었습니다.

나는 '기독교'란 용어를 사용하지 않았다

'기독교(Christianity)'란 용어는 성서에도 없지 않습니까. 이 단어는 뜻이 애매하여 사람들을 혼란시키기 때문입니다. 내가 '기독교'를 사용할 경우에는, 오로지 '그리스도'를 의미할 때입니다.

이제 선교에 대한 적절한 접근 방식에 대해 말하겠습니다. 당시에는 다음과 같은 방식에 의해서 선교활동이 이루어지고 있었습니다.

- 다른 종교의 약점을 공격한 후 그 잔해 위에 기독교를 세우는 방식으로 아주 전통적인 방법입니다.
- 파쿠하(Farquhar)*가 사용한 방법으로 기독교가 고대의 믿음을 완성할 수 있다는 것을 보여주는 것으로, 전통적인 방법을 개선한 것입니다.
- 모두에게 흥미가 있을 법한 이야기로 시작하여 기독교의 복음을 전하는 것으로 끝맺는 방법입니다.

*존 파쿠하(John N. Farquhar, 1861~1929)
1891년부터 1923년까지 인도에서 활동한 스코틀랜드 출신 선교사

나는 본능적으로 이 세 가지 접근방식보다 더 많은 방식이 있을 것이라는 것을 알아챘습니다. 지금 생각하면 그것은 거의 직감적인 것이었습니다. 지금 나는 8년 전에 써 두었던 종이 한 장을 가지고 있습니다. 당시 나는 지켜야 할 선교원칙에 대해서 생각했던 것을 다음과 같이 적어 놓았습니다.

① 백 프로 솔직할 것
주제를 명확히 말하지 않음으로써 목적이나 의미를 숨기는 기만이 없어야 한다. 청중은 무엇을 들을 것인지 정확히 알아야 한다.

② 어느 누구의 종교도 공격하지 않을 것임을 먼저 확인시켜 주어라
다른 종교에 대해 무엇인가를 지적할 때는 그리스도를 제시하는 방법 외에는 사용해선 안 된다. 그리스도만을 소개한다. 타종교에 대한 그리스도의 증거는 두 가지 방향으로 나아갈 것이다. 그들과 우리 그리스도께서 이 양쪽 편에서 모두를 판단할 것이다. 그리스도께서 우월감이나 우월적인 태도로부터 우리를 구해줄 것이다.

③ 종교 간의 대화를 마칠 때에는 참가자들이 질문할 수 있도록 시간을 준다
모든 질문에 성실히 대답하고, 어떠한 어려움도 피하지 않는다.

④ 집회가 열리는 도시의 비기독교 지도인사를 집회의장으로 세운다

⑤ 기독교는 그리스도로 정의되어야 한다
성서나 서구문명, 혹은 서양에서 그리스도를 중심으로 세워진 어떠한 체계에 의해서가 아니라 오로지 그리스도에 의해서 정의되

어야 한다. 기독교인이 되는 것은 그리스도를 따른다는 것이다.

⑥ 그리스도는 단순한 논쟁이 아니라 기독교적인 경험에 의해 해석
되어져야 한다

이는 8년 전에 써두었던 내용입니다. 지금 와서 되돌아보니, 이들 내용보다 더 중요한 두 가지 원리가 우리를 이끌어왔다는 사실을 깨닫게 되었습니다.

• 나는 '기독교' 란 용어를 사용하지 않았습니다
이 '기독교(Christianity)' 란 단어는 성서에도 없지 않습니까? 왜냐하면 이 단어는 뜻이 애매하여 사람들을 혼란시키기 때문입니다. 대신에 그리스도(Christ)를 사용했습니다. 내가 '기독교' 란 말을 사용할 경우에는, '그리스도' 를 의미할 때라고 계속해서 설명해야 했습니다.
• 그리스도는 반드시 인도의 방식으로 소개되어야 합니다
우리가 소개하는 그리스도는 인도의 길에서 만나는 그리스도가 되어야 합니다. 나는 인도의 민족주의를 거스르는 어떠한 운동도 성공하지 못할 것이라 생각하며, '기독교' 가 성공하지 못하는 것도 바로 그 민족주의를 거스르기 때문이라고 생각합니다.

인도의 민족주의 지도자들이 나에게 말하길, "나는 기독교가 두렵지는 않습니다. 두려운 것은, 기독교인이 된 사람들이 우리

인도의 민족성을 잃을까 하는 것입니다" 라고 했습니다.

그들이 그렇게 생각하는 것도 무리는 아닙니다. '기독교' 가 성공하기 위해 필요한 것은 황제나 정부의 보호나 도움이 아니라 '사람들' 입니다. 기독교는 사람과 함께 있어야 성공할 수 있습니다. 따라서 기독교는 인도의 민족성과 조화를 이루어야 한다는 것입니다. 민족성에 반해서는 안 된다는 것입니다. 그리스도는 백인 국가의 애국자가 아니며 그리스도를 믿는 모든 국가의 사람들은 형제자매가 되어야 합니다. 주님이 그렇게 하신 것처럼 우리는 현대판 열심당이라 할 수 있는 이 민족주의자들과 좋은 관계를 가져야 합니다.

이제 복음을 전하는 정신과 방식에 관해서는 뭐니 뭐니 해도 다음과 같은 타고르*의 통찰력 있는 말을 가슴 깊이 새겨 두어야 한다고 생각합니다.

"선교사들이 이방의 땅에 진실을 전파하고자 할 때, 인도 사람들을 존중하는 마음을 갖고 있지 않다면, 그 진실은 받아들여지지 않을 것이며, 받아들여져서도 안 됩니다. 이방인에게 진실을 전하는 방식이 이방인들의 민족성이나 자존심에 상처를 주어서는 안 됩니다. 조화를 이루어야 합니다."

*타고르(Rabindranath Tagore 1861~1941)
인도의 시인, 사상가, 교육자. 시집《아침의 노래》(1883)로 예술의 기초를 확립했으며, 1890년 발표한 시모음집 《마나시》에는 사회적이고 정치적인 시들도 포함되어 있다.1913년 작품집 《기탄잘리》로 노벨문학상을 받았다.

우리는 주님을 위해 인도의 종이 되어야 한다

우리는 서구의 족쇄가 채워져 있지 않는 그리스도를 증거해야
합니다. '인도의 길을 걷고 있는 예수(Christ of the Indian Road)'
가 인도에 전하는 우리의 복음이 되어야 합니다.

~⁓ ⁓~

외국에서 온 우리 선교사들은 비록 겉으로 표시가 나진 않더
라도 인도의 아들로 입양되었다는 마음가짐을 지녀야 한다고
생각합니다. 그리고 우리를 입양한 이 나라에 대한 존경의 마음
으로 복음을 전해야 한다고 생각합니다. 우리의 모든 태도는 존
경에서 나와야 합니다. 인도는 이제 우리의 고향이며, 인도의 미
래는 우리의 미래입니다. 우리는 주님을 위해 인도의 종이 되어
야 합니다. 그러자 우리는 다음과 같은 생각에 이르렀습니다.

'인도의 길을 걷고 있는 예수(Christ of the Indian Road)'가 인
도에 전하는 우리의 복음이 되어야 한다.'

왜냐하면 이 표현이야말로 우리가 의도하는 의미를 충분히

담고 있기 때문입니다.

모든 것을 예수 그리스도 안에 집중시키는 것이 마땅하다는 생각은 길키(Gilkey) 박사에 의해서도 잘 확인됩니다. 그는 배로우스(Barrows)의 강사였는데, 지금 막 인도에서의 강연을 마치고 돌아갔습니다. 많은 사람들 — 영광스럽게도 저도 그 안에 포함되었는데 — 과 의논한 후 그는 그 강연 주제를 '예수의 본질'로 정했습니다. 이것을 주제로 정한다는 것은 그 자체가 모험이었습니다. 인도의 대표적인 기독교대학 총장이 길키 박사에게 이렇게 말했습니다.

"만약 당신이 5년 전에 이 주제를 택했다면, 아니 3년 전에 택했다 하더라도, 당신은 강연을 할 수 없었을 것입니다. 그러나 오늘 이 주제로 강연하는데, 이렇게 많은 관심이 집중되고 이렇게 많은 군중이 모이다니 당신도 놀랐겠지만 저 또한 정말 놀랍군요."

인도의 한 저명한 힌두 사상가는 그의 논문에서 이렇게 말했습니다.

"배로우스의 강사는 '예수의 본질'이라는 주제보다 더 시의적절한 주제를 찾지는 못했을 것입니다."

내가 경험에서 얻었던 것을 다른 사람의 경험을 통해서 다시 확인받는 것처럼 흐뭇한 일은 없습니다.

지금까지 기독교인이 아닌 사람을 기독교 강연에 오게 하는 것은 거의 불가능했습니다. 그러나 가장 저명한 힌두교인과 무슬림 판사, 그리고 기독교 선교사가 함께 강연에 참석하겠다고 동의했습니다. 이렇게 강연회를 가질 수 있다는 그 자체가, 그 당시의 나에게는 아주 새로운 경험이었습니다. 경험이 많은 한 선교사가 집회 후 나에게 이렇게 말했습니다.

"일 주일 전에 당신이 나에게 이 도시의 지도자들이 밤마다 복음을 듣고도 또 듣고 싶어한다고 말했다면, 나는 그것을 믿지 않았을 것입니다. 하지만 사실이군요."

나는 우리가 그리스도를 복음으로 전하고 그리스도를 높인다면, 그들이 복음에 관심을 가지고 경청할 것이라는 사실을 깨닫게 되었습니다.

조만간 우리는 '좋은' 기독교를 소개하는 것이 가장 좋은 선교 방식이란 것을 분명히 깨닫게 될 것입니다. 좋은 기독교를 소개하는 것은 아무런 가식 없이 만천하에 예수를 선포하는 방법입니다. 사도 바울도 이렇게 말했습니다.

"이에 숨은 부끄러움의 일을 버리고 궤휼 가운데 행하지 아니하며 하나님의 말씀을 혼잡케 아니하고 오직 진리를 나타냄으로 하나님 앞에서 각 사람의 양심에 대하여 스스로 천거하노라 …… 우리가 우리를 전파하는 것이 아니라 오직 그리스도 예수의 주 되신 것과 또 예수를 위하여 우리가 너희의 종 된 것을 전파함이라."

고린도후서 4:2~5

43

사도 바울은 예수가 친히 모든 사람들의 양심에 찾아가는 것을 확인했습니다. 불빛이 반짝이면 자연히 그것을 바라보듯, 진리를 향한 양심의 움직임이 자연스럽게 일어나듯, 아름다운 것을 보면 자연히 감동하듯 예수가 직접 모든 사람들의 심령을 움직인다고 그는 믿었습니다. 그리스도와 사람들의 심령은 서로에게 자연스레 반응하면서, 깊은 삶의 의미를 함께 나누고 상처를 싸매어 주기 때문입니다.

최근에 어느 설교자를 공격했던 비기독교인 유력인사에게 가장 적절하게 접근하는 방식은 아마 지금까지 언급한 방식일 것입니다. 그 유력인사는 설교자에게 너무 성급하게 굴지 말라고 경고하면서 이렇게 말했습니다.

"우리 스스로 절대자에 대해서 말할 수 있습니다. 단지 우리가 당신에게서 듣고 싶은 것은 그리스도에 대한 것입니다."

우리는 바울이 아테네에서 행한 연설을, 선교를 위한 접근방식의 모델로 생각하고 또 그것을 자주 인용합니다. 그러나 그것은 바울이 저지른 최대 실수 중의 하나입니다. 그는 아테네에 교회를 설립하지 못했습니다. 맥킨토시(Mackintosh)는 바울의 실패원인을 이렇게 분석합니다.

"기독교를 전파하면 실패하든지 아니면 부분적인 부흥이 일어나는데, 그것은 예수를 의도적으로 드러내지 않든지 아니면 공개적으로 증거하는지에 대한 종교적 충격에 달려 있다

44

고 봅니다. 사도 바울이 아테네에서 행한 연설을 보십시오. 하나님의 영성이 멀리 계시지 않고 우리 삶의 한가운데 운행하는 분, 혼돈을 물리치고 창조의 질서를 부여하신 분에 대해 아주 좋은 말로 설명했습니다.

우연이 지배하는 세상이 아니라 하나님의 섭리가 충만한 세상, 희랍인과 야만인의 교만스러운 차별 대신에 한 사람의 보혈에 대해 설명했습니다. 그러나 기독교 복음의 특수성은 공개적으로 천명하지 않았습니다. 아테네에서 십자가에 대한 언급을 하지 않았기 때문에 결과적으로 나타났던 아테네 선교의 실패는 고린도에서 사도 바울이 방법을 바꾸어 성공한 것과 잘 비교될 수 있습니다. 그는 철저하게 뉘우치면서 이렇게 기록했습니다.

'나는 예수 그리스도와 그가 십자가에 못박힌 것 외에 어떤 것도 아는 것을 원치 않는다.'

유대인들의 보편주의에 예수 그리스도를 포함시키면 기독교는 그 원래의 맛을 잃어버리게 됩니다."

맥킨토시, 《기독교 복음의 특수성》에서

그러나 한 힌두교도는 예수를 증거하면서 절대로 '겉으로 치장된 예수'를 소개해서는 안 된다고 강하게 요구합니다. 이 정당한 요구는 베이징에서 열린 세계학생총회(World's Student Conference)에서 제기되었습니다. 그리스도를 증거하는 것이 오랜 기독교 역사를 통해 치장되거나 케케묵은 교리적인 논쟁이 되어서는 안 됩니다. 우리가 증거하는 그리스도는 부활의 새벽

미명에 막달라 마리아를 만나셨던 그 신선하고 살아 있는 그리스도여야 합니다. 어느 힌두교도는 이런 표현을 사용했습니다.

"우리는 진심으로 그리스도를 받아들이는 데 심한 저항감이 있었습니다. 하지만 이러한 저항감에 대한 책임은 우리에게만 있는 것이 아닙니다. 선교사들은 자신들의 교회체제 안에서만 통용될 수 있는 그리스도를 우리에게 강요해왔기 때문입니다. 지금까지 그들의 선교활동은 우리 힌두교의 교리를 공격하는 것이었기 때문에 우리는 부득불 자기방어를 위해서 싸울 준비를 할 수밖에 없었습니다. 이 세상 어떤 사람이든지 일단 전쟁의 극한 상황에 몰리면 제대로 판단을 내릴 수가 없습니다. 따라서 우리는 그런 기독교인들을 공격하기 위한 흥분에 마취된 상태에서 그리스도를 공격해왔습니다.

홀랜드(Holland), 《인도의 당면목표》에서

우리가 저지른 잘못에 대해 솔직히 인정할 때가 되었습니다. 그리고 인도의 미래를 위해 우리가 새로운 기회를 갖길 원한다면 우리는 서구의 족쇄가 채워져 있지 않는 그리스도를 증거해야 합니다.

인도의 길을 걷고 있는 예수

인도의 길을 걷고 있는 예수와 갈릴리 호숫가를 거니시던 그리스도가 무엇이 다릅니까? 전혀 다르지 않습니다. 여러분은 이제 인도인들의 사고 속에서 그분의 임재하심을 느끼며 자주 그리스도를 만나게 될 것입니다.

~~❧ ◎~~

하루는 제 친구 중의 한 사람이 브라만계급의 유력인사와 이야기를 나누고 있었습니다. 그때 그 브라만인은 제 친구에게 이렇게 말했다고 합니다.

"나는 당신들의 교리에서 설명하는 그리스도도 싫고 당신들 교회에서 소개하는 그리스도도 싫습니다."

그러자 제 친구가 이렇게 대답했답니다.

"그럼 인도의 길을 걷고 있는 예수는 어떻습니까?" 그 브라만인은 잠시 생각하더니, 자신이 상상으로 그려본 인도의 길거리에서 만날 수 있는 그리스도의 모습에 대해서 다음과 같이 설명했습니다.

"제가 바라는 인도의 길을 걷고 있는 예수는 사도의 옷차림을 한 채, 사람들이 몰려드는 길거리에 조용히 앉아서 눈 먼 사람을 고쳐주고, 가난으로 병든 사람들의 머리를 쓰다듬으며, 길거리 한 모퉁이에 쓰러져 있는 문둥병자에게 하나님의 나라가 당신과 같은 버림받은 사람을 위해 밝아오고 있다고 위로하면서, 상처받은 영혼과 죽어가는 이웃들과 함께 비틀거리며 언덕 위로 올라가는 사람입니다. 하지만 그들과 함께 다시 일어나 새로 힘차게 인도의 길을 걸어가는 사람입니다."

그 이야기를 마친 다음 그 브라만인은 제 친구를 뚫어지게 바라보면서 이렇게 진심으로 말했답니다.

"나는 인도의 길을 걷고 있는 예수를 사랑할 수 있으며 그를 따르기로 결심했습니다."

인도의 길을 걷고 있는 예수와 갈릴리 호숫가를 거니시던 그리스도와 무엇이 다릅니까? 전혀 다르지 않습니다.

그리스도는 이제 인도의 길거리에서 아주 익숙한 존재가 되어가고 있습니다. 그는 이제 자연스럽게 인도인이 되어가고 있습니다. 인도인들의 사고 속에서 여러분은 이제 점점 더 자주 그리스도를 만나게 될 것입니다. 인도인들의 넓은 사고 속에서 그분의 임재하심을 느끼게 될 것입니다. 인도인들의 주체적 결정과 행동 가운데서 그는 점점 보편적인 존재, 권위를 가진 존재가 되어가고 있습니다. 위티어(Whittier)*의 시에서 표현된 것처럼 인도의 음성은 이렇게 들려오기 시작합니다.

"성의(聖衣)를 입으신 고귀한 그분의 치료하심이

우리들, 고통의 침상에 다가 오시네

삶의 질고와 고통을 그분께 맡길 때

우리들, 새로운 피조물 되네."

*존 그린리프 위티어
(J. Greenleaf Whittier, 1807-1892)
위티어의 시모음집이 나온 것은 1894년이다. 그의 시는 대부분 '하나님에 대한 찬양'을 담고 있는데, 초기 미국문학의 진수를 보여주고 있다. 대표적인 시로는 〈Mogg Megone〉, 〈The Panorama〉, 〈Snowbound〉, 〈Mabel Martin〉, 〈At Sundown〉 등이 있다.

chapter 2

기독교 선교의 동기와 목적

우리가 인도에 간 이유는 예수 그리스도와 같은 인격이

우리가 아는 최고의 인격이기 때문입니다.

그가 우리에게 자유롭고 풍성한 생명을 주시기 때문이며

무엇보다도 우리에게 하나님을 주셨기 때문입니다.

그리고 이 모든 것을 주실 분은 예수 그리스도밖에 없습니다.

예수 그리스도가 그렇게 하시고 있습니다.

예수 그리스도만이 우리의 이유이며 동시에 목적이 되십니다.

서구화와 기독교는 다른 것

우리는 민주주의를 넘어서야 합니다. 나는 아시아를 서구화하는
것에 노력을 기울이지 않을 것입니다. 아시아를 기독교화하는 데
내 삶을 내놓을 것입니다.

❧

왜 우리는 선교의 사명을 받들어야 하며, 진정 우리가 하려고
하는 것이 무엇인지에 대해 주위로부터 많은 오해를 받아왔습니
다. 이러한 오해에 대한 신랄한 비판이 모든 선교의 의문점을 여
러 각도에서 근본적으로 뒤흔들어놓고 말았습니다. 개인적으로
나는 그러한 비판을 반깁니다. 만약 우리가 하고 있는 일이 진실
된 것이라면 그것은 훨씬 더 빛이 날 것입니다. 만약 진실되지 않
다면, 빨리 그러한 사실에 대해 아는 것이 중요합니다.

우리는 국제적인 참관인으로, 아시아에서는 자기 신조를 강요
하는 사람으로, 육지와 바다를 돌며 다른 종교를 믿는 사람들을

개종시키는 열정적인 목사들로 일컬어졌습니다.

어떤 이들은 우리가 다른 나라에 가서 인도주의적인 봉사활동을 하면, 우리가 인종 우월주의 콤플렉스를 만족시키려는 행위를 하고 있다고 비판했고, 또 어떤 이들은 우리가 제국주의자 편에 서 있다고 비판하기도 했습니다. 우리가 학교나 병원 그리고 사람의 손길이 필요한 곳에 도움을 주고자 하면 제국주의자들이 와서 서양제국의 이름으로 그곳을 접수하려고 한다는 것입니다. 또 다른 이들은, 대담한 선교사들이 어떤 곳을 선교로 개방시켜 놓으면 자본주의가 그곳을 차지하고 개척하려 든다고 비판합니다. 또 어떤 이들은 간디나 타고르를 낳은 나라에 가는 것은 영적으로 무례한 행동이 아니냐고 비판합니다.

마지막으로, 비기독교인 연구자가 우리에게 말하는 것처럼 전 세계로 나아가 복음을 전하라는 예수 그리스도의 지상명령은 후대에 끼어든 것이고, 따라서 이 전체가 잘못된 생각에서 파생된 것이기 때문에 모든 선교운동은 그 자체가 실수라고 비판하기도 합니다.

이것은 모두 진지한 비판이며 따라서 공명정대하게 다루어져야 합니다. 만약 이 모든 선교에 대한 질문이 미래의 교회에 대한 애정에 기초한 것이라면, 우리는 이성적으로 이 문제에 접근해야 합니다. 왜냐하면 사람들의 이성에 호소하는 힘을 갖지 못하면 그 사람들의 마음도 곧 잃어버릴 것이기 때문입니다.

그리고 다음과 같은 사실도 명백히 해야 합니다. 만약 기독교가 선교할 만한 가치가 없다면, 계속 선교할 이유도 없고, 우리가 기독교를 다른 사람들과 함께 공유할 수 없다면, 기독교를 지금 이대로 유지할 수도 없다는 것입니다.

과거에 도움이 되었던 몇몇 동기들이 지금에 와서는 서로에게 그다지 도움이 되지 못하는 경우도 있습니다. 자원해서 선교사가 되고자 했을 당시만 해도, 나는 폭포수처럼 지옥으로 떨어질 것 같은 영혼을 지닌 사람들을 가능한 많이 구해야겠다는 생각에 넘쳐 있었습니다. 옳을 수도 있고 그를 수도 있지만, 이제 이런 생각으로 해외선교를 떠나는 사람은 그리 많지 않습니다.

세계대전이 끝날 무렵만 해도 민주주의가 세계의 모든 아픔을 치료할 것이며, 미국이 이상적인 민주주의 화신으로서 기독교로 충만한 민주주의를 전 세계에 퍼뜨릴 것이라는 믿음이 팽배해 있었습니다. 이러한 생각과 함께 감리교회선교백주년기념대회와 범세계선교운동(Interchurch World Mission Movement)에 기초한 선교에 대한 낭만적인 생각이 널리 퍼져 있었습니다.

이제 우리는 민주주의가 그 자체로는 좋은 것이지만, 세계의 모든 질병을 치료하는 만병통치약은 아니라는 사실을 알게 되었습니다. 민주주의 국가에서도 독재국가에서만큼이나 사회를 마비시키는 악이 만연할 수 있다는 사실을 알게 되었습니다.

생각이 깊은 어느 힌두교도는 브라이스(Bryce)*의《현대 민주주의》에 대한 책을 읽다가 이것을 잠시 내려놓은 후, 다른 친구에게 이런 말을 했다고 합니다.

"결국 민주주의는 단지 이상일 뿐이며 그 이상은 하나님의 나라가 하늘에서와 같이 이 땅에 임하지 않고서는 결코 현실화될 수 없을 것입니다."

우리는 민주주의를 넘어서야 합니다. 아시아를 전체적으로 서구화시키기 위해서 아시아로 간다고 생각하던 때가 있었습니다. 아직도 생생히 기억하고 있는 연설이 있습니다. 그것은 한 저명한 기독교 편집자의 연설로 그 속에 이런 구절이 있었던 것을 기억합니다.

밤의 어둠에서
세상은 빛 속으로
모든 곳에 새벽이 왔도다

그 연설의 전반적인 내용에는 봄베이(Bombay)의 전기차, 아프리카에 사용되는 미제 농기구, 일본에서 유행하는 양복 등이 언급되며, 이 모든 것을 온 세상에 새벽이 왔다는 표시로 간주하고 있

*브라이스(James Bryce, 1838~1922)
영국 정치가 · 정치학자. 아일랜드 출생으로 옥스퍼드대학 트리니티칼리지를 졸업했다. 1870년부터 40여 년 간 옥스퍼드의 로마시민법왕립강좌 담당교수를 지내며, 일찍부터 정계에서 활동하여 말년에는 주미대사로서 영미 관계에 중요한 역할을 했다. 주요 저서는 《신성로마제국》, 《역사 · 법학연구》, 《아메리카공화국》, 《근대민주정치》 등이 있다.

었습니다. 솔직히 말해서 나는 아시아를 서구화하는 것에 노력을 기울이지 않을 것입니다. 단지 아시아를 기독교화하는 데 내 삶을 내놓을 것입니다.

내가 분명히 말하지만, 서구화하는 것과 기독교화하는 것과는 명백한 차이가 있습니다. 우리는 지난 세계대전에서 작열하던 포탄의 불빛을 보면서 아직 서구문명이 반기독교적인 정신에 지배받고 있음을 목격했습니다. 어떤 사람이 이렇게 기도했습니다.

"아아, 이 세상의 뚜껑이 열려 버렸습니다!"

그렇습니다. 이 세상의 뚜껑이 열려 버렸고, 우리 서구문명의 뿌리 깊은 이교도주의가 무서운 모습으로 곁눈질하고 있습니다. 뿌리 깊은 이교도주의가 겉으로는 그럴 듯한 서구문명의 내부를 장악하고 있는 것이 분명합니다. 세계의 여러 도시에서 발견되고 있는 이교도주의를 통해서 우리는 세상의 뚜껑이 열려 있음을 확인할 수 있습니다. 이러한 확인을 통해서, 우리는 서구문명으로 무엇을 이룰 수 있다고 믿는 낭만적인 착각에서 벗어날 수 있습니다.

이교도주의는 우리가 지도에서 "아, 여기 있네", "저기 있네" 하면서 찾을 수 있는 지리적인 존재가 아닙니다. 그것은 영적인 문제입니다. 이교도주의는 수많은 생각과 목적을 가지고 있고, 이 세상 모든 곳에 편재하고 있습니다. 이교도주의는 동양에도 있을 뿐만 아니라 서양에도 있습니다.

아직 완전히 '기독교 국가'라고 불릴 수 있는 그런 나라가 없는 것도 같은 원리입니다. 기독교화된 개인과 단체는 있지만 세상 어디에도 예수 그리스도의 관점에 기초를 두고 삶을 영위하는 국민은 없습니다. 우리는 단지 부분적으로 기독교화되어 있을 뿐입니다. 물론 그렇다고 해서 이전까지 이루어진 기독교화에 대한 감사의 마음이 전혀 없는 것도 아닙니다. 그렇다고 이전까지 기독교화가 잘 이루어지지 않았다는 것을 의미하는 것도 아닙니다. 또 우리의 서구문명이 인류 역사상 인간이 이룩한 최고의 것이라는 것을 부정하는 것도 아닙니다. 다만, 우리가 가지고 있는 기준으로 우리를 판단하지 않고, 오직 예수 그리스도의 순결한 빛으로 우리를 판단하려 하는 것뿐입니다.

우리는 아시아가 그 자체의 순수한 영혼을 유지하기를 바랍니다. 그래야 창의적일 수 있기 때문입니다. 우리는 아시아에 서구문명을 덧칠해서 아시아를 우리의 희미한 복사본으로 만들고자 하는 것이 아닙니다. 우리는 그것을 넘어서야 합니다. 그것보다는 훨씬 더 멀리, 큰 소망을 가지고 나아가야 합니다.

우리는 아시아 국민에게 꽉 막혀 있고, 융통성이 없으며, 교회론적이고, 이론적인 체계를 제시하면서 "이걸 전부 다 받아라. 그렇지 않으면 아무것도 더 이상 주지 않겠다"고 말하려는 것이 아닙니다. 예수 그리스도만이 우리가 전할 복음입니다. 그 자체가 기쁜 소식인 것입니다.

인도인들에 의해 새롭게 탄생하는 그리스도

하나님은 예수 그리스도로서 모든 곳에 존재합니다. 우리는 인도인
들에게 예수 그리스도만을 전하고 그들의 본성과 삶을 통해 예수
그리스도를 해석하도록 도와야 합니다. 그러면 그들의 그리스도에
대한 해석은 새롭고, 생명이 넘치게 될 것입니다.

초기에 복음을 전하던 사람들이 나가서 외친 것은 예수 그리스
도와 그의 부활이었습니다. 다시 살아나신 예수 그리스도였던 것
입니다. 그러나 땅 위를 흘러가는 물이 그 땅의 토양 성분에 따라
다른 색으로 보이는 것처럼 다른 인종, 다른 민족이라는 토양 위
에서 전파되는 기독교는 그 나라의 인종과 민족에 따라 다른 겉모
양을 지닐 수밖에 없습니다.

우리는 그 동안 복음의 중심인 예수 그리스도에 다른 여러 가
지를 첨가해왔습니다. 그중 어떤 것은 현실적이기 때문에 살아남
을 수 있지만, 그중 어떤 것은 이식의 충격을 견디지 못할 것입니

다. 어떤 생물체라도 이식을 하면 충격을 받게 마련입니다.

나는 많은 훌륭한 설교자가 아시아를 방문해서 그들의 메시지가 번역되는 것을 보아 왔습니다. 그러나 그 결과는 솔직히 절망적이었습니다. 수사학적이고 아름다운 내용들이 번역될 수 없다는 이유로 다 삭제되고, 다른 언어로 새롭게 옷을 입기 위해 원래 내용을 전환시킬 때에는 기초적인 생각이 충분하지 못하다는 사실을 발견했습니다.

긴 신학 논쟁을 거쳐 세워진 우리 서구교회 체계의 어떤 부분은 완전히 다른 환경 속으로 전해질 때 그 의미를 상실할 수밖에 없습니다. 하지만 예수 그리스도만이 보편적입니다. 그는 어떠한 이식의 충격도 견딜 수 있으며, 이 세상 모든 사람들의 가슴에 호소력 있게 받아들여질 수 있습니다.

우리의 서구문명과 서구의 교회체계를 받아들일 것인가 아닌가 하는 문제는 오로지 인도인의 처분에 맡겨야 합니다. 그래야 그들의 목적에 적합한 것을 그들이 독자적으로 택할 수 있기 때문입니다.

우리는 이런 것들에 대해서 고집을 피우지 말아야 합니다. 우리는 그들에게 예수 그리스도만을 전하고 그들로 하여금 그들의 본성과 삶을 통해 예수 그리스도를 해석하도록 도와야 합니다. 그러면 그들의 그리스도에 대한 해석은 새롭고, 생명이 넘치게 될 것입니다. 만약 이러한 관점이 우리의 신앙적 자존심에 상처를 준다면, 그것은 역설적으로 우리의 기독교에 오히려 도움이 될 것이라고 믿습니다. 만약 우리가 인도에서 이런 것을 하지 않는다면, 우리가 인도에서 사역하고 있는 목적이 과연 무엇이겠습니까?

'예수 그리스도' 와 같은 고귀한 사람이 되어라

예수 그리스도처럼 되는 것은 인간에게 더없이 고귀한 것입니다.
기독교 국가가 아닌 인도에서도 어떤 특정 인물에게 최고의 찬사
를 할 때, '예수 그리스도와 같은' 이라는 형용사를 사용하는데,
간디는 예수 그리스도와 같은 사람' 이라고 표현합니다.

모든 사람들의 인격에 대한 적절한 대우와 자유롭고 풍요로운
삶, 그리고 하나님 ― 이 세 가지 요소는 동서양 어디서나 꼭 필요
하다고 생각합니다. 그리고 예수 그리스도야말로 가장 좋은 방식
으로 이 세 가지 요소를 우리에게 줄 수 있다고 나는 믿습니다.

모든 체계는 결실, 다시 말해 체계의 결과로 판단되게 마련입
니다. '결과가 바로 체계의 판단 기준이다' 는 말이 있습니다. 우
리가 이룩하고자 하는 것이 과연 무엇입니까? 다른 체계의 신념
과 생각의 목적을 요약해 보면 다음과 같습니다.

그리스 사람은 말합니다. "겸손하라, 너 자신을 알라."

로마인은 "강해져라, 너 자신을 체계화하라."

유교에서는 "위대한 자가 되어라, 너 자신의 단점을 고쳐라."

일본의 신도(Shintonism)는 "충성하라, 너 자신을 억눌러라."

불교에서는 "집착에서 벗어나라, 너 자신에서 벗어나라."

힌두교에서는 "혼자가 되어라, 자신의 본성을 발견하라."

이슬람교는 "복종하라, 너 자신을 확고히 하라."

유대교는 "성스러워져라, 너 자신을 새롭게 하라."

현대의 물질주의자는 "근면하라, 너 자신을 즐겨라."

현대의 무정부주의자들은 "대범해져라, 너 자신을 개발하라."

그리고 기독교는 말합니다.

"예수 그리스도처럼 되어라, 너 자신을 내어주라."

기독교의 종교적 동기와 목적이 그리스도와 같은 인격을 만들어 내는 것이라면, 그리고 기독교의 선교적 동기와 목적도 그와 같다면, 나는 기독교 선교사가 된 것에 대해 일말의 후회도 없습니다. 왜냐하면 나는 하나님을 위해서나 인간을 위해서나 그리스도처럼 되는 것보다 더 고귀한 것을 알지 못하기 때문입니다.

나는 하나님보다 더 존귀한 것을 알지 못합니다. 만약 하나님의 인성이 예수 그리스도와 같다면 그는 참 좋으신 하나님이며 우리가 신뢰할 수 있는 분이십니다.

우리가 현재 가지고 있는 의심은 예수 그리스도에 관한 것이 아니라 하나님에 관한 것입니다. 사람들은 지진이 일어나서 죄 있는 사람이나 죄 없는 사람이나 똑같이 죽어가야 하고, 죄가 거의 없는 어린이들이 그들이 야기하지 않은 질병 때문에 고통을 받고 있을 때, 이 모든 것의 배후에 있는 하나님의 의도에 대해 의문을 던지게 됩니다. 그러나 이 산란하고 의심스러운 마음이 예수 그리스도에게로 향하면 안도하며 이렇게 말합니다.

"만약 하나님이 그러하시다면, 그리스도는 다 옳습니다."

우리가 주장하는 하나님은 인격에 있어서 예수 그리스도와 같은 존재입니다. 그리고 우리는 어떤 망설임이나 표현의 주저 없이 말할 수 있습니다. 우리는 "하나님은 예수 그리스도로서 모든 곳에 존재한다"고 믿으며 예수 그리스도는 지금 여기에 존재하는 하나님이라고 믿습니다. 예수 그리스도야말로 인간의 모습으로 오신 하나님입니다.

예수 그리스도께서 그렇게 하신 것처럼 하나님이 어린아이와 같이 생각하고, 나병환자와 의지할 곳 없는 사람, 그리고 장님을 돌보시고, 또 그의 가슴이 십자가에서 고통받은 예수 그리스도와 같다면, 나는 어떤 의문이나 조건없이 하나님을 끝까지 따를 것입니다.

만약 이 세상에서 가장 깨끗하게 정제된 영혼이 차분히 명상의 자세를 취하고 앉아, 이 우주에서 보고 싶어하는 어떤 절대자의 모습을 떠올린다면, 도덕적인 면에서나 정신적인 면에서 가장 비슷한 절대자의 모습은 바로 인자(Son of Man)의 모습으로 오신 예수 그리스도의 형상을 닮게 될 것입니다.

지금까지 인류에게 전해진 최고의 새로운 소식은 하나님의 아들 예수 그리스도에 대한 것입니다. 그리고 비기독교 세계에 우리가 전할 수 있는 가장 큰 소식은 그들이 어떤 인격의 소유자인지는 잘 알지 못하지만 그래도 어렴풋이 알고 있는 그들의 절대신은, 다름아닌 예수 그리스도 같은 분이라는 것입니다. 이렇게 말하면 대부분의 인도인들은 의심스러운 표정을 짓습니다. 그러나 이 의심이 그들에게 생각할 기회를 줍니다. '진정한 절대신은 그런 모습이어야 하는가?' 라고 생각하던 그들은 결국 그렇다는 결론을 내리게 됩니다. 가장 명석한 힌두교인이 말하였습니다.

"내가 가진 모든 것을 바쳐서 내 미래를 결정할 신념을 찾아 왔습니다."

그 힌두교인은 다시, 다음과 같은 단서를 달았습니다.

"그러나 인간 존재의 연속성과 절대신의 본질만은 양보할 수 없습니다."

그는 예수 그리스도를 통해 절대신의 본질을 확인하고 나에게 말하였습니다.

"나는 지금까지 예수 그리스도보다 고귀한 절대신을 알지 못합니다."

예수 그리스도가 그의 영혼에 각인됨으로써 절대신의 본질은 그에게 덧없는 것이며 헤아릴 수 없는 존재가 되었던 것입니다.

나는 인간이 예수 그리스도처럼 되는 것보다 더 고귀한 것이 없다고 믿습니다. 어떤 언어체계에서나 인격을 가장 높이 묘사하는 표현은 '예수 그리스도와 같은'이란 형용사입니다.

'예수 그리스도 같은'이라고 불리는 것보다 더 좋은 인간성에 대한 찬사는 있을 수 없습니다. 기독교 국가가 아닌 인도에서도 어떤 특정 인물에게 최고의 찬사를 하고 싶을 때, 이 최고의 형용사를 사용하게 마련입니다. 그리하여 우리는 '간디는 예수 그리스도 같은 사람'이라고 표현합니다.

인도는 스스로의 힘으로 일어서야 한다

그리스도는 우리의 삶을 자유롭게 합니다. 무엇보다 인도가 정치적으로 자유로워지길 바랍니다. 그러나 문제는 진정 인도에게 족쇄를 채운 것은 바로 인도 내부에 있다는 사실입니다. 그 내부의 족쇄를 풀 수 있을 때 진정한 자유의 순간이 오리라고 믿습니다.

우리는 심사숙고하면서 이 세상의 많은 철학자와 정치가, 도덕주의자, 개혁가, 종교적 사상가들에게 우리들의 이상을 제시하며 이렇게 말합니다.

"형제여, 이것이 우리가 이루고자 하는 것입니다. 혹시 이보다 더 좋거나 뛰어난 것이 있습니까? 혹시 이보다 더 고귀한 삶의 목적이 있습니까? 삶이 어떠해야 하는가에 대해 이보다 낫다고 확신하는 삶의 방식이 있습니까? 만약 그렇다면, 우리에게 보여주십시오. 우리가 믿는 하나님 앞에서 보여주십시오. 우리는 그것을 따르겠습니다."

'이보다 더 나은 것을 찾을 수 있느냐'는 질문에 세상의 입술은 굳어 버리고 그들은 모두 침묵할 것이라고 믿습니다. 인격이라는 측면에서 예수 그리스도를 따를 자는 없습니다. 인간의 삶을 위한 최고의 이상을 찾기 위해 격돌하고 논쟁이 벌어진다면 예수 그리스도의 사상만이 최적의 결과로 남으리라 확신합니다. 인간은 궁극적으로 도달하고자 하는 인격으로서의 목표가 필요하며, 예수 그리스도가 바로 그 목표입니다.

그러나 인간에게는 목표 그 이상의 것이 필요합니다. 사람들에게 삶은 위태롭고 위축되어 있기 때문에, 그들에게는 자유롭고 충만한 삶이 필요합니다. 인도에 살고 있는 한 유대인 숙녀가 필자에게 이렇게 말했습니다.

"당신은 이 사람들에게 종교를 이야기합니다. 그러나 그들이 필요로 하는 것은 빵입니다. 그들이 얼마나 굶주리고 있으며, 그들이 얼마나 여위어 있는지 보십시오. 그들에게 빵을 주지 그러십니까?"

인도는 진정으로 빵을 필요로 합니다. 그들은 아주 절망적인 상태에 빠져 있습니다. 하루에 5센트도 안 되는 수입으로 인도의 이 지독한 가난을 견딜 수 있는 사람은 아무도 없을 것입니다. 인도에서는 지금 4천 만의 인구가 한 번도 배불리 먹어본 적이 없으며, 또한 앞으로 그들은 죽을 때까지도 제대로 끼니를 잇지 못할 것입니다. 그렇다고 그들이 도움의 손길을 기다리고 있는 것도 아님니다. 인도에 세운 수많은 기술학교, 혁신적인 농기구를 사용하는 농장들, 비합리적인 은행제도, 그리고 수많은 경제 부양의 노력을 통해서 우리가 깨달은 것은 인도에게 지금 필요한 것은 빵이란 사실입니다. 그러나 편견 없는, 한 위대한 경제학자는 다음과 같은 결론에 이르렀습니다.

"인도에서 발견되는 거의 대부분의 경제악은 종교적 혹은 사회적인 관습에 그 뿌리를 두고 있다."

인도 경제를 살리려고 할 때마다 당신은 당신을 방해하는 인도의 관습에 부딪히게 될 것입니다. 그 동안 나는 인도가 더 많은 빵을 얻을 수 있도록 도와주려는 모든 노력에 대해 하나님께 감사드렸지만, 인도에 빵을 주는 가장 빠른 방법은 예수 그리스도를 인도에 전하는 것임을 믿게 되었습니다. 왜냐하면 그리스도는 우리의 삶을 자유롭게 하기 때문입니다.

무엇보다 인도가 정치적으로 자유로워지길 바랍니다. 그렇다고 해서, 반드시 대영제국이 인도를 당장 떠나야 한다는 말은 아닙니다. 나는 개인적으로 대영제국이 인도 안에 남아 있길 바랍니다. 그러나 인도가 자국의 운명을 스스로 결정할 수 없다면, 인도는 세상에서 어떤 유익한 일도 할 수 없을 것입니다.

*실리(John Robert Seeley, 1834~1895)
영국역사가. 케임브리지대학 졸업 후 1869년부터 케임브리지대학 교수로 재직하면서 일생 동안 그곳에 머물렀다. 역사를 '국제정치외교사'로 받아들인 점이 독특하며, 주요 저서 중 《영국 팽창사론》은 당시 영국이 식민지 획득에 열을 높이는 데 지대한 공헌을 한다. 기타 저서로 《로마제국의 몰락》, 《밀턴》 등이 있다.

실리(Seeley)*의 다음 말은 참으로 일리가 있다고 생각합니다.

"속국에서의 도덕적 퇴보는 피할 수 없는 것이다."

물론 영국이, 한 나라가 다른 속국에 줄 수 있는 최고의 정부를 인도에 주었다고 나는 믿지만 그럼에도 불구하고 "좋은 정부가 자치 정부를 대신할 수 없다"는 한 민족주의자의 말을 또한 믿지 않을 수 없습니다. 나는 인도가 스스로의 힘으로 일어서길 바랍니다. 그러나 문제는 진정 인도에게 족쇄를 채운 것은 바로 인도 내부에 있다는 사실입니다. 그 내부의 족쇄를 풀 수 있을 때 진정한 자유의 순간이 오리라고 믿습니다.

간디에게 말해 주었던 '십자가 사상'이란

'십자가 사상'에서의 십자가는 그 자체가 죽음을 의미하므로 실패를 알지 못합니다. 나는 인도인의 마음속에 있는 숙명론과 카르마 사상이 십자가로 대체되지 않는다면 인도는 결코 흥하지 못할 것이라고 말했습니다.

⚜

마하트마 간디가 감옥에서 풀려 나온 후 나는 그에게 감옥에 있는 동안 그의 운동이 붕괴된 이유는 무엇이라고 생각하는지를 물었습니다.

그는 그 질문을 다시 내게 되물으면서 내 의견이 어떠한지 알고 싶어했습니다. 간디에게 내 의견을 다음과 같이 피력했습니다. 일상적인 삶이란 결국 습관적인 사고의 결정이며, 간디 당신의 운동이 붕괴된 이유는 인도의 관습적 사고가 당신의 이상에 부합하지 못했기 때문일 것이라고 대답해 주었습니다.

무슬림의 마음 깊은 곳에는 모든 것은 알라신의 의지에 의해 이미 예정되어 있다는 숙명론이 자리잡고 있습니다. 그가 어려운 상황에 처하게 되면 습관처럼 떠오르는 생각이 있습니다.

"내가 무엇을 할 수 있겠는가? 이 모든 것이 다 나의 숙명인 것을."

이것은 숙명론에 지나지 않습니다. 반면에 힌두교인의 마음 깊은 곳에는 인과응보의 사상이 자리잡고 있습니다. 현세의 인생은 전생의 행동에 대한 결과라고 믿습니다. 힌두교인은 어려운 상황에 부딪히면 이렇게 말합니다.

"내가 무엇을 할 수 있겠는가? 이 모든 것이 다 나의 카르마(業)인 것을."

이것 역시 숙명론과 다르지 않으며 그 결과, 인도사람들은 무기력증에 빠지게 되었습니다. 나는 마하트마 간디에게, 당신의 인격에 의해 인도가 숙명론과 인과응보의 카르마 사상을 극복하고, 독창적인 사고를 하게 되었으며, 나라의 삶이 정제되고 불가능한 일을 이룰 수 있게 되었다고 말해 주었습니다. 그러나 당신을 감옥으로 빼앗긴 후 인도인들 마음속에는 숙명론과 카르마의 사상이 더 뿌리 깊게 자리잡게 되었고, 어려움에 처한 인도는 그 자리에 주저앉게 된 것이라고 말해 주었습니다.

간디의 운동은 무너졌습니다. 나는 그에게 그가 이미 잘 알고 있고 또 놀랄 만한 방식으로 이미 실행한 바가 있는 삶의 제3의 방법인 '십자가 사상'이 있다는 것을 말해 주었습니다. 지금 그 '십자가 사상'은 실패를 알지 못합니다. 이미 십자가 그 자체가

◀스탠리 존스 선교사는 인도인들 마음속에 뿌리 깊게 자리하고 있는 숙명론과 카르마 사상을 뒤엎을 수 있는 '십자가 사상'에 대해서 간디에게 말해 주었다.

죽음이기 때문입니다. 실패는 어차피 죽음으로 실패될 수 없습니다. 이미 깨어진 것은 더 이상 깨어질 수 없습니다.

'십자가 사상'은 죽음이라는 실패로 시작되었으며 그것을 아예 삶의 방식으로 받아들였습니다. 십자가는 결코 실패할 수 없습니다. 십자가는 모든 장애물을 새로운 가능성으로 변화시킵니다. 이는 모든 어려움을 기회의 문으로 변화시키며, 모든 실패를 구원의 수단으로 변화시키기 때문입니다.

따라서 나의 결론은 이러합니다. 십자가를 자신의 삶과 생각의 중심에 두는 사람에게 삶에 있어서 좌절이란 있을 수 없습니다. 그래서 모든 고난 뒤에는 항상 부활의 아침이 있을 것이라는, 멈출 수 없는 희망을 가질 수 있는 것입니다. 그래서 나는 인도인의 마음속에 있는 숙명론과 카르마 사상이 십자가로 대체되지 않는다면 인도는 결코 흥하지 못할 것이라고 확신합니다.

타고르는 이렇게 말했습니다.

"무엇이든지 인도에 도착하면, 그것은 멈춰 버립니다."

내가 위에서 언급한 실패의 원인이 바로 그 이유라고 생각합니다. 거의 모든 경제적, 사회적, 국민적 악의 뿌리가 바로 이 속박하는 인도의 관습에 있습니다. 따라서 나는 인도를 경제적으로, 사회적으로, 정치적으로 자유롭게 하는 최고의 방법은 예수 그리스도를 전하는 것이라 생각합니다.

인도는 언제나 첨가하는 데에는 천재적이었지만, 제거하는 데에는 부족했습니다. 인도는 밖에서 들어오는 것은 무엇이든지 흡수합니다. 그러나 어느 것도 없애지 않습니다. 그래서 인도사람들의 삶은 무겁게 짓눌려 있습니다. 무엇을 흡수하느냐 하는 것뿐 아니라 무엇을 제거하느냐 하는 것도 똑같이 삶의 질을 좌우합니다. 인도는 이제 제거함으로써 그 자신의 청결을 도와줄 역동적인 힘이 필요합니다.

> 낮은 카스트 신분의 한 여인이 구자라트에 살고 있었네
> 생일이 다가올 때마다 얼굴의 주름은 늘어갔지
> 나이가 들면서 두 팔을 감싸던 구리 장식은 무게를 더해 갔고
> 그 무게의 하중을 견디지 못해 삶의 무게 또한
> 아래로만 처져 갔다네
> 세월의 두께가 쌓여 가면서, 겨우 비틀거리며
> 맡겨진 임무를 감당했지

마침내 야마(Yama)* 신의 타오르는 불꽃과

끔찍한 세계가 기다리고 있네

인도의 관습이 그렇게 규정해왔기에

나는 지금 늙은 인도를 본다네

맹목적으로 반복되어 온 관습과

우리를 궁지로 몰아가는 미신들

그저 유지되기 위해 남겨진 관습과

미신의 공포에 가득 찬 마력

이제는 떨쳐 버리고 세상으로 나가야 하리

인도는 지금 지쳐 있지만 점차 영적인 눈을 뜨고 있네

그리고 내게 말하는 것처럼 들려오네

"입양된 내 아들아, 네 사랑이 진실하다면

나를 관습과 미신의 하중에서 벗겨 주고,

나에게 자유를 줄 수 있겠니?"

기억해, 내 아들아

나를 자애롭게 대해 주면 나도 너를 섬기리

오랜 세월을 나와 함께 했던 관습과 미신이

*야마(Yama)
저승길을 개척한 저승왕. 야마의 세계는 이상적인 천국으로 묘사된다. 그러므로 사람이 죽으면
화장(火葬)을 하고 그때 그 혼백은 연기나 불의 신(火神) 아그니의 날개를 타고 야마의 세계로
들어간다. 거기서 완전한 육신을 되찾고 신들과 조상들을 만난다고 믿는 것이 전생윤회(轉生輪
廻)의 사상이다. 이 윤회사상 때문에 인도인들은 죽음에 대하여 매우 낙천적이라고 한다.

이제 나를 떠나려 하고 있단다

오, 내 영혼의 주인이시여, 나의 생각을 어루만져 주옵소서
부드러운 힘을 주셔서 우리들의 바라트(Bharat)를 물리칠 수
있도록 도와 주소서
그들이 얼마나 우리 영혼을 할퀴어 왔는지 기억하시고
쇠고랑 찬 내 영혼을 불쌍히 여기시고 풀어 주소서
욕망의 쇠사슬과 이기심에 붙들려 있던 내 영혼을
자유롭게 하시고
내 흡족한 영혼에 자유로움을 주소서

나는 예수 그리스도야말로 인도가 지금 필요로 하는 역동성이
라고 믿습니다. 예수 그리스도가 자유롭게 하는 자가 진실로 자유
로운 자입니다. 인도는 자유롭고 풍요로운 삶을 요구하고 있습니
다. 예수 그리스도가 그 생명입니다.

그러나 더 중요한 것은 동서양을 막론하고 인간이 마음속 깊이
원하는 것은 하나님이란 사실입니다. 인도사람들은 지구상의 그
어느 민족보다 하나님을 찾기 위해 갈망하는 민족입니다. 그렇습
니다. 내가 받은 인도의 인상은 하나님을 이미 소유한 것이 아니
라 하나님을 갈망하고 있다는 것입니다.

아직, 하나님을 만나지 못하고 있는 인도인들

저는 인도사람들이 진지하게 하나님을 갈구하는 사람들이라는 것을 알고 있습니다. 그들은 지금도 하나님을 찾고 있습니다. 그러나 아직 아무도 하나님을 만나지는 못하였습니다.

내가 인도에서 받은 인상을 총체적으로 그려보면 다음과 같습니다. 인도에서 맞는 어느 멋진 저녁 무렵, 나는 시원한 바람에 몸을 맡기며 나이 많은 한 철학자와 함께 앉아 있었습니다. 그는 인도의 가장 저명한 사상가로 서양철학에도 조예가 깊은, 철학적 삶을 살아가고 있는 사람이었습니다. 우리는 조용하고 고요한 저녁이 올 때까지 신과 삶, 그리고 우리 자신의 운명에 대해서 이야기를 나누었습니다. 대화가 무르익어 갈 무렵, 그가 천천히 수염을 쓰다듬으며 말했습니다.

"나 자신이야말로 궁극적인 실재임을 믿습니다. 문제는 그것을 아직 깨닫지 못하고 있다는 것이지요."

그의 말을 묵상하며 앉아 있는데, 마치 내 눈앞에 인도가 앉아 있는 것 같은 환영을 보았습니다. 단언하듯 그 나이 많은 철학자가 목소리를 높일 때, 나는 인도가 내게 단언하는 듯한 착각에 빠졌습니다.

"나 자신이야말로 궁극적인 실재임을 믿습니다. 문제는 그것을 아직 깨닫지 못하고 있다는 것이지요."

며칠 후 나는 다시 그를 만나게 되었습니다. 그는 비탄에 잠겨 있었고 매우 괴로워하고 있었습니다. 그는 내게 말했습니다.

"내 조국은 자유롭지 않습니다. 내 조국은 둘로 나누어졌으며 마비되었습니다. 이제 더 이상 희망이 없습니다."

그날 그는 이렇게 비탄에 젖어 있었습니다. 그의 마음은 나의 어떤 위로의 말로도 치유될 수 없었습니다.

다음 날 다시 그를 볼 수 있었는데, 이제야 그는 기뻐하는 모습이었습니다.

"난 지금 너무나 기분이 좋습니다. 하루 종일 우리에게 주어진 그 기도가 내 마음 깊은 곳에서 울려 왔습니다. '당신은 나의 아버지, 우리 모두로 하여금 당신이 우리의 진정한 아버지임을 깨닫게 하소서.' 바로 이것이었습니다. 나는 이제 평화롭습니다. 나의 조국에게 필요한 것은 바로 이것이었습니다."

그러나 이 말을 다 끝내기도 전에 그는 약간의 슬픈 안색을 내비치더니 다음과 같이 말하는 것이었습니다.

"이 기쁨이 오래갈 수만 있다면 얼마나 좋겠습니까? 그러나 그 럴 수 없을 것 같아 슬프군요."

이해하시겠습니까? 지금 인도가 단언하고 있습니다.

"나 자신이야말로 궁극적인 실재임을 믿습니다. 문제는 그것 을 아직 깨닫지 못하고 있다는 것이지요."

인도사람들은 '궁극적인 실재'라는 초개인적인 본질에서 어떠 한 근거나 힘을 얻지 못하고 있습니다. 그것을 둘러싸고 있는 현실 의 절망 속으로 가라앉아 버릴 뿐입니다. 그 사람은 외쳤습니다.

"나의 조국, 거기에 어떤 희망이 남아 있습니까?"

그리고 그는 어렴풋한 하나님 아버지의 그림자를 보면서 희망 을 발견했던 것입니다. 그리고 외쳤습니다.

"바로 이것입니다. 나는 오늘 평화롭습니다. 이것이 바로 우리 나라가 원하는 것입니다."

그러나 그의 외침은 고통스럽게 끝납니다.

"별로 오래갈 것 같지는 않군요."

도대체 무엇이 부족한 것일까요? 심오한 철학적 진지함이 부 족한 것도 아니고, 영적인 감수성이 부족한 것도 아닙니다. 그런 데도 기쁜 마음으로 긍정하고자 하면 그것은 인도사람들을 피해 서 달아납니다. 인도사람들이 예수 그리스도에게 매달릴 필요가 있을까요? 예수 그리스도가 인도의 상황을 어떻게 해 볼 도리가 있을까요? 인도가 빌립과 함께 "우리에게 하나님 아버지를 보여

주십시오. 저희가 만족하겠나이다"라고 물어올 때 예수 그리스도께서 "나를 본 자는 하나님 아버지를 본 자이다"라고 말씀하시지 않겠습니까?

그가 막연한 절대자에 대한 부질없는 환상을 없애고, 하나님 아버지를 삶의 영원한 절대자로 만들지 않았습니까? 생명의 하나님 아버지가 우리 안에 넘치면, 지금 우리를 둘러싸고 있는 이 절망적인 생활을 고쳐줄 역동성이 되살아나지 않겠습니까? 한 순간의 불 밝힘이 그 자체로 삶의 전체가 되지 않겠습니까? 나는 지금 내 존재의 가장 깊은 곳에서 "바로 그렇다"고 큰 소리로 외치고 싶습니다.

예수 그리스도에 대한 인식이 깊어지면 절대자에 대한 인식도 깊어진다는 것은 경험을 하면 알게 되는 명백한 사실입니다. 예수 그리스도는 하나님을 부정하거나 하나님과 경쟁하지 않습니다. 예수 그리스도를 알면 알수록 아버지 하나님을 많이 알게 되는 것입니다. 나는 이를 두고 논쟁하자는 것이 아닙니다. 이것은 나의 간증입니다.

만약 어떤 민족이 예수 그리스도의 존재를 알지 못하고서도 하나님의 존재를 깨달았다고 한다면, 그 민족은 단연 인도인이었을 것입니다. 인도인은 다른 어떤 민족보다도 하나님을 간절히 갈구해 왔습니다. 만약 한시도 쉬지 않고 끊임없이 하나님을 갈구하여 기쁨에 찬 확신과 함께 하나님을 발견했다면, 그 민족 역시 인도인일 것입니다.

하지만 인도에서 사역하는 동안 깨달은 것은, 인도사람들에게는 이 '기쁨에 찬 발견'이 없다는 것이었습니다. 어느 날, 연설 후에 힌두교도 한 사람이 내게 말하였습니다.

"당신처럼 용감한 사람을 본 적이 없소. 신을 발견했다고 말하다니. 이제껏 그렇게 말한 사람은 처음이오."

당연히 이것은 나의 공로가 아닙니다. 나는 단지 예수 그리스도의 얼굴을 보았을 뿐이고, 거기서 아버지 하나님을 보았을 뿐입니다. 하지만 아직 인도사람들은 예수 그리스도를 알지 못하였고, 따라서 아직 아버지 하나님의 모습을 찾지 못한 것뿐입니다. 그들에게 하나님은 단지 어렴풋한 모습일 뿐입니다.

지금 내가 하는 말이 독단적으로 들린다면, 인도사람이 해 준 이야기를 들려 드릴까 합니다. 내 친구 중에 네덜란드인이 한 명 있는데 하루는 그가 이런 이야기를 했습니다. 이 이야기를 들으면 "그렇구나"라고 생각하실 겁니다.

하루는 그가 한 힌두교인 재판관과 논의를 하고 있었는데, 그 재판관이 참으로 논리정연하게 이야기를 잘 하더랍니다. 그러다가 그 재판관이 친절하게도 이렇게 말했다고 합니다.

"글쎄요, 그렇다면 결국 우리 둘 사이에는 별 차이가 없군요. 당신네는 예수 그리스도 안에서 하나님을 발견할 때 기독교인으로 거듭나는 것이고, 우리는 우리 자신 안에서 하나님을 만나면 힌두교인으로 거듭나는 것이니까요."

이 말을 듣고 네덜란드인 친구가 이렇게 말했답니다.

"바로 그 차이 때문에 예수 그리스도가 전해진 나라의 사람들이 기독교로 개종하는 것입니다. 나는 당신에게 이 도시에 사는 수백 명의 기독교인 친구들을 소개해 줄 수도 있습니다. 그들과 이야기를 나누어 보면, 당신은 우리가 지금껏 이야기했던 영혼과 빛 그리고 그 발견 당시의 모습이 어떤 것인지를 알게 될 것입니다. 하지만 지금껏 힌두교인 학생 중에서 단 한 명도 자신이 발견한 것이 어떤 인상이었는지, 저에게 이야기해 준 사람이 없습니다."

그러나 힌두교인 재판관은 고개를 떨구며 조용히 목소리를 낮추면서 다음과 같이 말했다고 합니다.

"당신 말이 옳구려. 나도 당신보다 훨씬 더 많은 아르야회(Aryas)*와 브라모회(Brahmos)**에 소속해 있는 회원들과 테오소

*아르야회(Aryas, Arya Samaj)

아르야회(아르야 사마지)는 1875년 뭄바이에서 마하리시(Maharishi)에 의해서 결성되었다. 베다의 가르침 등, 힌두교를 바탕으로 인도의 독립을 기원하는 모임이다. 1990년대 들어 아르야 사마지는 베딕(Vedic) 상속 재산을 승진시키고, 보호하고, 실현하는 데 주력하고 있다. 현재 아르야 사마지 조직은 미국, 캐나다, 동남아시아, 아프리카 등 세계 곳곳에서 활발한 활동을 벌이고 있다.

**브라모회(Brahmos)

원명은 브라모 사마지(Brahmo Samaj)로, 1928년 라모한 로이가 1928년 캘커타에 설립한 협회이다. 그리스도교의 영향을 받아 힌두교와 힌두 사회의 낡은 체제를 개혁하고자 했다. 로이가 사망한 후 1833년 타고르가 그 뒤를 잇기도 했으나, 1857년 케샤브 찬드라센이 브라모에 적극 참여하면서 협회 활동이 활발해졌다. 그리스도교적 경향이 짙었던 찬드라센은 카스트제도의 폐지, 여성지위의 향상 등 사회 개혁운동을 펼쳤다. '브라모 사마지' 운동은 19세기 이래 인도의 종교·사회 면에서 최초의 개혁운동으로 평가받고 있다.

피스트(Theosophists)*, 정통파 기독교인들을 알고 있지만, 하나님을 찾았다는 이야기는 들어보지 못하였소."

홀랜드, 《인도의 당면목표》 중에서

그런 사람이 한 명 있긴 했습니다. 자신이 살아 있는 구세주를 발견했다고 말하던 사람 말입니다. 그러나 듣고 있던 사람들 모두는 이를 별로 심각하게 받아들이지 않았으며, 그냥 웃어 넘겼습니다. 저는 인도사람들이 진지하게 하나님을 갈구하는 사람들이라는 것을 알고 있습니다. 그들은 지금도 하나님을 찾고 있습니다. 그러나 아직 아무도 하나님을 만나지는 못하였습니다.

그러나 보십시오. 예수 그리스도는 사람들에게 바로 그것을 주시는 분이십니다. 게다가 우리가 지향해야 할 인격체가 어떤 모습인가도 보여 주시고, 우리에게 정말 자유롭고 풍부한 삶을 주시지 않습니까? 예수 그리스도 외에 이 세 가지를 동시에 줄 수 있는 이가 어디 있겠습니까? 그리고 실제로 그렇게 하는 사람이 어디 있겠습니까?

*테오소피스트(Theosophists)
신지학회(神智學會) 회원을 뜻한다. 인도 사상에서 최초의 신지학은 《베다》에서 출발하며, 《우파니샤드》와 《바가바드 기타》를 거쳐 현대에 이른다. 신지학은 신비적 체험, 비의적 가르침, 일원론을 선호하며, '인간은 곧 신'이라는 깨달음을 얻는 데 근본을 두고 있다. 근대 신지학의 출발은 1875년 종교적 신비주의자 H.P. 블라바츠키와 H.S. 올콧이 뉴욕 시에 신지학회를 설립하면서부터이고, 1878년 활동무대를 인도로 옮기면서 본격적으로 신지학회가 활성화되기 시작한다. 신지학회는 인종·신조·성·계급·피부색의 구별 없이 인류의 보편적 형제애를 강조하고, 종교·철학·과학에 대한 비교연구를 권장하며 신·자연·인간에 대한 보편적 진리를 중시한다. 모든 분야에서 '통일'과 '통합'을 추구하는 이러한 정신은 오늘날 '모든 종교와 사상은 하나'라고 주장하는 뉴에이지 사상으로 이어지고 있다.

크리슈나무르티와의 만남에서 다시 확인한 '예수'

크리슈나무르티는 성격은 좋지만, 보통의 지적 수준을 가진 평범
한 사람이었습니다. 이 시대의 혼란으로부터 탈출하기 위해 이
사람을 목표로 삼아야 한다면, 하나님이 우리를 얼마나 불쌍히
여기실까 하는 생각이 들었습니다.

하루는 한 신실한 힌두교인에게 예수 그리스도를 어떻게 생
각하는지 물어보았습니다. 그는 아주 진지하게 이렇게 답하였습
니다.

"인류를 위해 그분처럼 그렇게 진실된 모습으로 자신을 버린
사람은 아직 없습니다. 아마 이 지구상에는 없을 것입니다."

그렇습니다. 지구 전체를 다 뒤져도 누가 또 있겠습니까? 그렇
습니다. 한번은 베산트(Besant) 여사가 한참 유명세를 타고 있던
세계적인 스승의 방문을 알려왔습니다. 그는 크리슈나무르티
(Krishnamurti)*라는 한 브라만 계층의 젊은이를 소개하였는데,

그가 바로 예수 그리스도의 화신이라는 것입니다(보십시오, 어쨌든 베산트 여사마저도 예수 그리스도가 위대한 분이라는 것을 알고 있지 않습니까? 그 많은 사람 중에 예수 그리스도의 화신이라니 말입니다).

그는 첫 번째 세계적인 가르침을 선포하였고 이로 인해 동서양 모든 지역에서 성자의 영예를 얻었습니다. 나는 그와 오랜 시간 이야기를 나누었고, 그가 성격은 정말 좋지만 보통의 지적 수준을 가졌고, 영적 직관력 또한 그리 뛰어난 사람이 아니라는 것을 알게 되었습니다. 심지어 나는, 그가 꽤 잘하는 영어로 욕설을 하는 것도 들었습니다.

그와 헤어지고 나오는 길에, 만약 우리가 한 인류의 가족으로서 현재 당면하고 있는 이 시대의 혼란으로부터 탈출하기 위해 이 사람을 목표로 삼아야 한다면, 하나님이 우리를 얼마나 불쌍히 여기실까 하는 생각이 들었습니다.

문자 그대로 수평선 위에, 이 지구상에서 예수 그리스도 외에

*지두 크리슈나무르티 (J. Krishnamurti, 1895~1986)
인도에서 태어나 14세 때 '신지학회'의 애니 베산트 회장에게 종교적 천재성이 발견되어 '세계의 교사' 수업을 받았다. 1929년 "나의 유일한 관심은 사람들을 절대적으로 자유롭게 하는 것"이라는 말을 남기면서 자신을 추앙하던 '별의 교단'을 스스로 해체했다. 서구에서는 크리슈나무르티를 두고 그리스도나 부처의 재래라 할 정도로 현대 철인, 명상가로 알려져 있으며, 강연 대화록, 일기, 편지를 모은 책이 출간된 것만 해도 60권을 넘는다. 주요 저서로는 《자기로부터의 혁명》, 《교육과 삶의 중요성》, 《진리와 실재》, 《삶에 관하여》 등이 있다.

는 그런 분이 있을 수 없습니다. 예수 그리스도가 아니면 아무도 없다는 것입니다. 매튜 아놀드(Matthew Arnold)*는 이렇게 말했습니다.

"평화와 안녕을 가져온다고 당신이 생각할 수 있는 모든 방법을 다 시도해 보십시오. 그러면 당신은 예수 그리스도 외에 그것을 가져다 줄 수 있는 방법이 없다는 것을 알게 될 것입니다. 오직 예수 그리스도만이 유일한 '길'이십니다."

*매튜 아놀드 (Matthew Arnold, 1822~1888)

영국 시인·비평가. 근대의 문학·예술에서 비평적 지성의 중요성을 역설하였고 폭넓은 시야로 영국문화의 지방성을 비판, T.S. 엘리엇 등 후대 비평가에게 영향을 주었다. 옥스퍼드대학에서 시를 가르치는 교수로 있으면서 장학관도 지낸 바 있다. 주요 시로는 〈도버 해안〉, 〈서시스〉가 있으며, 《방황하는 주연객》, 《에트나산 위의 엠페도클레스》 등의 작품에서는 과학의 위협과 종교의 쇠퇴로 인해 고뇌하는 19세기 중엽의 지식인의 내면을 노래하고 있다. 후반에는 《비평론집》, 《교양과 무질서》, 《문학과 교의(敎義)》, 《미국문명》 등을 발표, 비평가로서 활동하였다.

'선다 싱'은 "예수 그리스도이십니다"로 대답했다

"당신이 기독교로 개종한 후 새롭게 찾은 것이 무엇입니까?
그 전 종교에 없는 무엇이 있던가요?"
이에 성자 선다 싱이 대답했습니다.
"예수 그리스도이십니다."

그렇다면 도대체 다른 종교에는 없는데 기독교만이 가지고 있는 것이 과연 무엇이란 말입니까? 한 열렬한 브라모 사마지 회원이 하루는 똑같은 질문을 내게 하였습니다.

"우리 종교에는 없는데, 당신네 종교에만 있는 것이 과연 무엇이란 말입니까?"

그는 내가 무슨 거창한 철학적 원리나 도덕적인 사상에 관해 얘기할 것이라고 생각하고 있었던 모양입니다. 나는 이렇게 대답했습니다.

"제가 한 마디로 말해도 될까요? 당신들에게는 예수 그리스도가 없습니다."

비기독교 신앙에는 예수 그리스도가 없습니다. 물론, 그들의 문화와 사상에는 좋은 것들이 많이 있습니다. 저도 그것을 인정하며, 그러한 것을 허락해 주신 하나님께 진심으로 감사의 기도를 올립니다. 그러나 거기에는 가장 중요한 한 가지가 빠져 있으니, 어느 무엇을 가지고도 그 부족함을 채울 수 없습니다. 바로 예수 그리스도이십니다. 그들에게는 예수 그리스도가 없습니다. 그가 없다는 것은 가장 중요한 것이 없다는 뜻입니다.

위대한 기독교 신비주의자의 한 사람인 성자 선다 싱*(Sundar Singh)이 한번은 힌두교 대학에서 비교종교학을 연구하는 유럽 교수와 이야기를 나누다가 이런 이야기를 하였습니다. 그 교수는 기독교 신앙의 신비에 대해 불가지론적 입장을 가지고 있었는데, 그 성자와 이야기를 나눈 것은 사실 예수 그리스도를 위해서 다른

*선다 싱(Sundar Singh, 1889～1929)
인도의 성자 선다 싱은 1889년 편잡 지방의 귀족집안에서 탄생했다. 아버지는 힌두교 종파인 시크교도 지도자였는데, 신학문을 가르치는 미션스쿨에 아들을 입학시키게 된 것이 결국, 선다 싱에게 하나님 말씀과 가까이 하게 된 계기가 되었다. 1905년 신비로운 체험을 통해 예수를 만나 회심했으며, 집을 떠나 사두(인도의 종교 수행자)가 되어 무소유의 삶과 순례 생활을 시작했다. 선다 싱은 40세가 되던 해, 눈 덮인 히말라야산에서 죽음을 맞이할 때까지 23년 동안 적어도 네 개 대륙의 스무 나라를 순례했다. 강연과 저술을 통해서, 또한 많은 사람들과 직접적인 만남을 통해서 깊은 영향을 미친 그는 20세기 초, 동방에서 가장 잘 알려진 영적 스승이라 일컬어지고 있다.

종교를 버리고 개종하는 것이 실수라는 것을 보여주기 위해서였습니다.

그가 다음과 같이 물었습니다.

"당신이 기독교로 개종한 후 새롭게 찾은 것이 무엇입니까? 그전 종교에 없는 무엇이 있던가요?"

성자 선다 싱이 대답했습니다.

"예수 그리스도이십니다."

어떤 철학적인 논쟁을 기대했던 그가 참을 수 없다는 듯, 성급하게 대답하였습니다.

"하지만, 뭔가 이전 종교에는 없었던 어떤 원리나 교리 같은 것이 있지 않겠습니까?"

성자가 다시 대답했습니다.

"그것이 바로 예수 그리스도이십니다."

그 교수는 최선을 다했지만, 성자의 마음을 돌려놓지 못했습니다. 그는 좌절하여 생각에 잠긴 채 선다 싱을 떠나갔습니다. 그 성자의 말이 참으로 옳습니다. 비기독교 신앙도 좋은 점을 많이 가지고 있지만, 결정적으로 예수 그리스도가 없습니다.

하지만 어떤 이들은 또 이렇게 반대합니다.

"예수 그리스도 없이도 잘 살아가는 사람들이 얼마든지 있지 않습니까?"

저의 답은 이렇습니다. 내가 아는 한 동양이나 서양이나 예수 그리스도를 알지 못하고서 잘 살아가는 사람은 한 명도 없습니다.
예수 그리스도는 생명이 되시며, 삶에 없어서는 안 될 필수요소입
니다.

"세상에 나가 복음을 전하라"는 간절한 목소리

우리의 형제들은 우리를 너무나 필요로 하고 있습니다. 거리
를 헤매고 있는 그들을 모른 체할 수 없습니다. 그들에게 예
수 그리스도를 전하는 동시에, 우리는 예수 그리스도께 가야
합니다. 예수 그리스도만이 우리의 이유이며 동시에 목적이
되십니다.

하루는 한 브라만계급의 사람이 나에게 와서 자신 있게 말하였
습니다.

"당신의 연설을 참으로 감명깊게 들었습니다. 그런데 한 가지
제안하고 싶은 것이 있군요. 만약 당신의 예수 그리스도를 여러
방법 중 한 방법으로 제시한다면 참 좋을 듯싶습니다. 다른 방법
들도 많이 있으니까요. 그렇게만 하면, 인도 전체가 당신의 말에
순종할 것입니다."

나는 그가 보여준 관심에 대해 감사하며 이렇게 대답하였습니다.

"저는 인기를 얻고 싶은 것이 아닙니다. 제가 인기를 얻기 위해 무엇을 말해야 하는가가 중요한 것이 아니라 '사실'이 무엇인지가 중요한 것 아니겠습니까? 저는 진실을 말한 것뿐입니다."

만약, 예수 그리스도 외에 우리를 구원할 자가 있다면 나는 당연히 기뻐해야 했을 것입니다. 기쁘다 뿐이겠습니까? 그러나 내가 감히 나의 구원자라고 부를 수 있는 분은 오직 한 분뿐이십니다. 내게 무슨 충분한 자격이 있겠습니까만, 나는 아무 망설임 없이 예수 그리스도를 구원자라 부를 수 있습니다.

하루는 한 힌두교인이 내게 와서는, "당신은 참 마음이 넓은 기독교인이군요"라고 하였습니다. 나는 그 사람에게 대답해 주었습니다.

"형제여, 나는 당신이 만나본 사람 중에 가장 마음이 좁은 사람입니다. 나는 다른 모든 것에는 아량을 베풀 수 있습니다. 하지만 인간의 본성에 무엇보다 중요한 이 한 가지는 이 세상 어느 무엇과도 바꿀 수가 없습니다. 바로 예수 그리스도 말입니다."

우리가 비기독교적인 체계나 상황을 보다 관대하게 바라볼 수 있는 것은 바로 예수 그리스도의 절대성을 믿고 있기 때문입니다. 그러나 동시에 예수 그리스도만이 이 세상 모든 체계나 상황에 절대적으로 필요한 존재임을 부정할 수 없는 일입니다.

우리는 이것이 다른 나라를 간섭하는 것이라고 생각하지 않습니다. 지구가 공전한다고 코페르니쿠스가 말했을 때, 그리고 그 과학적 사실을 다른 나라의 사람들과 공유했을 때, 어느 누구도 그것이 다른 나라 사람들을 간섭하는 것이라 생각하지 않았습니다. 지구가 공전한다는 사실은, 지구가 움직이지 않고 고정되어 있다는 지구 중심의 세계관을 신성불가침한 것으로 믿어 온 사람들에게는 너무나 화나고 울화가 치미는 것이었습니다.

그러나 이 발표는 아무런 혼란을 초래하지 않았습니다. 인간이 우주의 중심부에서 멀리 떨어져 있다고 생각했을 때 발생하는 광범위하고 극복될 수 없는 혼란을 한 번 생각해 보십시오. 우리가 말하고자 하는 것이 바로 이것입니다.

우리는 지금 도덕적, 신앙적 우주의 중심에 계신 예수 그리스도를 발견했다고 말하고 있습니다. 이것이 어떤 사람들에게는 혼란을 가져오고 기분을 상하게 하고 있는 것도 사실입니다. 하지만 일단 그 우주의 중심을 발견하게 되면 혼돈 속에 갇혀 있던 영혼들이 새로운 질서를 발견하게 될 것입니다. 우리는 이것을 다른 사람들에게 강요하려고 하는 것이 아닙니다. 우리는 단지 그것을 공유하고자 하는 것입니다.

우리는 단지 숫자만 채우고자 하는 생각에도 반대합니다. 우리는 인격체를 원합니다. 만약 우리가 너무도 열정적으로 노력하고 있다면, 그것은 우리가 교회를 질서 있게 세우기를 원하기 때문입니다. 우리도 다른 사람들처럼 교회를 절실히 원하는 것뿐입니다.

이제 나는, 우리가 종교 우월주의 콤플렉스를 만족시킨다거나 제국주의나 자본주의 선두주자라고 비판하는 것에 대해 대답하고자 합니다. 동양에서 정치 · 경제적인 착취를 막고 있는 것이 무엇이라 생각하십니까? 바로 예수 그리스도이십니다. 예수 그리스도가 도처에서 착취자들을 견제하고 있습니다. 동양의 착취자들은 옛날처럼 그렇게 쉽게 사람들을 착취할 수가 없습니다. 인종적인 갈등과 시련 한가운데에 홀로 서 있는 분이 누구십니까? 바로 예수 그리스도입니다. 예수 그리스도 아래에서는 인종주의가 살아남을 수 없습니다. 그는 모든 인류의 친구이기 때문입니다.

인도에는 간디와 타고르 같은 위대한 인물이 있습니다. 따라서 선교를 위해 인도로 간다는 것이 영적인 자만이라고 말하는 사람들에게 나는 이렇게 대답하고 싶습니다. 우선 인도에 그들과 같이 위대한 인물을 주신 것에 하나님께 감사드립니다. 우리는 그들을 너무나 자랑스럽게 생각하며, 그들을 허락하신 것에 대해 감사드립니다. 또 그들을 위대하게 만드신 예수 그리스도의 역할에 대해서도 감사를 드립니다.

모든 사람에게 복음을 전파하라는 '지상명령'은 후대에 와서 끼어든 것에 불과하다고 비판하는 사람들에게 나는 이렇게 답변을 드리겠습니다. 이러한 주장은 아직 학문적으로 증명되지 않았습니다. 그러나 만약 그 주장이 사실이라 하더라도, 우리는 여전히 예수 그리스도를 전 세계에 전하는 즐거운 일에 계속 헌신할 것입니다. 이것은 명령에 기초한 것이 아니라 복음 그 자체의 본성에 기초한 것이며, 예수 그리스도에 기초한 것이기 때문입니다. 그것이 마지막 명령이든 그렇지 않든, 우리는 예수 그리스도를 모든 세상에 전파해야 합니다. 왜냐하면 예수 그리스도 같은 구원자를 전하는 것은 인간 삶에 있어서 아주 중요한 일이기 때문입니다. 마음속 깊은 곳에서부터 거부할 수 없는 목소리가 울려 퍼집니다.

"세상에 나가 복음을 전하라."

우리가 평화를 전하지 않는다면, 단단하고 텅 빈 삶의 돌덩이들이 울부짖을 것입니다. 게다가 예수 그리스도와 그 복음만이 우리를 동양으로 보내는 것이 아닙니다. 동양에 서 계신 예수 그리스도가 우리에게 오라고 손짓하고 있습니다. 그가 거기 있습니다. 바로 우리 앞에 있습니다. 우리는 그를 받아들일 뿐 아니라 그에게로 가야 합니다. 예수 그리스도께서는 우리에게 비전을 보여 주셨습니다. 그 생생하고 비극적인 진실, 마지막 날의 모습 말입니다.

"내가 굶주렸을 때 너는 나에게 음식을 주었다. 내가 목마를 때 너는 나에게 마실 것을 주었으며, 내가 거리를 헤맬 때 너는 나에게 잠잘 곳을 마련해 주었으며, 내가 헐벗었을 때 나에게 옷을 주었다. 내가 아플 때 나를 방문하였고, 내가 감옥에 있을 때 나를 만나러 와 주었다."

올바른 자들이 울며 말했습니다.

"주여, 언제 우리가 당신이 굶주린 것을 보았고 당신을 먹였나

이까? 또 언제 목마를 때 마실 것을 주었나이까?"

이때 예수 그리스도의 입에서 나온 말은 놀라운 것이었습니다.

"네가 그 사람들에게 한 것이 바로 나에게 한 것이다."

배고픈 인도인을 먹일 때 우리는 누구를 먹이는 것입니까? 내 앞에 있는 여윈 사람입니까? 그럴지도 모릅니다. 그러나 그 이상입니다. 우리 주 예수 그리스도가 그 사람의 배고픔 안에 있습니다. 내가 성배를 인도의 메마른 입술에 가져다 주었을 때, 나는 누구의 입술에 그것을 가져가는 것입니까? 내 앞에 있는 목마른 사람입니까? 그럴지도 모릅니다. 그러나 그 이상입니다. 우리 주 예수 그리스도가 다시 그 안에 있는 목마름인 것입니다.

내가 예수 그리스도를 인도로 가져간 것이 아닙니다. 우리가 그들에게 도움을 줄 때, 우리는 예수 그리스도를 도와주는 것입니다. 이 모든 것이 이제 하나의 유기체입니다. 어느 곳이든 하나를 자르면 거기서는 피가 쏟아질 것입니다. 만약 예수 그리스도가 거기 있다면, 나는 우리가 어떻게 거기서 나올 수 있는지 알지 못합니다.

요약하자면 이렇습니다. 우리가 인도에 간 이유는 예수 그리스도와 같은 인격이 우리가 아는 최고의 인격이기 때문이며, 그가 우리에게 자유롭고 풍성한 생명을 주시기 때문이며, 무엇보다도 우리에게 하나님을 주셨기 때문입니다. 그리고 이 모든 것을 주실 분은 예수 그리스도밖에 없습니다. 예수 그리스도가 그렇게 하시고 있습니다.

간절한 심령으로 그를 사랑하는 사람은 배고프고, 목마르며, 아프고, 감옥에 갇히고, 헐벗은 예수님을 생각하지 않을 수 없습니다.

우리의 형제들은 우리를 너무나 필요로 하고 있습니다. 거리를 헤매고 있는 그들을 모른 체할 수 없는 것입니다. 우리가 그들에게 예수 그리스도를 전하는 동시에, 우리는 예수 그리스도께로 가야 합니다. 예수 그리스도만이 우리의 이유이며 동시에 목적이 되십니다.

chapter 3

예수 그리스도의 도덕적 · 영적 우수성

그의 이름으로 주어지는 차가운 물 한 컵도 감사했던 예수 그리스도

자신의 옷자락을 한 번 만져 보기만 해도 나을 것이라고 믿었던

여인의 믿음을 받으시고 치료의 손길을 내어주신 예수 그리스도

이방인의 믿음을 기뻐하시고 이스라엘에서 그보다 큰 믿음을

보지 못했다고 칭찬하시던 예수 그리스도

자기 죽음을 예비하였다고 칭찬하시면서 옥합을 깨뜨려 그의 발을 씻긴

한 숭고한 여인에게 온 마음을 주셨던 예수 그리스도

천국에서 그를 기억하겠노라 약속하시면서 울부짖는 죄수에게

응답하셨던 예수 그리스도

예수 그리스도는, 인도의 작지만 예언이 성취되고 있는

이 새로운 움직임을 결코 외면하지 않으실 것입니다.

겨자씨의 모습으로 지상에 임할 하나님의 나라

인도인들은 예수 그리스도에 빠져들고 있습니다. 나는 그들과 함께 공감대를 이루며, 사랑과 동지애를 느끼고자 합니다. 아주 사소한 것도 보일 수 있도록 조그마한 창문을 열어 두겠습니다. 앞으로 그 작은 창문을 통해서 엄청난 것을 보게 될 것입니다.

～❦ ❦～

많은 사람들이 주의 나라가 지상에 임하길 바라면서, "보라 여기에 임하셨도다, 보라 저기에 임하셨도다"라고 말하기를 원합니다. 그러나 주의 나라가 쉬이 오지 않는다는 것을 알고는 실의에 빠집니다. 하지만 보다 통찰력 있는 사람들은 주의 나라가 그들 가운데 이미 거하고 있으며, 항상 그들과 함께 있다는 것을 깨닫습니다. 기독교는 이제 기독 교회의 경계를 허물고 있으며, 가장 있을 법하지 않은 곳에서 힘차게 전해지고 있습니다.

겉으로 드러나는 그들의 모습이 아무리 부유하다 하더라도 예수 그리스도의 영을 가지지 못한 자는 기독교인이 아니며, 겉으로 드러나는 그들의 모습이 아무리 부족하다 하여도 예수 그리스도의 영을 가진 자는 기독교인입니다. 예수 그리스도의 영을 추구하는 과정에서 전면에 나선다는 것은 그리 쉬운 일이 아닙니다. 통계치나 범주화는 의미가 없으며 누가 그러하고 누가 그렇지 않은가를 구분하는 것도 불가능합니다. 예수 그리스도께서 "그렇게 될 것"이라고 말씀하셨습니다.

하나님의 나라는 두 가지 위대한 방법으로 지상에 임할 것입니다. 그것은 마치 겨자씨의 낱알과 같을 것이니, 조그마한 것이 자라서 큰 나무가 되는 것과 같은 이치입니다. 이것은 교회의 외면적인 성장을 말하는 것입니다. 하나님의 나라가 조직적인 체계를 이루는 것으로 교회의 성장을 지칭하고 있습니다.

또 다른 표현을 빌리자면, 그것은 마치 전체에 퍼지는 조용한 누룩과 같은 것입니다. 이것은 기독교적 진실과 사상이 모든 사람의 내면세계에서 마음과 가슴에 널리 퍼지는 것을 말하는 것입니다. 사람들이 미처 깨닫기도 전에 사람의 영혼과 그들의 견해가 예수 그리스도의 영으로 덧입혀지는 것입니다. 그들은 내면에서부터 기독교인이 되는 것입니다. 우리는 이 두 가지 일이 아시아의 영혼들에게 미칠 예수 그리스도의 효과와 함께 발생할 것이라고 생각합니다. 이 방법에 의한 성장은 괄목할 만한 것이었지만 그렇다고 우리는 여기서 멈출 수 없습니다. 지난 10년 동안 인구는 1.2% 늘었지만, 기독교인의 숫자는 22.6%가 증가했습니다. 우리는 연평균 10만 명의 영혼을 기독교로 개종시켰으며, 지난 10년 동안 예수 그리스도의 품에 안긴 영혼이 1백 만을 넘어 섰습니다. 이들 대부분은 불가촉천민* 계급 출신이었습니다. 인도에는 6천만 명의 불가촉천민이 있으며, 이러한 천민은 무시당하고 경멸당하면서 인도사회의 벼랑 끝에 매달려 살고 있었습니다.

새롭게 등장하는 사상에 그들은 민감하게 반응해 왔습니다. 지금까지 그들은 억압받아 왔기 때문에 입도 뻥긋하지 못하고 살았습니다. 그러나 지금은 그렇지 않습니다. 그들은 상위 카스트의 민족주의 지도자들로부터 수동적이지만 어떻게 저항해야 하는지 그 방법을 알게 되었고(매우 역설적이지만!), 이제는 같은 방법으로 브라만 카스트에게 저항하기 시작하였습니다.

작년 5월이었습니다. 남부 인도에서 전국적인 저항운동이 일어났습니다. 몇몇의 불가촉천민들이 트래방코르(Travancore)에서 그들의 통행이 금지된 길에 나타났습니다. 트래방코르는 인도에서 카스트제도가 가장 엄격히 지켜지는 곳이었습니다. 그 불가촉천민들은 바로 감옥에 투옥되었습니다. 다음 날 또 다른 천민들이

---

*불가촉천민(The untouchable)
인도는 수천 년 동안 인도인의 생활을 통제해 온 신분제도인 카스트제도가 있다. 불가촉천민은 이 4계급에도 속하지 못하는 제5계급에 해당된다. 이들은 인도 전역에 거주하며, 총인구의 약 15%에 달한다. 현재 1억이 넘는 불가촉천민들이 자신이 속한 거주 지역에서 가장 천대받는 직업(청소·세탁·이발·도살 등)에 종사하며 엄격한 차별대우를 받으며 살아가고 있다. 일찍이 마하트마 간디는 이들을 하리잔(신의 자녀)이라고 부르며 불가촉천민제도의 철폐를 평생의 과업으로 삼았다. 1955년에는 불가촉천민법이 제정되어 하리잔에 대한 종교적·직업적·사회적 차별을 금지하고 있다. 최근에는 달리트(Dalit)라는 이름으로 불리고 있다.

그 길에 나타났습니다. 이 투쟁은 거의 1년 동안 지속되었습니다. 그들은 투옥되고, 감옥에서 형을 살고, 그리고는 조용히 다시 그 금지된 길에 돌아와 앉았습니다. 그들의 기나긴 침묵과 인내의 수동적인 저항의 광경이 카스트제도를 그 뿌리에서부터 허물기 시작하였습니다. 그들의 행동이 상위 카스트에게 큰 감동을 주어 일부 그들을 안타깝게 생각하는 카스트들은 수천 명의 행렬을 만들어 150마일의 긴 항의 시위를 전개했습니다. 그들이 지나가는 곳에서는 동조하는 집회가 열렸고, 그들의 노력은 많은 사람들로부터 동정을 받게 되었습니다. 그들은 트래방코르의 지방 통치자들에게 모든 거리를 불가촉천민들에게 개방하라는 탄원서를 올렸습니다. 최근에 이 하위 카스트의 탄원이 받아들여져 모든 거리가 개방되었습니다. 인내하며 고통을 이겨온 이들이 승리한 것입니다.

이 불가촉천민들은 계속 운동을 이어가고 있습니다. 그들은 독자적인 카스트 의회에서 밤이 늦도록 그들의 영적인 운명이 무엇이며, 목적지가 어디인지에 대해 논쟁하고 있습니다. 그들은 힌두교와 이슬람교, 불교와 기독교의 상대적인 장점에 대해 토론하고 있습니다(불교는 본래 인도에서 출발하여 퇴출되었지만, 인도는 예수에 필적할 만한 인물로 부처를 내세우기 위해 인도에 다시 불교를 들여오게 했던 것 같습니다).

다음 10년 또는 20년이 지나면, 아마 인간의 광범위한 영적인 운명이 정리될 것입니다. 지금으로서는 불가촉천민들의 이러한 노력에 놀라움을 금치 못할 뿐입니다. 6천만 명의 사람들이 함께 움직이고 있다니 말입니다.

그러나 인도사회의 다른 한쪽을 형성하고 있는 상위 카스트들 사이에서는 더 놀라운 움직임이 일어나고 있습니다. 하위 카스트들 사이에서 일어나는 움직임을 대중운동이라고 하는데, 이와 다르게 일어나고 있는 상위 카스트들의 움직임을, 예수를 한 인격체로 따르고자 하는 내면의 대중운동이라 부르고 싶습니다.

나를 오해하지는 마십시오. 그들 상위 카스트들은 세례를 받기 위해 교회의 문을 두드리지도 않으며, 우리 기독교 교회의 체계나 우리 서구문명을 좋아하는 것도 아닙니다. 그러나 예수 그리스도를 향한 그들의 생각에는 분명히 놀라운 변화가 일어나고 있습니다.

'여러분의 관심을 끄는 것이 무엇이든지 여러분은 결국 그것에 빠져들게 될 것이다.'

이 같은 표현이 있습니다. 여기에는 어떠한 과장도 허풍도 들어 있지 않습니다. 가장 정제된 마음과 고귀한 영혼을 지닌 예수 그리스도는 인도인들의 관심을 끌고 있습니다. 그리고 그들은 예수 그리스도에 빠져들고 있는 것입니다.

만일 누군가가 이것에 대한 증거를 요청한다면, 나는 꼭 집어 뭐라 말하기는 힘들 것입니다. 왜냐하면 어떤 것들은 너무 사소해 보여서 이를 확인하자면, 소용돌이치고 있는 인도인의 흐르는 삶 한가운데에 서 있어야 하기 때문입니다. 또한 인도인들의 신랄한 비판과 미움에서 발견되는 사소한 변화를 함께 느끼면서 그들과 공감대를 이루어야 하고, 그들에게서 내적인 사랑과 동지애를 느껴야 하기 때문입니다. 지금 나는 아주 사소해 보일 수도 있는 것들을 위해 조그마한 창문을 열어 두었지만, 사실 그 작은 창문을 통해서 엄청난 것을 보게 될 것입니다.

몇 년 전, 나는 아주 헌신적인 영국인 여선교사와 함께 이야기를 나눈 적이 있습니다. 그녀는 국가적 상황에 낙담하여 어찌할 바를 모르고 있었습니다. 그녀는 "영국이 이렇게 인도에서 도덕적 권위를 잃었는데, 인도에서 기독교 사역을 하는 것이 무슨 의미가 있겠는가?" 하며 한탄했습니다. 모든 사람들이 영국과 기독교를 싫어하고 있었고 그녀는 그것을 피부로 느낄 수 있었습니다. 우리는 모든 것의 내적인 의미에 대해서 이야기를 나누었고, 나는 그녀에게 내가 보고 확신하는 것에 대해서 말해 주었습니다. 그때 보았던 그녀의 얼굴은 지금도 잊을 수 없습니다. 그녀는 말했습니다.

"이제야 빛을 보게 되었습니다. 예수 그리스도는 영국을 넘어서는 것입니다. 그리고 하나님 나라는 영국을 통해서건, 아니면 영국의 이런 현재 상황에도 불구하고 우리에게 임하실 것입니다. 이제 저를 덮고 있던 구름 사이로 한 줄기 빛을 보는 것 같습니다."

작은 창문이 거대한 광명을 보게 한 것입니다.

예수 그리스도, 그분이 바로 간디 아닙니까?

여러분, 이것이 신성모독입니까? 간디는 그들의 이상이며 그들은
그 이상과 예수 그리스도를 동일시하고 있습니다. 예수 그리스도
가 이미 그들의 마음을 사로잡은 것입니다.

9년 전 푸나(Poona)의 의회에서 한 힌두교인 신사가 연설하던
중에 예수 그리스도를 언급하였습니다. 그 이름을 들은 사람들이
의회에서 소란을 피워, 결국 그는 연설을 마치지 못하고 자리에
앉아야만 했습니다. 예수 그리스도라는 이름은 인도가 싫어하는
모든 것을 대표하는 것이었습니다. 왜냐하면 그들은 예수 그리스
도를 제국주의와 인도에 대한 외국의 지배와 동일시하였기 때문
입니다. 그때까지만 해도 예수 그리스도는 아직 인도인들에게는
자연스럽게 받아들일 수 있는 이름은 아니었습니다.

그러나 지난 9년 동안 인도인은 예수 그리스도와 서양을 구분

◀간디는 앤드류스 선교사에게서 참 기독교의 모습을 보았다고 했다. 앤드류스 선교사는 일생 동안 간디의 인도 독립운동을 옆에서 도왔는데, 인도에 간 선교사 중에 가장 저명한 사람이다. 그는 찬송가와 같이 코란과 우파니샤드(Upanishads)경을 혼합하여 부르면 마음이 하나 됨을 느꼈다고 한다. 사진은 타고르와 함께 한 앤드류스(왼쪽).

하기 시작했고, 9년이 지난 지금 그때와 똑같은 의회에서 힌두교인 국회의장이 그의 의장 연설에서 《신약성서》의 많은 부분을 인용하였고, 과감하게도 〈요한복음〉에서 예수 그리스도가 십자가에 못박힌 사건을 이야기했습니다. 그 의회에서는 예수 그리스도에 대한 언급이 약 70회나 반복되었습니다.

인도의 유능한 시인이자 민족주의자인 나이두(Naidu)가 국회에 시 한 편을 보냈는데, 그 제목 또한 성서구절을 인용한 것이었습니다.

"사랑으로 서로를 섬겨라."

이렇듯 지금 인도에서는 지도자들의 연설문이나 문학작품을 통해서 《신약성서》의 구절과 문장들이 마치 후렴구처럼 반복되고 있는 것입니다.

한 지방 의회에서도, 의장이 그의 연설 도중 앤드류스(C. F. Andrews) 선교사를 '진실된 기독교인'이라고 말하면서, "세상에 그보다 더 기독교적인 사람이 어디 있겠습니까?"라고 덧붙였습니다. 이제 힌두교인이 어떤 기독교인을 아름답고 진실된 기독교인이라고 찬사를 보낼 때, C. F. Andrews 선교사 이름인 Christ's Faithful Apostle(그리스도의 신실한 사도)에서 첫 자를 따서 'C. F. A.'라고 부르는 것이 보편화되었습니다.

최근에 열린 의회에서 인도 무슬림의 지도자인 무하마드 알리*는 의장 연설을 하면서, 마하트마 간디를 예수 그리스도와 같은 인물이라고 표현했습니다. 내가 주관하는 종교인들의 원탁 모임에 참여하는 힌두교인들은 이 문제에 대해서 자주 묻습니다. 정말 마하트마 간디는 예수 그리스도와 같은 사람인지를.

나는 보통 이렇게 대답합니다. 많은 점에서 예수 그리스도와 마하트마 간디는 다른 인물이라고 봅니다. 그러나 어떤 점에서 그는 정말 예수 그리스도와 같은 인물입니다. 이렇게 말하면 대부분 그들은 한 걸음 더 나아가, 간디를 예수 그리스도의 환생이라고 믿게 됩니다. 이 같은 생각을 하고 있는 한 힌두교인이 있었습니다. 선교사 한 분이 인도 북부에 위치한 어느 시장 모퉁이에서 연설을 하고 있었습니다. 그는 예수 그리스도가 다시 오실 그날에

*무하마드 알리(Muhammad Ali, 1878~1931)
형 샤우카트 알리과 함께 파키스탄의 건국에 결정적인 영향을 미쳤던 인도 출신의 무슬림 지도자이다. 어려운 가정환경을 극복하고 영국 옥스퍼드대학에서 역사학을 전공했다. 학문적 배경과 탁월한 문필력으로 〈함다드 Harmdard〉와 〈동지 Comrade〉라는 잡지를 통해 정치 활동을 전개했다. 인도 무슬림의 정치적 권익을 대변할 '전인도 무슬림 리그(All India Muslim League)'의 설립에 참가했으며(1906년), 1918년에는 이 단체의 의장으로 선출되었다.

대해서 열심히 얘기하고 있는데, 이때 그 힌두교인이 말했습니다.

"왜 예수 그리스도가 다시 오실 것에 대해 연설하십니까? 그는 이미 여기에 와 계시지 않습니까? 오실 그분이 바로 간디가 아닙니까?"

여러분, 이것이 신성모독입니까? 지금 제가 말씀드리고자 하는 것은 결단코 신성모독이 아니라는 것입니다. 제가 말하고자 하는 것의 핵심은 간디가 그들의 이상이며 그들은 그 이상과 예수 그리스도를 동일시하고 있다는 것입니다. 예수 그리스도가 이미 그들의 마음을 사로잡은 것입니다.

심지어는 우리를 가장 심하게 반대했던 아르야 사마지(Arya Samaj)의 지도자도 최근 그들의 기관지 〈베딕 메거진(Vedic Magazine)〉에서 간디를 현대판 예수 그리스도라고 불렀습니다. 그 잡지는 얼마 전만 해도 이렇게 인도 사람들을 선동했습니다.

"당신은 당신의 이름을 잊을지도 모릅니다. 어머니의 이름도 잊을 수 있습니다. 그러나 절대로 잊지 말아야 할 것은 기독교 선교사들은 우리 인도와 우리 인도문명의 적이라는 사실입니다."

그렇게 선교에 반대하는 그 잡지가 무의식적으로 예수 그리스도를 전하게 된 것입니다. 극단적인 민족주의를 주장하는 어느 신문에 한 힌두교인이 쓴 기사에도 이런 표현이 있습니다.

'예라바다(Yerravada)에서도 갈보리(Calvary)가 재현되었습니다.'

거기서 또 한 명의 위대한 동양인이 세상의 죄로 인하여 수난의 고통을 겪고 있습니다. 거기서 우리의 마하트마가 세상의 악함으로 인해 수난을 겪고 있는 것입니다. 갈보리(Calvary)가 세상의 모든 죄인들을 위한 곳을 상징하는 것처럼, 예라바다는 세상의 모든 억눌린 자를 위한 곳을 상징하고 있습니다. 예라바다는 간디가 갇힌 감옥입니다. 이것이 정말 비유될 만한 것인지 아닌지는 중요하지 않습니다. 중요한 것은 인도사람들이 그렇게 보고 있다는 것입니다.

기독교인으로서 해야 할 의무

"(스탠리) 존스 씨, 우리도 기독교적인 정신으로 현재 어려움에 처해 있는 이슬람 형제를 도와야 하는 것 아닙니까?"
참으로 놀라운 사실입니다. 이슬람 형제를 향한 기독교인의 의무를 이야기하고 있는 힌두교인이라니!

하루는 마하트마 간디를 따르는 두 명의 청년들과 이야기를 나누고 있었습니다. 나는 그들에게 말했습니다.

"형제여, 인도가 부강해지고 자유를 찾으려면 힌두교도들과 이슬람교도들은 서로 협력해야 합니다. 그러나 현재 인도의 힌두교도들과 이슬람교도들의 협력관계는 그 기반부터가 잘못되어 있습니다. 그 기반은 단순히 상호 종교적인 협약에 의해 이루어진 것입니다. 이제 여러분들의 협력관계는, 여러분 모두가 인도사람이라는 변하지 않는 사실에 기반을 두어야 합니다. 반드시 여러분은 이러한 기반 위에서 서로 뭉쳐야 합니다. 그렇지 않으면 여러분의 협력관계는 그리 오래가지 못할 것입니다."

그러자 힌두교인 친구가 내게 대답했습니다.

"하지만 존스 씨, 우리도 기독교적인 정신으로 현재 어려움에 처해 있는 이슬람 형제를 도와야 하는 것 아닙니까?"

참으로 놀라운 사실입니다. 이슬람 형제를 향한 기독교인의 의무를 이야기하고 있는 힌두교인이라니!

단아한 정중함과 친근감이 배어 있는 한 은둔 수행자의 수도원에서, 어느 파르시(Parsee)* 신사가 나의 작은 방에 있는 책상 위에 꽃을 놓아두었습니다. 얼마나 아름답고도 사려깊은 행동입니까? 그 신사에게 말했습니다.

"형제여, 이렇게 하시다니 정말 친절하십니다. 정말 마음속 깊이 감사드립니다."

그러자 그가 이렇게 대답했습니다.

"아닙니다. 이것은 기독교인으로서 마땅히 해야 할 의무입니다."

그러고는 곧 다음과 같은 말을 덧붙이는 것이었습니다.

"물론 파르시로서도 당연히 해야 할 일이기도 하구요."

나는 궁금했습니다. 그의 마지막 말은 이전에 그가 믿었던 종교에 대한 충성심의 표현이 아닌 것으로 생각되었습니다. 오히려

---

*파르시

인도 서부에 주로 거주하면서 조로아스터교를 신봉하는 인도인을 지칭한다. 페르시아 출신이란 어원에서 나온 용어이다.

그 표현은 그의 마음에서 사라져 가고 있는 이상에 대한 마지막 작별인사 같은 것이 아닐까 하는 생각이 들었습니다. 비록 겉으로는 아직 파르시이지만 그 신사분은 이제, 친절하고 상냥한 행동은 사람들이 행해야 할 기독교적인 도리라고 믿고 있는 것입니다.

99마리의 양보다 잃어버린 한 마리 양을 찾고 계시다

만약 어떤 사람이 저에게 인도의 영혼 1인치를 준다면 나는 그것에
1인치를 더 달라고 호소할 것이며, 이 위대한 민족의 영혼이 모두
하나님 아들의 발 아래 엎드릴 때까지 계속 호소할 것입니다.

인도의 정치적인 지도자 한 명과 사회적인 지도자 한 명이 내
친구와 함께 이야기를 나누고 있었습니다. 사회적인 명망이 있는
지도자가 말했습니다.

"글쎄요, 솔직히 어디서부터가 힌두교이고 어디서부터가 기독
교인지 구분하기는 정말 힘들군요. 그렇지 않습니까?"

정치적 명망을 가진 지도자에게 고개를 돌리며 이렇게 동의를
구하자, 그 정치적 지도자는 잠시 심사숙고하더니 "예, 그렇습니
다"라고 하는 것입니다. 이제 새롭게 우리들의 힌두교는 끝이 나
고 있습니다. 이제 우리들의 기독교가 시작되고 있는 것입니다.

'예수 그리스도와 이 시대의 문제점'이라는 제목으로 진행된 나의 연설이 끝나갈 때쯤 아주 유능한 사회 사상가인 힌두교인 의장이 이렇게 말했습니다.

"내 생각에는 지금 연사가 말한 것을 대충 요약해 보면, 이 시대의 문제 해결책은 예수 그리스도의 마음과 정신을 이러한 문제를 푸는 데 적용하느냐 못하느냐에 달려 있다는 것입니다. 사실, 저는 기독교인이 아닙니다. 그래서 이렇게 말하면 아마 놀라실 것입니다만, 그의 결론에 전적으로 동의합니다."

그는 얼마 되지 않아 인도인의 삶을 억압하고 있는 많은 문제를 다루는 회의였던 '전(全) 인도사회를 위한 회의'의 의장이 되었으며, 그 모든 문제에 대한 해결책을 염두에 두고 있었습니다. 또 다른 의장이었던 힌두교인은 그 해결책을 이렇게 정리했습니다.

"인간 문제로 발생하는 오늘날의 모든 문제들은 예수 그리스도의 정신이 부족해서 발생하는 것입니다."

한 성스러운 도시에서의 강연이 끝난 후 청중들과 질의응답 시간을 가졌습니다. 그 지역에서 기독교와 서구에 매우 비판적이던 한 신문 편집자가 날카로운 질문을 던졌습니다. 그는 옥스퍼드대학을 졸업한 아주 똑똑한 힌두교도였습니다. 나는 최선을 다해 그 질문에 답하고 있었는데, 두 명의 비밀경찰이 슬며시 일어나 기둥 뒤로 가서 뭔가 속삭이더니 그 편집자가 나의 대답을 듣는 것을 방해하는 것이었습니다. 그 사람들은 편집자의 친구들이 아니었습니다. 그 비밀경찰들은 편집자 앞을 가로막고 서성거렸습니다. 그는 몸을 이리저리 움직이면서 강연하고 있는 나를 보고자 했지만 뜻대로 되지 않았습니다. 안절부절못하던 그는 결국 화를 내면서 옆에 있는 제 친구에게 이렇게 말했다고 합니다.

"선생님, 저 사람들에 대해 정말 기독교인으로서는 가져서는 안 될 감정이 생기는데, 이를 숨길 수 없네요."

보십시오. 그는 힌두교인입니다. 그런 그가 기독교 정부의 대표에 대해 '기독교인으로서는 가져서는 안 될' 감정이 든다고 말하고 있습니다. 복잡하지만 놀라운 일이 아닙니까?

위에 언급한 사건들 외에도 이와 비슷한 일이 훨씬 많이 있었습니다. 심지어 나는 힌두교도인 어느 대학의 학장이 저한테 이런 말을 했을 때에도 놀라지 않았습니다.

"요즘 인도에는 예수 그리스도의 소종파가 생겨나고 있습니다. 기독 교회와는 완전히 동떨어진, 아니 오히려 그 반대 모습으로 말입니다. 그 소종파의 지배적인 생각은 사랑과 봉사 그리고 희생입니다."

물론 그가 의미한 것은 '그리스도의 소종파'라는 조직이 있다는 것은 아니었습니다. 인도에서는 서양에서처럼 어떤 조직을 통해 종교가 전파되지는 않습니다. 인도에서는 한 사람의 생각이 다른 사람에게 전해지는 경로를 통해서만 모든 종교적인 의미들이 전달됩니다. 그렇게 해서 마치 누룩이 퍼져 나가는 것처럼 조용히 전체로 퍼져 나가는 것입니다. 이런 방식으로 기독교 사상이 점차 퍼져 나가는 것은, 과거 인도의 천재적인 종교사상이 그렇게 전파 된 것과 같은 이치입니다. 과거에도 상카라(Shankara)*와 라마누 자(Ramanuja)**와 같은 종교혁신을 주도했던 이들의 사상도 이런 방식으로 퍼져 나갔던 것입니다. '그리스도의 소종파'는 조직이 라기보다는 분위기입니다.

그러나 엄청나게 심각한 질문이 우리에게 쏟아지고 있습니다. 현재의 기독 교회가 인도에 예수 그리스도의 오심을 전할 만큼 크 고, 현실문제에 민감하게 대응하고 있으며, 무엇보다도 예수 그리 스도 그분을 닮아 있습니까?

*상카라(Shankara, 700?)
인도의 철학자이자 신학자. 일원론적 베단타학파의 가장 유명한 대표자이다. 오늘날 인도 사상의 주요 흐름은 그의 학설에서 유래한 것이다. 그는 《브라 마 수트라》와 《우파니샤드》에 대한 주석서를 써서 영원불변한 유일한 실재인 브라만에 대한 믿음을 확고히 했다. 상카라에 대한 전기는 모두 그가 죽은 뒤 수백 년이 지나 저술되었는데, 그에 관한 저서는 적어도 11가지가 넘는다. 오늘날 상카라의 일생을 확실히 재구성할 만한 자료가 전혀 없다는 것이 아쉬움으로 남는다.

**라마누자(Ramanuja, 1017~1137)
인도 베단타학파 철학자. 인도 남부 타밀나두에서 태어나 8세기의 유명한 철 학자 상카라의 일원론적 베단타 사상을 추종하는 야다바프라카샤 아래서 학 문을 배웠다. 그러나 이에 만족하지 못하고 나타무니를 추종하는 야무나의 학설을 배웠다. 야무나의 후계자가 된 그는 교의를 전파하기 위해 인도 각지 를 돌아다녔고, 비쉬누파의 신전을 부흥시켜 많은 신봉자를 얻었다. 주요 저서로는 《브라마 수 트라》와 《바가바드 기타》에 대한 주석서, 우파니샤드를 해석한 《베달타산그라하》에 대한 주석 서 등이 있다. 그는 베단타의 일원론 철학과 당시 사람들이 갖고 있던 비쉬누 신앙의 통합을 시도하여 하층계급의 정신적 구제를 위한 길을 열었다.

나는 다시 한 번 강조하고자 합니다. 진정한 기독교는 교회의 경계선을 넘어선 곳에서 새롭게 태동하고 있습니다. 기독 교회가 이름만으로 차고 넘치는 이 인도에서, 진정으로 기독교의 중심이 될 만큼 그리스도적이라 할 수 있습니까? 혹시 이 깨끗한 인도인의 영혼과 마음이 예수 그리스도를 구주로 또는 삶의 주인으로 받아들이지만, 여전히 교회와 분리된 채 자기 나름대로의 기독교적 삶을 살아가고 있습니까?

나는 나의 모든 것을 걸고, 교회를 믿고 또 교회만이 세계의 도덕적이고 영적인 삶의 결정체라는 것을 믿습니다. 그러나 지금 우리에게 너무나 새롭고 놀라운 도전이 다가오고 있습니다. 교회 밖의 세상은 기독교에 대해 직접적으로 말하고 있습니다. 기독교인이 된다는 것은 예수 그리스도처럼 되는 것이라고 말입니다. 이것의 의미는 바로 이런 것입니다. 만약 교회에 소속된 사람들의 삶과 다른 믿지 않는 사람들의 삶에서 확연히 구분되는 것이 바로 그리스도를 닮는 것이 아니라고 한다면, 고대로부터 내려오던 종교 의식과 계명, 그리고 교리는 아무런 효력이 없다는 것입니다. 만약 미래의 교회에 기독교가 중심에 서고자 한다면, 마땅히 교회는 그리스도를 닮은 영혼이 그 중심에 서야 하는 것입니다. 이러한 명제는 우리에게 새로운 도전인 동시에 우리를 향한 부름입니다.

나의 어깨에 손을 얹으며 한 브라만인이 내게 해 준 이야기는 (외국인인 나는 불가촉천민이 아닌가!), 이 장에서 내가 말하고자 했던 모든 것을 충실하고도 명료하게 말해 줄 것입니다. 그는 내게 이렇게 말했습니다.

"선생님, 당신은 아마도 높은 카스트계급의 사람들 중에 기독교인이 되려는 사람이 적다고 실망하실지도 모르겠습니다. 하지만 그럴 필요가 없습니다. 당신은 당신의 복음이 얼마나 멀리 퍼져 갔는지 모르실 겁니다. 나를 보십시오. 나는 브라만인입니다. 하지만 나는 나 스스로를 기독교적인 브라만이라 부릅니다. 왜냐하면 나는 내 삶을 예수 그리스도의 원리와 정신에 기초해서 살려고 노력하기 때문이지요. 하지만 나는 어쩌면 내가 예수 그리스도를 따른다는 것을 다른 이들에게 공개적으로 말하지 못할지도 모릅니다. 그래도 저는 그리스도를 따르고 있습니다. 선생님, 낙담하지 마세요. 당신은 지금 당신의 복음이 얼마나 멀리 갔는지 모르니까요."

낙담하다니요? 나의 마음은 노래를 부르고 있습니다. 왜냐하면, 부활한 주님이 굳게 닫힌 문 안으로 들어가서서, 그의 못박힌 손과 상한 옆구리를 제자들에게 보여주면서 내가 알지 못하던 제자들에게 평화를 이야기하고 계신 것을 알기 때문입니다. 공기에 습기가 가득 차면 그것은 곧 비가 올 것이라는 징조입니다. 인도의 영적인 공기가 이제 예수 그리스도에 대한 관심으로 가득 차고 있습니다. 이제 인도는 거의 한계에 이르렀으며 이는 곧 기독교적 현상과 기독교적 표현이 인도에서 넘쳐날 것이라는 징조입니다.

나는 지금 간절히 기도합니다. 그리스도의 교회가 예수 그리스도를 닮은 중보자가 되어 인도 교회에서의 수많은 열매를 맺을 수 있는 영적인 예언을 실현하길 기도합니다.

노파심에서 이런 말도 덧붙일까 합니다. 부디 저를 오해하지 마십시오. 저는 단지 그들이 예수 그리스도에 대해 관심을 가지고 있다는 것만으로 만족해하지는 않습니다.

그리고 저는 이 정도의 헌신으로 만족해하지 않습니다. 저는 완전하고 절대적인 것을 원합니다. 만약 어떤 사람이 저에게 인도의 영혼 1인치를 준다면 나는 그것에 1인치를 더 달라고 호소할 것이며, 이 위대한 민족의 영혼이 모두 하나님 아들의 발 아래 엎드릴 때까지 계속 호소할 것입니다.

하나 더 말씀드리자면, 그리스도를 믿지 않는 세상에 대한 우리의 마지막 바람은 예수 그리스도를 사랑하라는 것이 아닙니다. 우리가 세상에게 요구하는 것은 '그를 믿으라'는 것입니다. 그러나 우리는 그 궁극적인 목표를 향해 가는 우리의 한 걸음 한 걸음을 허락하신 하나님께 감사를 드립니다. 그 궁극적인 목표는 누가 뭐라 해도 예수 그리스도에 대한 믿음입니다.

그의 이름으로 주어지는 차가운 물 한 컵도 감사했던 예수 그리스도, 자신의 옷자락을 한 번 만져 보기만 해도 나을 것이라고 믿었던 여인의 믿음을 받으시고 치료의 손길을 내어주신 예수 그리스도, 이방인의 믿음을 기뻐하시고 이스라엘에서 그보다 큰 믿음을 보지 못했다고 칭찬하시던 예수 그리스도, 자기 죽음을 예비하였다고 칭찬하시면서 옥합을 깨뜨려 그의 발을 씻긴 한 숭고한 여인에게 온 마음을 주셨던 예수 그리스도, 천국에서 그를 기억하겠노라 약속하시면서 울부짖는 죄수에게 응답하셨던 예수 그리스도는, 인도의 작지만 예언이 성취되고 있는 이 새로운 움직임을 결코 외면하지 않으실 것입니다.

예수 그리스도는 '99마리의 양보다 잃어버린 한 마리의 양'을 기억하시며 그 양을 다시 찾고 계신 것입니다.

chapter 4

예수 그리스도는 우리가 예측할 수 없는 방법으로 오십니다

—마하트마 간디의 경우

간디는 결코 실패하지 않았습니다.

인도 사람들이 간디를 잃어버렸습니다.

실패한 것은 인도 사람들입니다.

그리고 이 명백한 실패를 통해서 간디는 정말 성공하였습니다.

나는 다른 어떤 수단을 통해 간디가 인도 최초의 대통령이 되어

그 자리에 앉는 것을 보고 싶지 않습니다.

지금 이대로 그를 '실패자 간디'라 부르고 싶습니다.

왜냐하면 그의 변치 않는 정신이 살아 있다면

그는 결국, 어떤 식으로든 모든 것에서 승리하게 될 것이라는

확실한 믿음이 있기 때문입니다.

정치적 성공보다 더 큰 의미를 지닌 '실패'가 있다

나는 쓰러진 적들 앞에서 승리의 웃음을 지으며 서 있는 사자 클레망소(Clemenceau)가 되느니 차라리 세상이 아직 받아들이지는 못하는 믿음을 간직한 실패자 윌슨(Wilson)이나 간디 같은 인물이 되고 싶습니다.

한 기독교 연사가 예수 그리스도의 정신과 사상이 인도 전역에 광범위하게 퍼지고 있는 것에 대해 강조하고 있을 때 힌두교도인 내 친구가 이렇게 말한 적이 있습니다.

"그렇습니다. 사실입니다. 하지만 저 연사는 인도사람들이 이렇게 예수 그리스도에 대해 많은 관심을 갖게 된 것이, 마하트마 간디 덕분이라는 사실을 언급하지 않고 있습니다."

나는 그 인도사람의 비판이 옳다고 시인할 수밖에 없었습니다. 마하트마 간디는 자기 자신을 기독교인이라고 부르지 않았습니다. 사실 그는 자신이 힌두교도임을 분명히 했습니다. 그러나 그의 삶의 방식과 인생에 대한 견해, 그리고 실천방법 때문에 많은 사람들이 지금처럼 예수 그리스도에 대해 관심을 가지게 되었습니다. 말하자면 그가 매개체가 된 것입니다.

간디는 인도가 자유를 얻을 수 있는 방법은 두 가지밖에 없다는 것을 분명히 알고 있었습니다. 한 가지 방법은 칼과 폭탄에 의한 길입니다. 이 길은 무하마드 알리(Muhammad Ali)와 샤우카트 알리(Shaukat Ali)* 그리고 다른 이슬람 지도자들이 택했던 길입니다. 또한 벵갈 지역의 무정부주의자들이 택했던 길이기도 합니다. 그 속에는 폭동의 화염이 숨어 있습니다. 여기저기에서 이글거리는 폭탄의 화염을 통해 그들의 생각과 의도를 보여줍니다. 간디는 이 모든 숨어 있는 불평불만을 공개했습니다. 많은 비밀경찰이 나에게 간디의 출현 이후로는 일이 아주 쉬워졌다고 하였습니다. 그들은 그저 '시민불복종단체(Non-Co-operation)'의 본사에 가서 정부에 대항해서 다음에 할 일이 어떤 것인지 물어보기만 하

---

*샤우카트 알리(Shaukat Ali)

샤우카트 알리(Shaukat Ali, 1873~1938)는 동생 무하마드 알리(Muhammad Ali)와 함께 인도 무슬림 독립운동을 이끌었던 인물이다. 두 형제의 노력과 정치활동으로 인해 이슬람 국가인 파키스탄이 인도로부터 독립하게 되었다. 인도 서북부의 오우드(Oudh)와 아그라(Agra)에서 정치 경력을 쌓았으며, 1915년에는 동생 무하마드 알리와 함께 투옥되기도 했다. 감옥에 있는 동안 인도 무슬림의 권익활동이었던 킬라파트(Khilafat) 운동의 의장으로 선출되었고, 석방 후에는 상임총무와 실행위원장을 맡았다. 그는 1923년 델리에서 열린 정당회의에 대표로 참석했으며, 인도의 각 종교 및 정파 대표가 모인 원탁회의(Round Table Conference)에 무슬림 대표로 참석했다. 1930대에는 인도의 국회의원으로 활동하면서 인도와 전세계에 흩어져 있는 무슬림의 권익보호를 위해 앞장섰다.

면 된다고 하였습니다. 물어보기만 하면 그들이 다 이야기해 준다는 것입니다. 간디는 폭동과 불만의 흐름을 솔직하고 공개적인 방향으로 돌려 놓았습니다.

마하트마 간디는 칼도 거부하고 폭탄도 거부합니다. 그 방법이 편리하기 때문이라고는 할 수 없습니다. 오히려 그는 영혼의 힘이나 고통의 힘으로 불릴 수 있는 전혀 다른 종류의 힘을 믿고 있었고 자기 자신을 이기는 내면의 승리가 진정한 인도의 국가적 승리를 가져다 줄 것이라고 믿고 있었습니다. 그 고통의 화염 속에서 내적인 자유를 찾을 수 있는 것이며, 내면적인 승리를 거둘 수 있을 때만이 인도의 사회적 · 정치적인 순결성을 회복할 수 있다고 믿었습니다.

이제 인류 역사상 최초로, 한 국가가 자신의 목적을 달성하는 데 있어서 물리적인 힘의 사용을 거부하고 영혼의 힘을 통해 새로운 국가건설을 위한 내면적 세계를 구체적인 방법으로 보여주기에 이르렀습니다. 이것은 서양에서 우리가 일반적으로 택해 왔던 것보다 훨씬 더 기독교적인 방법입니다. 만약 인도 사람들이 진실로 범국가적인 차원에서 내면의 질서에 충실한 생각을 받아들이고 실행에 옮긴다면 그들의 영적인 영향력은 어느 누구와도 비교할 수 없을 것입니다. 인도에 대해서 그리 호의적이지 않던 한 영국 작가는 이렇게 말한 적이 있습니다.

"인도가 마하트마 간디가 취했던 방식을 충실히 받아들인다면, 지구상의 모든 나라들이 세계의 도덕을 이끌어가는 국가로서 인도를 손꼽지 않을 수 없을 것입니다."

우리에게 그들은 군국주의의 사악한 연결고리를 어떻게 끊을 수 있는지 그 방법을 알려줄 수 있습니다. 그들은 우리 모두가 희미하게 느끼고 있는 것, 다시 말해서 세계의 궁극적인 힘은 영혼에 달려 있음을 보여 줄 수 있을 것입니다.

일간지 영자 신문인 〈스테이츠맨 Statesman〉은 기사에서 간디와 그의 운동을 신랄하게 비판한 후, 결국 편집자 칼럼에서는 "간디에 의해 인도 정치에 진실성이 제시되었다"고 인정했습니다. 사실 간디가 한 일은 그 이상입니다. 그는 정치에 십자가를 제시하였습니다.

정치적인 측면에서 본다면 간디의 운동은 폭력이 그 속에 개입되면서 실패로 돌아갔다고 할 수 있습니다. 정치적 운동은 실패하였지만 그것은 패배가 아니었습니다. 그 즉각적인 운동의 목적은 아직 성취되지 않았지만, 그 운동이 인도인의 영혼에 남긴 영향은 결코 사라지지 않을 것입니다.

미국에서 간디에 대한 강연을 마무리하고 있을 무렵 한 사람이 일어나, 간디와 그의 운동은 결국 실패했는데 왜 강연을 계속 하느냐고 물었습니다. 나는 그 사람에게 이렇게 대답해 주었습니다. 내가 그에 대해 얘기하는 까닭은, 그것과는 다른 종류이지만 인류역사상 가장 큰 패배와 연관이 있기 때문입니다. 내가 믿는 이 위대한 실패자는 처음에는 아주 성공적으로 그의 나라를 건설하는 듯이 보였지만, 결국 십자가에 못박혀 쓰라리고 비참한 실패를 경험했던 분입니다.

그러나 골고다의 실패는 인류 역사상 가장 놀라운 성공이었습니다. 최근 한 드라마작가가 마리아가 십자가 옆에 서 있을 때 그녀에게 하는 백부장*의 말을 이렇게 표현한 바 있습니다.

"내가 당신에게 말하건대 여자여, 당신의 이 죽은 아들은 다른 이들에게 매맞고 치욕당하고 조롱당하고 침뱉음을 당했지만, 바로 오늘 그는 다시는 쇠퇴하지 않을 왕국을 건설했습니다. 살아 있는 그의 영광이 그 나라를 다스리십니다. 온 지구는 그의 것이며 그가 만들었습니다. 그와 그를 따르는 형제들이 그것을 만들어 왔으며, 오랜 세월을 거쳐 만들고 있습니다.

오직 그들만이 이 세계를 소유하고 있습니다. 자만하지도 않으며, 게으르지도 않으며, 세상의 제국을 자랑하지도 않습니다. 이 언덕에서 오늘날 피와 두려움의 왕국을 먼지로 만들 놀라운 일이 일어났습니다. 이 땅은 그의 것이며, 그를 따르는 형제들의 것이며, 그들이 다시 새롭게 만들었습니다. 온유한, 지극히 온유한, 철저한 온유함을 가진 자들이 그들의 상속을 받게 될 것입니다."

마침내 온유한 사람들이 그 땅을 물려받게 된다면 거기에는 마땅히 간디의 몫도 있어야 합니다. 그야말로 그는 온유한 사람에

---

*백부장─구약성서의 재판관 또는 로마 군대 조직에서 100명의 군대를 거느린 지휘관

속하기 때문입니다. 지극히 온유한 사람이었습니다.

저를 오해하지 마십시오. 나는 비유를 통해서 이 사건들이 그들의 인간 역사에 끼친 영향과 비교할 만한 것이라고 말하는 것은 아닙니다. 단지 이 사건들이 세계를 구원한다는 것은 거대한 실패에 속한다는 것을 말하려는 것뿐입니다. 난 단지 인도인에게, 아니 인도를 넘어 그 어디라도 정치적인 성공보다 더 큰 의미를 가진 실패가 있다는 것을 이해시키고 싶은 것뿐입니다.

간디는 결코 실패하지 않았습니다. 인도사람들이 간디를 잃어버렸습니다. 실패한 것은 인도사람들입니다. 그리고 이 명백한 실패를 통해서 간디는 정말 성공하였습니다. 나는 다른 어떤 수단을 통해 간디가 인도 최초의 대통령이 되어 그 자리에 앉는 것을 보고 싶지 않습니다. 지금 이대로 그를 '실패자 간디'라 부르고 싶습니다. 왜냐하면 그의 변치 않는 정신이 살아 있다면 그는 결국, 어떤 식으로든 모든 것에서 승리하게 될 것이라는 확실한 믿음이 있기 때문입니다.

이 세상에 대통령은 수없이 많습니다. 매 선거 때마다 새로운 대통령이 선출됩니다. 중국에서는 정치적 그리고 군사적 조직변화에 따라 몇 달에 한 번씩 대통령이 바뀌고 있습니다. 그러나 중국만 벗어나면 어느 누구도 중국 대통령의 이름을 알지 못합니다.

그러나 간디의 이름은 우리를 따라다니며 충격을 주고, 우리에게 많은 것을 호소하고 있습니다. 나는 비록 그의 의견에 전적으

로 동의하지는 않지만, 만약 간디가 그의 가장 명백한 실패의 순간
인 바로 지금 목숨을 거둔다면 나는 동서양을 막론하고 최근 10년
간의 인류 역사에서 가장 성공적인 인물로 그를 지목할 것입니다.

　내 생각에는 역사가 이 사실을 증거할 것입니다. 나는 쓰러진
적들 앞에서 승리의 웃음을 지으며 서 있는 사자 클레망소
(Clemenceau)*가 되느니 차라리 세상이 아직 받아들이지는 못하
는 믿음을 간직한 실패자 윌슨(Wilson)**이나 간디 같은 인물이
되고 싶습니다.

*클레망소(Georges Clemenceau, 1841~1929)
프랑스 출신의 의사이자 급진주의 정치인. 파리코뮌의 지도자였으며 20세기
초반 프랑스의 수상을 역임한 인물. 사회주의와 노동조합운동에 반대한 보수
적인 견해를 가졌고 전후처리를 둘러싼 문제로 미국의 윌슨 대통령과 충돌하
였음.

**윌슨(Thomas Woodrow Wilson, 1856~1924)
미국의 제28대 대통령(1913~21년)으로 재임한 바 있는 미국의 정치가. 미국이
제차 세계대전에 참가하는 데 주도적 역할을 했고, 파리평화회의에서 국제연
맹의 설립을 주창했다. 베르사유조약(1919년)에 대한 미국 국민의 지지를 호소
하다가 성공하지 못하고 신경쇠약과 반신불수로 쓰러져 투병생활을 했다.

《신약성서》를 꺼내 들고 연설하는 간디

간디는 연설에서 《신약성서》를 꺼내 들고 〈산상수훈〉 부분을 읽으면서 이렇게 결론지었습니다. "이것이 여러분에게 드리는 저의 연설입니다. 이렇게만 행동하십시오."
바로 이것이 모든 것을 말해 주고 있지 않습니까?

간디의 운동은 비록 실패하였지만 인도인의 마음에 새로운 영혼의 가능성을 열어 두었습니다. 그로 인해 십자가가 인도인들에게 이해되기 시작했으며 그 중요성이 새롭게 각인되고 있습니다. 몇 년 전만 해도 인도인에게 십자가의 복음을 전하는 것은 '소귀에 경 읽기'였습니다. 인도인의 마음에 있는 모든 철학적 사상이 그것을 받아들이기를 거부했습니다.

카르마(Karma)의 교리에는 십자가를 받아들일 어떠한 여지도 없었습니다. 카르마 사상에 따르면, 이전의 생에서 당신이 한 일의 결과에 따라 현세의 모든 것이 결정되기 때문입니다. 별로 중요하지도 않고 보잘것없는 문제까지 서로 연관되어 있다고 믿어 왔습니다. 모든 것이 보상과 형벌이라는 확고한 연관성으로 서로 사로잡혀 있습니다. 만약 당신이 누군가를 도와준다면 그것은 그 사람의 업(Karma)이 그것을 요청했기 때문입니다. 만약 당신이 누군가를 해쳤다면 그것도 다 그의 업(Karma) 때문입니다. 지상의 모든 고통은 형벌이며, 전생에서 지은 죄의 결과인 것입니다. 내가 이끌던 한 모임에서 한 남자가 이렇게 말했습니다.

"예수가 그의 전생에서 그렇게 사악한 사람만 아니었다면, 그렇게 심한 십자가의 고통 같은 것은 당하지 않았을 텐데……."

이것 또한 카르마 사상에서 나온 것입니다. 이 말은 정확히 카르마 사상이 무엇인지, 교리를 설명하고 있습니다. 다른 사람을 위해 그 사람 대신 고통을 겪는다는 것은 카르마 사상으로는 이해할 수 없는 것입니다.

그러나 국가와 전체의 이익을 위해 기꺼이 고통을 감내할 수 있다는 것을 간디가 몸소 보여주었기 때문에 십자가의 고통에 대한 새로운 인식이 퍼지기 시작했던 것입니다. 한 탁월한 힌두교 사상가가 이 주제에 대해 글을 쓰면서 이렇게 말했습니다.

"지난 50년간 선교사들이 하지 못한 일을 간디는 그의 삶과 재판, 그리고 투옥을 통해 이루었습니다. 말하자면 그는 인도의 눈을 십자가로 향하게 한 것입니다."

나는 선교사입니다. 여러분은 아마 내가 이 말 때문에 기분 나빠하지 않을까 생각하실지 모릅니다. 하지만 전혀 그렇지 않습니다. 우리는 누가 칭찬을 받을 것인가에 신경 쓰지 않습니다. 우리는 칭찬받기 위해 여기 온 것이 아닙니다. 우리는 삶의 실제적인 모습을 보이기 위해 여기 온 것입니다.

우리는 인도와 이 모든 세상이 십자가를 바라보기를 너무나 간절히 바라고 있습니다. 누가 인도로 하여금 십자가를 바라보게 하였든지 상관없이 비록 그가 선교사가 아니라 할지라도, 아니 그가 기독교인이 아니라 할지라도 우리는 기뻐하지 않을 수 없습니다.

오늘날 인도는 간디라는 민족주의자의 생각에 의해서 '십자가 정신'으로 바로 나아갈 수 있습니다. 지금 십자가 정신은 힘차게 퍼져 나가고 있습니다. 심지어 이슬람 신앙을 가진 한 편집자마저도 십자가의 내적인 의미를 이해하고 이렇게 이야기한 바 있습니다.

"사실 무슬림에게 이슬람의 능력이란 자체 종교의 신앙체계 안에서 특별한 의미를 지니고 있기 때문에 '십자가의 능력'을 이해하기는 쉽지 않습니다. 전략이라는 단순한 관점에서 본다면 선교사들은 그들의 제국과 그 제국의 정치적 후원을 기대하기보다는 십자가와 자기희생의 의미에 의존하는 것이 훨씬 나을 것입니다."

작은 창문과도 같은, 이 비유를 통해서 우리는 많은 것을 바라보고 기대해 볼 수 있습니다. 인도의 한 민족주의 신문에서 국가적인 긴박감이 감도는 시기에 다음과 같은 도발적인 머리기사가 나왔습니다.

'십자가에 못박힌 끔찍한 밤.'

도대체 무슨 일이 일어났나 싶어서 그 신문 내용을 주의 깊게 읽어보았습니다. 그 기사는 정치적 반대파였던 아칼리 시크(Akali Sikhs)* ― 혹은 아칼리 시크교도 ―가 경찰에 의해 두들겨 맞았다는 것에 대한 보도였습니다. 그리고 이렇게 끝맺고 있었습니다.

"독자 여러분, 그 끔찍한 밤에 예수 그리스도께서 다시 한 번 십자가에 못박혔습니다."

이 보도문은 한 힌두교인이 다른 힌두교인들과 무슬림들을 위해서 쓴 글이었습니다. 그러나 이 글에 표현된 정신은 예수 그리스도의 십자가의 신비를 인간의 아픔과 고통, 그리고 억압과 동일시하고 있습니다. 그 글이 십자가가 지니는 본래 의미를 얼마나 잘 표현하고 있는지 하는 것은 직접적인 문제가 아닙니다. 보다 중요한 것은 십자가의 의미에 대한 이해가 인도 현실에 적용된 이후에 그 정신과 의미가 계속 남아 있다는 것입니다. 예수 그리스도가 인간의 고통 속에서 함께 고통받고 있다는 생각은 사라지지 않습니다.

*아칼리 시크(Akali Sikhs)
'아칼리'는 펀자브어로 '영원한 존재'라는 뜻으로 인도의 종교집단인 시크교도 군대의 죽음을 불사하는 특공대원을 일컫는 말이기도 하다. 아칼리들은 니항(페르시아어로 '악어'라는 뜻으로, 원래는 무굴인들이 이들의 특공대를 부르는 이름)으로도 불리며 독특한 푸른색 제복을 입는데, 오늘날에도 일부 아칼리들은 푸른색 윗옷을 입고 원뿔형의 푸른색 터번을 쓰며 검을 찬다. 1920년대에 구르드와라 개혁운동이 일어났을 때 영국 정부에 저항하여 일어난 준(準)군사적 자원자 집단을 지칭하는 이름으로 다시 사용되었다.

한 민족주의자는 내게 이 문제를 다음과 같이 표현하였습니다. "만약 당신네 기독교인들이 우리들의 독립운동의 내적인 의미를 다른 이들보다 잘 이해할 수 있다면, 그것은 우리들의 독립운동이 기독교 이면에 존재하는 핵심적인 사상과 상통하는 점이 있기 때문입니다."

내게 이렇게 말한 사람은 아름다운 성품의 소유자며 내적 의미에 기초하여 행동하는 사람이었습니다. 한 민족주의자가 나에게 물었습니다.

"시민불복종 운동이 현재 인도의 정치적 상황에 맞게, 예수 그리스도의 사상을 적용한 것 아닌가요?"

몇몇 힌두교인은 이것에 대해 너무 심각하게 기독교적 측면을 염려하고 있을 정도입니다. 그들 중 한 명이 내가 주관하던 모임에서 이런 문제를 제기했습니다.

"영국 정부가 인도의 군인인 이 땅의 아들들을 이용해서 인도를 정복한 것처럼, 당신들도 이 땅의 아들인 간디를 이용하여 인도를 기독교화하려는 의도를 가진 것이 아닙니까?"

물론 이것은 너무나 터무니없는 말입니다. 왜냐하면 세상 모든 사람을 다 조종할 수 있다 하더라도 간디는 그렇게 호락호락한 인물이 아니니까요. 하지만 여기서 내가 강조하고 싶은 것은 인도의 정신을 움직이는 데 기독교가 큰 공헌을 하고 있다는 것입니다.

어느 중요한 국가적인 회의에서 민족주의 지도자들이 정치적

절차에 대해 논의하고 있을 때였습니다. 한 힌두교도 민족주의자가 이렇게 말했습니다.

"나는 이 비폭력적인 시민불복종 운동에 반대합니다. 당신네들에게 물어봅시다. 그것이 과연 힌두교의 가르침입니까? 아닙니다. 그렇다면 그것이 과연 마호메트의 가르침입니까? 아닙니다. 그렇다면 그것이 과연 무엇이란 말입니까? 내 대답은 이것입니다. 그것은 기독교의 가르침입니다. 그래서 나는 그것에 반대합니다."

심지어는 평범한 작은 마을의 주민들에게서조차 이러한 시대정신의 변화가 발견되고 있습니다. 힌두교의 종교적인 집회장소에서 설교했다는 이유로 기독교 선교사들을 신랄하게 비판해 왔던 어느 마을이 있었습니다. 그런데 올해 들어 그 마을의 한 힌두교도가 내게 와서는 도와달라고 말하는 것이었습니다. 그러면서 이런 이유를 들었습니다.

"이제 우리는 서로 같은 편입니다. 마하트마 간디가 그리스도를 따르고 있으니까요."

지금 그가 그리스도를 따르는지 아닌지는 중요한 것이 아닙니다. 중요한 것은 평범한 작은 마을 사람들이 기독교의 내적인 의미를 알고 있다는 것입니다. 평범한 작은 마을 사람들의 이러한 변화된 관점은 다음과 같은 사건을 볼 때 의심할 여지가 없음을 알 수 있습니다.

어느 마을에 기차가 도착하고 수많은 사람들이 그 기차를 타고

"이제 우리는 서로 같은 편입니다. 마하트마 간디가 그리스도를 따르고 있으니까요."

평범한 작은 마을의 주민들에게도 기독교의 내적 의미가 무엇인지 일깨웠던 간디.

온 간디의 연설을 듣기 위해 역 주변으로 몰려들었습니다. 간디는 연단으로 올라와서 《신약성서》를 꺼내 들고는 〈산상수훈〉에 대해 읽고 이렇게 그의 연설을 마무리지었습니다.

"이것이 여러분에게 드리는 저의 연설입니다. 이렇게만 행동하십시오."

그것이 간디의 연설이었습니다. 바로 이것이 모든 것을 말해주고 있지 않습니까?

감옥에 투옥될 때 《신약성서》를 들고 들어간 인도인들

데모에 참여하다 체포된 1,200명의 인도인들이 감옥에 투옥되었
습니다. 그들은 감옥에 있는 동안 《신약성서》를 읽었다고 합니다.
그들이 그렇게 한 이유는 다음 말에서 명백히 드러납니다.
"이제 우리도 기독교인들이 그리스도를 위해 고통을 겪는다는 것이
어떤 의미인지 알겠습니다."

※◎◎◎

어떤 마을에서 민족주의자들은 인도의 국기를 들고 다리의 일
정한 지점 이상을 갈 수 없었습니다. 정부 당국자들이 그것을 금
지했기 때문입니다. 그 다리의 반대편에는 그 마을에 거주하던 유
럽인들의 구역이 있었습니다. 민족주의자들이 이를 문제 삼았습
니다. 그 민족주의자들을 체포하고 재판한 치안판사가 저에게, 자
기가 체포한 대부분의 사람들은 사실, 자신보다 영적인 측면에서
훨씬 더 기독교적이었다고 말하였습니다. 그 민족주의자들은 몇
시에 자신들이 깃발을 들고 그 다리를 건널 것이며, 또 몇 명이 올

것인가에 대해서 전부 말해 주었다는 것입니다. 오늘은 25명을 예상하고 이에 대해 준비할 수 있으니, 그에게는 참 다행한 일입니다. 깃발을 흔들며 데모에 참여하다 체포된 1,200명 가운데 어느 누구도 기독교인이라 인정하지 않았지만, 그들은 감옥에 투옥될 때 대부분《신약성서》를 가지고 들어갔습니다. 감옥에 들여 갈 수 있는 것이 몇 가지로 한정되어 있음에도 불구하고 대부분이 《신약성서》를 가지고 들어가 감옥에 있는 동안《신약성서》를 읽었다고 합니다. 그들이 그렇게 한 이유는 다음 말에서 명백히 드러납니다.

"이제 우리도 기독교인들이 그리스도를 위해 고통을 겪는다는 것이 어떤 의미인지 알겠습니다."

이제 그들에게 십자가는 종교적 교리가 아니라 삶 자체인 것입니다. 어떤 때는 일이 꼬이지 않으면서 참 재미있게 돌아가기도 합니다. 한 힌두교도 민족주의자가 영국인 재판관 앞에서 법의 심판을 받고 있었는데, 이렇게 자신의 변호를 시작했습니다.

"그리고 그들이 너를 왕과 관리 앞으로 데리고 가서 나의 이름 때문에 재판을 받게 할 것이다."

그리고는 이런 말로 자신의 변론을 끝냈다고 합니다.

"아버지여, 이들을 용서하소서. 이들은 지금 자신들이 무엇을 하고 있는지 알지 못하나이다!"

그러나 진정 그들에게 충격을 준 것은 간디가 스스로 그 예를 보여주었기 때문입니다. 간디는 단지 영국 정부에 대항하였을 뿐 아니라 자기 민족이 틀렸다고 생각했을 때에는 자신의 동족에게도, 영혼의 힘으로 정복하는 원리를 적용하였습니다. 이것은 물론 간디의 진실함과 대담함이 없었다면 아무런 영향력을 행사하지 못했을 것입니다.

남아프리카에서 남아프리카 정부에 대해 간디가 비폭력 저항 운동을 계속할 때였습니다. 그는 계약직 하급 노동자를 위하여 비폭력을 무기로 싸우고 있었는데, 노동자들의 과격함 때문에 걷잡을 수 없는 상태에 이르게 되었습니다. 그는 계속해서 비폭력 저항을 충고하였지만, 아무런 소용이 없었습니다. 마침내 그는 아무 말 없이 투쟁에서 손을 떼고 홀로 단식하기 시작했습니다. 그들을 위해서였습니다. 그의 단식투쟁이 시작되자마자 변화가 일어나기 시작했습니다. 그들이 두 손을 공손히 모으고 간디에게로 가서 단식을 풀 것을 간청하고 그가 단식을 멈추기만 한다면 무슨 일이든 하겠다고 약속하였습니다. 고통을 견디는 사랑이 결국 승리한 것입니다.

간디를 알기 전까지 기독교를 알지 못했다

"이것이 너희들에게는 아무것도 아닌 것이냐? 나의 마음에 밀려
드는 이 슬픔이 너희에게는 없느냐?"
"간디를 올려다보는 순간, 나는 그 의미를 알았습니다. 인도는 십
자가의 의미를 바로 인도의 아들인 간디를 통해서 알게 된 것입
니다.

하루는 힌두교 수도원에서 한 소년이 간디에게 무엇인가를 이
야기했는데, 간디는 그 소년의 말을 그대로 믿었습니다. 그런데 시
간이 지난 다음, 그 소년의 말이 거짓이었다는 것이 밝혀졌습니다.
간디는 학생들을 모아 놓고 다음과 같이 진지하게 말하였습니다.

"학생 여러분, 난 지금 너무나 마음이 아픕니다. 여러분 중에
한 명이 나에게 거짓말을 했기 때문에 그 벌로 나는 오늘 단식을
하겠습니다."

어쩌면 이 일은 웃어넘길 만한 일인지도 모릅니다. 그러나 간

디가 얼마나 진실된 사람인지 알고 있다면, 그리고 그의 도덕적인 자세가 어떤 것인지 알고 있다면 그럴 수 없는 일임을 알게 될 것입니다. 아마 이보다 더 큰 벌은 없을 것입니다. 왜냐하면 신체적인 벌 때문에 받는 육체적 아픔은 시간이 지나면 사라지지만, 그를 사랑하는 사람이 스스로 고통을 겪는 것을 봄으로써 일깨워질 의식의 각성에서 초래되는 영적 아픔은 영원하기 때문입니다.

따라서 그의 행동에 비추어 볼 때, 그들이 다음과 같은 생각을 하는 것은 그리 어려운 일이 아닐 것입니다. 만약 한 사람이 그 자신이 고통을 받음으로써 거짓말하는 한 소년을 바른 길로 인도할 수 있다면, 그렇다면 아마도 아주 신성하고 성스러운 누군가가 있어서, 그가 전 인류의 죄를 사하기 위해 자신을 희생한다면, 그렇다면 마치 그 소년이 바른 길로 간 것처럼 우리도 선함과 하나님에게로 다가갈 수 있지 않겠습니까? 십자가의 정신은 바로 이런 작은 일을 통하여 그 의미를 찾게 된 것입니다.

이것은 최근 간디의 21일간의 단식에서도 잘 드러납니다. 간디가 최근 받은 수술로부터 아직 완전히 회복되지 않았고, 또 그의 몸무게가 51kg을 넘지 않았다는 것을 고려해 볼 때, 21일간의 단식은 정말 심각한 결과를 초래할 수 있는 것이었습니다. 그러나 그는 감옥에서 나왔을 때 힌두교도들과 이슬람교도들 사이에 여전히 의심과 질투가 존재하며 서로 분열되어 있음을 알게 되었습니다. 그가 체포되기 전에 이 두 종교를 신봉하던 사람들은 간디의 인격에 감동받고 서로 협력할 것을 결의한 바 있습니다. 그런데 간디가 투옥되자 그들은 다시 분열된 것입니다.

간디는 인도가 하나로 연합되어 있을 때에만 자유로워질 수 있다는 것을 굳게 믿고 있었습니다. 그는 양측에게 애원하고 충고도 해 봤지만 분열은 계속되었고 오히려 관계는 더욱 악화되었습니다. 상처받은 마음을 쓰다듬으며 간디는 참회의 마음으로, 21일 동안 단식을 감행하게 되었던 것입니다.

그의 단식은 인도를 순식간에 감동시켰습니다. 인도인들은 그만큼 감정적으로 잘 반응하는 사람들이기 때문입니다. 그들은 간디의 단식이 10일째 접어드는 날 '상호협력을 위한 회의'를 개최하였습니다. 그 회의에는 다양한 종교계의 대표들이 모였는데, 인도에 지부를 두고 있는 영국 교회를 대표하는 주교도 참석했습니다.

그들은 여러 가지 문제를 놓고 계속 토론했습니다. 비록 간디는 그 도시의 다른 편에서 건강하지 못한 몸으로 침상 위에 누워 있었지만, 그의 영혼은 해결책을 찾고자 회의에 모인 사람들을 이끌고 있었습니다. 그들은 견해를 달리하던 여러 가지 현안을 모두 타협할 수 있는 결의문으로 통과시켰고, 공동 현안을 지속적으로 다룰 25명의 위원을 위촉하여 상임 해결위원회를 구성하였습니다. 하지만 가장 놀라운 것은 결의문 안에 들어 있던 다음과 같은 내용입니다.

"우리는 개인의 의지에 따라 자신의 신앙을 바꿀 권리가 있다는 것을 함께 인정한다. 단, 그 과정에서 신앙의 변화를 유도하기 위한 어떤 물질의 제공과 같은 행위는 인정되지 않는다."

그리고 더 나아가 그 결의문에는 이러한 내용이 채택되었습니다.

"우리는 또한 종교를 바꾼 개인은 그가 결별한 신앙 공동체로부터 박해를 받지 않을 권리가 있다."

이슬람에서의 개종은 곧 죽음을 의미하며, 힌두교도가 다른 종교로 개종한다는 것은 곧 인도 사회에서 매장되는 것을 뜻한다는 점에서 이 결의안은 매우 획기적인 것이며, 국가적으로 종교의 자유를 선언한 것이라 할 수 있습니다. 간디의 영적인 보이지 않는 영향력이 이런 일을 가능케 했으며, 간디의 이러한 정신은 예수 그리스도의 정신에 의해서 영향받은 것입니다.

단식 18일째, 간디에 의해 주필되는 신문인 〈젊은 인도 Young India〉의 편집장인 앤드류스(C. F. Andrews) 선교사는 그의 사설에서, 델리의 2층 마루 한켠에 놓인 소파 위에서 쇠약한 모습으로 힘없이 누워 있는 간디의 모습을 자세히 묘사했습니다. 그는 간디가 누워 있는 뒤를 배경으로 멀리 보이는 성채도 함께 사진에 담아냈는데, 이 장면은 마치 간디가 투쟁을 통해서 획득하고자 하는 어떤 상상의 왕국을 연상시키고 있었습니다. 그 성채 밑으로 영국 사람들이 골프를 치기 위해 어디론가 이동하고 있는 모습이 사진에 잡혔습니다. 가까운 쪽 사진 배경에는 인도 사람들이 시장에서 벌떼처럼 몰려들며 물건을 사고파는 데 열중하고 있는 모습도 보였습니다. 앤드류스 선교사는 그곳에서 간디를 만나고 있는 동안, 성서의 한 구절이 마음속에 다가옴을 느꼈습니다.

"이것이 너희들에게는 아무것도 아닌 것이냐? 나의 마음에 밀려드는 이 슬픔이 너희에게는 없느냐?"

그는 다음과 같은 말로 글을 맺었습니다.

"거기서 간디를 올려다보는 순간, 그것이 무슨 의미인지 알게 되었습니다. 그전에는 알지 못했던 십자가의 의미를 깨닫게 되었습니다."

앤드류스 선교사는 이 마지막 문장이 바로 인도의 정신에서 나온 것이라고 말했습니다. 인도는 십자가의 의미를 인도의 아들인 간디를 통해서 바로 알게 되었던 것입니다. 이전에 기독교를 열렬히 반대하던 한 민족주의자가 이렇게 말했습니다.

"나는 간디를 알기 전까지는 기독교를 이해하지 못했습니다."

간디의 행동에 깊이 감동받았을 뿐 아니라 진정으로 그에게 감사해야 합니다. 한편 간디의 이러한 공헌은 우리에게 또 다른 생각을 일깨웁니다.

우리 선교사들은 지난 여러 해 동안 인도에서 예수 그리스도를 섬겨 왔습니다. 그러나 우리로 인해 기독교가 널리 전파되지 못한 것에 대해 마음 깊이 반성하고 있습니다. 그럼과 동시에 우리는

143

인도가 기독교를 알아가고 있다는 것에 무한한 기쁨을 느낍니다. 그리고 우리 선교사들 또한 인도에서 기독교의 새로운 모습을 깨달아가고 있다고 조용한 목소리로 고백해야 할 것입니다.

chapter 5

일반적인 경로를 통한 선교―선교사들의 헌신

이제 예수 그리스도는 먼지 흩날리는 인도의 길을 걸어 와서

우리와 함께 그 자리에 앉아 있는 것 같았습니다.

그 인도의 여명이 밝아 오는 고요 속에서 말입니다.

나는 서양에서 태어났고 서양을 여전히 사랑하지만

이제는 인도가 내 고향이 되었습니다.

인도 민족이 내 민족이고, 인도의 문제가 곧 내 문제였으며

인도의 미래는 나의 미래였습니다.

인도를 구세주의 품으로 돌아오게 할 수만 있다면

나는 기꺼이 인도의 모든 죄를 짊어지고 갈 결심을 하고 있었습니다.

민족주의 운동 속으로 들어가, 예수 그리스도를 심자

민족주의 운동이 일어날 것이라는 불가피성을 느꼈을 때, 직감적
으로 우리가 해야 할 일은 오직 한 가지임을 깨달았습니다.
"그 불가피한 민족주의 운동 속으로 들어가, 그 운동 자체를 복음
화시키자. 이러한 인도의 국가적인 흐름에 뿌리를 내리고 거기에
예수 그리스도를 심자."

앞 장에서 설명된 것을 약간 수정할 필요가 있을 것 같습니다.
간디가 잠자고 있던 인도인의 감수성을 일깨우는 데 지대한 역할
을 한 것은 사실입니다. 그러나 지난 수십 년 동안 인도인의 마음
을 움직이는 데 밑거름이 되었던 사람들은 누가 뭐라 해도 선교사
들과 그들을 옆에서 함께 도왔던 사람들의 공헌이라 할 수 있습니
다. 그들의 절제된 생활과 자기희생, 그리고 끊임없는 가르침이
없었다면 이는 불가능한 일이었을 것입니다.

다른 사람들이 먼저 일구어 놓은 곳에서 사역할 때마다 언제나

무한한 감사를 느낍니다. 좋은 열매를 거둘 수 있었던 것은 그들이 먼저 불모의 땅에 좋은 씨앗을 뿌려 놓았기 때문이었습니다. 힘겨운 일을 해낸 사람들은 당연 그들입니다.

얼마 전에 우연히 어떤 말을 귀담아 들을 기회가 있었는데, 그것은 저에게 너무도 소중한 말이었습니다.

"불가피한 자들에게 복음을 전파하라!"

어떤 일들은 정말로 불가피합니다. 투덜거린다고 해결될 일이 아니기 때문입니다. 무슨 일이 있어도 그들에게 가서 복음을 전해야 합니다. 전 세계에 걸쳐 진행되고 있는 노동운동은 피할 수 없는 것입니다. 영국에서 노동운동이 널리 퍼지면서, 그 운동의 정신과 가치가 기독교의 복음화 운동에도 적용되기 시작했습니다. 한편 미국에서는 기독교를 복음화하는 데 실패하면서, 결국 노동운동이 기독교를 믿지 않는 사람들의 손에 의해 좌지우지되고 있습니다. 이는 이루 헤아릴 수 없을 정도로 크나큰 손실입니다.

나는 몇 년 전부터 인도에서 민족주의 운동이 불가피하다는 것을 알고 있었습니다. 만약 자기를 자유롭게 표현하고 자기를 통제하고자 요구하는 영혼의 갈급함이 없었다면, 우리는 그렇게 광범위하게 인도에서 기독교적 정신과 가르침을 전파할 수 없었을 것입니다. 이것은 마치 새벽이 오는 것처럼 피할 수 없는 것입니다. 이 운동이 일어나지 않았다면, 우리가 기독교를 전파하는 데 실패했을 것은 자명한 일이었습니다. 그 운동이 일어날 것이라는 불가피성을 느꼈을 때, 나는 직감적으로 우리가 해야 할 일은 오직 한 가지임을 깨달았습니다.

"그 불가피한 민족주의 운동 속으로 들어가, 그 운동 자체를 복음화시키자. 이러한 인도의 국가적인 흐름에 뿌리를 내리고, 거기에 예수 그리스도를 심자."

내 말은, 우리가 반드시 정치에 개입해서 정치가가 되어야 한다는 말이 아닙니다. 우리는 인도사람들의 정치적 운동에 함께 하기에 가장 적절하며, 인도인들에게 최선의 정신적 연민을 가지고 있음을 보여 주어야 한다는 것입니다. 그들이 우리에게 요청한 것이 바로 그것이었으며, 실제로 그들은 그런 면에서 우리에게 도움을 요청했던 것입니다.

정중한 예의가 무엇인지 아는 동양인들

인도인들은 언제나 예의와 친절로 나를 맞이했습니다. 우리 사이
에는 분명 '의견의 불일치'가 존재하는데도 말입니다. 나를 그렇
게 대접한다는 것은 그들이 문명인이 아니고서야 어떻게 그렇게
할 수 있겠습니까?

꽃장식

9년 전, 복음하는 일을 처음 시작했을 때는 그 길은 좁고도 험
난한 길이었습니다. 단지 길이 열리기만을 바라면서 이 힘든 일을
시작했습니다. 구체적인 계획도 없었고, 일이 잘 되거나 그렇지
않을 경우를 대비한 아무런 대책이 마련되어 있지 않았습니다. 관
심을 가진 것은 단 한 가지뿐이었습니다.

"지금 내가 바라보고 있는 예수 그리스도를 어떻게 하면 인도
사람들도 볼 수 있게 할 수 있을까?"

목적한 대로 사역하기 위해 최선을 다했지만 결코는 결코 만족
스럽지 못했습니다. 감리교 선교본부에서 고맙게도 사역에 드는

내 개인 경비를 모두 감당해 주었고, 인도에서 활동하고 있는 모든 선교사들 사이에서 비교적 자유롭게 일할 수 있는 특권이 주어졌기에, 나는 여러 차례에 걸쳐서 작은 선교지나 중요하고 큰 선교지 등을 모두 방문할 기회를 가질 수 있었습니다.

내가 여는 종교 모임에서는 인도 입법부 의원, 재판관, 변호사, 장군, 대학총장, 교수, 힌두교나 이슬람교의 지도급 인사 등 누구든지 모임의 의장이 될 수 있었습니다. 우리는 시원한 저녁, 공개된 장소에서 종교 모임을 가졌습니다. 마을회관이나, 힌두교대학 강당, 혹은 기독교대학 강당이나 신지학회(Theosophical Society)의 홀에서, 심지어는 힌두교사원 내에서도 모임을 열었습니다. 관찰력이 뛰어난 분은 아마도 이 종교 모임의 장소에 교회건물이 빠져 있음을 발견했을 것입니다.

사실 인도에서는 기독교와 교회에 대한 편견이 너무 심해, 단한 번도 교회에서 힌두교도과 이슬람교도를 위한 집회를 연 적이 없습니다. 우리는 이 문제를 두 가지 방법으로 해결해야 한다고 생각했습니다. 교회를 영적인 장소로 만들어야 하며, 비기독교인을 기독교인으로 개종시켜야 했습니다. 우리는 기독교인을 위해서는 아침에 집회를 가졌고, 비기독교인을 위해서는 밤에 모임을 가졌습니다. 이런 결정은 의도적으로 내려진 것이었습니다. 왜냐하면 교회는 본연의 임무가 망각된 채로는 절대로 영적인 장소가될 수 없기 때문입니다.

신앙의 경험과 신앙의 증거는 기독교인의 삶의 두 가지 측면입니다. 신앙의 경험 없이는 신앙의 증거도 없고, 신앙의 증거가 없으면 신앙의 경험도 있을 수 없습니다. 둘 중에 어느 하나가 없으면, 다른 하나도 존재할 수 없습니다. 그래서 우리는 교회가 새로운 영혼을 얻을 수 있는 즐거운 특권을 깨닫도록 하는 데 많은 노력을 하였습니다.

이러한 결정을 따르기 위한 하나의 노력이 인도 남부에 있는 시리아(마토마) 교회를 부흥시키는 데 큰 역할을 했습니다. 한때 50만 명의 신도가 있었던 이 교회는 지난 수세기 동안 죽어 있었습니다. 그들은 이제 다시 살아나기 시작했습니다. 해마다 열리는 집회에는 세상에서 가장 많은 기독교인 청중이 참가하고 있으며, 단 한 번의 집회에 3만5천 명이 참가하기도 했습니다. 이러한 집회는 엄청난 영적 힘을 발휘하고 있을 뿐 아니라 이제 이 교회는 인도의 복음화에 큰 역할을 하기 시작하였습니다.

비기독교인을 위한 집회의 경우에는, 여러 장소에서 수많은 군중이 모였습니다. 시대적 환경은 열악했습니다. 이 집회가 열린 시대만 해도 인도 역사상 가장 격동기였기 때문입니다. 그러나 지난 9년 동안 수많은 집회가 진행되었고 단 한 번도 우리 집회가 다른 문제로 방해받은 적은 없습니다. 인도사람들은 매우 정중하게 행동했으며, 나를 친구나 형제로 맞아 주었습니다. 나도 그들의 기대에 부응하도록 노력했습니다.

집회할 때, 한 번도 방해받은 적이 없다고 말했지만 사실, 딱한 번 그런 일이 일어난 적이 있었습니다. 상호간의 오해에서 비롯된 일이었습니다. 극단적인 민족주의를 따르며 시민불복종운동을 전개하던 사람들이 한 마을에서 정부관리들이 우리의 종교집회에 참가하는 것을 보고, 그 모임을 관제집회라고 오해했습니다. 그리하여 그들은 집회가 열리고 있는 건물을 둘러싸고, 돌을 던지며 문을 두드리는 소란을 피웠습니다. 또한 그들은 큰 소리로 구호를 외치는 등 거의 45분 정도 집회를 방해했습니다.

나는 몇몇 남자분들에게 출입문을 지켜달라고 부탁하고, 그 소동과 소음 속에서 형제애와 절대선(善)으로 오실 하나님의 나라에 대해 계속 이야기했습니다. 밖에서는 무리들의 소동이 계속되었습니다. 그런 환경에서 형제에 대한 사랑을 얘기한다는 것이 얼마나 시의적절한 일입니까!

그러나 다음 날, 소동에 참여했던 시민불복종 운동가들이 집회의 성격을 파악하고는 우리에게 와 개인적으로 사과했습니다. 그리고는 그들도 이 집회에 참가할 수 있게 해달라고 부탁했고 실제로 모임에 그들이 나타났습니다. 그들 중 한 명은 마지막 집회에 참석하였는데, 민족주의자를 상징하는 수수한 흰색 직물로 짠 옷을 입고서 회중 가운데 일어나더니, 내가 예수 그리스도에 대해 얘기해 준 것에 대한 감사의 글을 낭독하였습니다. 지난 9년 동안의 사역기간 중 아마 방해라고 이름 붙일 것이 있다면 이 사건이 유일한 경우일 것입니다. 동양의 국가들은 정중한 예의가 무엇인지를 아는 나라들입니다.

이런 일도 있었습니다. 테오소피스트협회(Theosophical Society)의 강당에서 몇 번에 걸친 강연을 마쳤을 때, 그 협회의 총무가 내게 공개적으로 화관을 씌워 주었던 적이 있습니다. 그때 내가 강연한 내용의 대부분은 그 테오소피스트협회의 철학과는 정반대의 것이었는데도 말입니다.

내가 앞에서 말한 바에 따르면, 버나드 루카스(Bernard Lucas)의 비판은 옳다고 할 수 있습니다. 그는 이렇게 말했습니다.

"우리는 예수 그리스도를 위하여 인도를 얻고자 노력했습니다. 인도가 마치 야만인들의 나라인 것처럼 말입니다. 그러나 사실 인도는 여러 야만인들을 포괄해 온 앞선 문명국이었습니다."

흔히 선교사의 입을 통해 회자되고 있는 '여러 야만인'에 사실 우리가 포함되어 있는지 모릅니다. 나는 나의 강연이 다른 견해들과 균형을 이뤄야 한다는 것을 깨닫게 되었습니다.

나는 충분히 알고 있습니다. 힌두교도나 이슬람교도가 함께 있는 청중 앞에서 이야기할 때, 내가 하는 모든 말과 모든 생각에 대해 그들은 밖으로 표현하지 않는다 하더라도 속으로는 반대 의견을 가지고 있을 거라는 사실을 말입니다. 만약 내가 약간이라도 그들의 영혼을 얻고자 한다면, 그것을 위해 싸워야 한다는 것도 알고 있습니다.

그러나 그들은 언제나 예의와 친절로 나를 맞이하였습니다. 우리 사이에 분명 '의견의 불일치'가 존재하는데도 말입니다. 나를 그렇게 대접한다는 것은 그들이 문명인이 아니고서야 어떻게 그렇게 할 수 있겠습니까?

십자가에 대해서 말씀해 주세요!

인도의 한 대학에서 '십자가'에 대해 강연하는데 그 학교 교수인
힌두교도인 의장이 말했습니다.
"자, 여러분! 오늘은 힌두교 축제입니다. 그리고 우리는 오늘 이
예수 그리스도에 대한 이야기로 축제를 시작하고자 합니다. 아마
이보다 더 좋은 시작은 없을 것입니다."

        ❧ ❧

자, 이제 전도에 대한 이야기를 좀더 해 볼 차례입니다. 여기
내가 소개하는 것은 인도에서 우리가 겪었던 수백 가지 이야기 중
에 몇 가지를 뽑은 것입니다. 아주 크고 중요한 어느 도시에서 일
어난 일입니다. 거기서 복음을 전한다는 것은 상당히 어려운 일이
었습니다. 왜냐하면 그 도시에 힌두교문화와 종교를 보급시키는
아주 큰 대학이 있었기 때문입니다. 게다가 이 도시는 고대의 많
은 고루한 사상과 수많은 미신에 사로잡혀 있는 곳이었습니다. 그
러나 놀랍고 기쁘게도, 그 대학의 총장이 직접 우리 집회의 의장

이 되어 주었습니다. 그리고 매일 밤 수많은 사람들이 모여 들었습니다. 집회가 거의 끝나가던 어느 날, 그 대학의 한 학생이 내게 와서 자기 대학에 와서 강연을 해달라고 부탁하는 것이었습니다. 놀라서 나는 물었습니다.

"형제여, 지금 나를 그 대학으로 초대하는 것입니까?"

"예 그렇습니다. 와 주시겠습니까?"

그 학생은 이렇게 대답했습니다. 나는 의아해서 다시 물었습니다.

"그쪽 학교의 교수님도 이 사실을 알고 계십니까?"

그러자 그 학생은 분명한 목소리로 대답했습니다.

"당연하지요. 교수님들도 선생님이 와 주시기를 바라고 있습니다."

저는 여전히 이해가 되지 않아 물었습니다.

"제가 가서 어떤 내용을 가지고 강연했으면 좋겠습니까?"

그들 중 한 명이 대답했습니다.

"실례가 되지 않는다면, 우리 학교에서 예수 그리스도에 대해 강연해 주시면 감사하겠습니다."

실례라니! 무슨 천만의 말씀을! 그 옆에 서 있던 다른 학생이 내게 이렇게 덧붙였습니다.

"특별히 십자가에 대해서 말씀해 주시면 좋겠습니다."

십자가에 대해서 말하는 것은 나의 간절한 소망이었습니다! 나는 몇 번이나 그 대학에서 초청을 받아 강연할 수 있었습니다. 나의 첫 번째 강연 때에는 그 학교 교수였던 힌두교도인 의장이 다음과 같이 나를 소개하였습니다.

"제가 이 선생님의 집회에 몇 번 참석한 적이 있었는데, 연설 중에 말씀하셨던 예수 그리스도가 참으로 흥미로운 인물이었습니다. 젊은이 여러분, 인류 역사에서 예수 그리스도와 같은 인성을 가진 사람은 없을 것입니다. 그는 세상에서 가장 뛰어난 인성을 가지고 있는 분입니다. 자, 여러분! 오늘은 힌두교 축제날입니다. 그리고 우리는 오늘 이 예수 그리스도에 대한 이야기로 축제를 시작하고자 합니다. 아마 이보다 더 좋은 시작은 없을 것입니다."

더욱 놀라운 것은 그 교수의 이야기를 듣고 있던 학생들의 수많은 얼굴들 중에서 그 어느 누구도 화난 얼굴을 하고 있지 않았다는 것입니다. 과거에 있었던 대립의 사건들 때문에 힘겨웠던 시절이 있었고 서로간의 앙금으로 남아 있던 종교적 편견을 알기 때문에 나는 거의 내 귀를 의심하지 않을 수 없었습니다. 정통 힌두교 사상이 전수되던 중심부에서 이렇게 예수 그리스도가 이야기되고 있었습니다.

그리고 바로 그 장소에서 나는 테오소피스트들에게서 초대받아 그들 앞에서 강연한 적도 있었습니다. 이야기를 마칠 때쯤 그들 중 지도자가 이렇게 논평했습니다.

"우리는 아마도 존스 씨의 의견에 전적으로 동의하지 않을지도 모릅니다. 그러나 한 가지 확실한 것은 우리 모두 예수 그리스도처럼 되도록 노력해야 한다는 것입니다."

대단한 수확이라 아니할 수 없습니다.

한번은 어느 도시의 시(市) 회관에서 공개적인 집회가 열렸습니다. 이 집회는 며칠에 걸쳐 진행되었는데, 마지막 날 바로 전날에 이런 일도 있었습니다. 강연이 끝날 때쯤 거기에 참석했던 시민불복종운동의 한 지도자가 공개적으로 이런 요청을 해 왔습니다. 그 다음 날이 바로 마하트마 간디가 감옥에 수감된 날을 기념하는 날이며 그들에게는 매우 중요한 기념일인데, 그날 도시 광장에서 수천 명이 모이는 거대한 집회를 열 예정이라고 말했습니다. 그리고는 이 도시 광장에서의 집회와 우리들의 집회를 공동으로 개최하면 어떻겠냐고 제안을 해 왔던 것입니다. 그들은 내게 이날 강연한 내용과 똑같은 주제로 강연해 줄 것을 부탁했으며, 통역사도 제공해 주겠다고 약속하였습니다. 나는 너무나 감사한 초대를 받았기에 정말로 가고 싶었습니다. 그 집회는 그들에게 가장 큰 규모의 정치적인 집회인데, 나한테 기독교적 내용의 연설을 부탁하다니 얼마나 의미 깊은 일입니까?

그러나 나는 그리스도를 향한 희생의 마음으로 그 초대를 정중히 사양할 수밖에 없었습니다. 그날은 이미 우리의 모임이 예정되어 있었기 때문에, 어쩔 수 없이 그들의 초대를 거절해야 했습니다. 그리고 다음 날, 우리 모임은 그들의 집회와 동시에 진행되었음에도 불구하고 수많은 사람들이 운집했습니다.

이날 강연의 마지막에, 나는 작년에 온갖 어려움을 예상하고서도 과감하게 딱 한 번 시도한 적이 있는 생소한 일을 시도해 보았습니다. 나는 집회에 참석한 높은 카스트계급의 지도자들에게 공개적으로 예수 그리스도를 위해 예수 그리스도 편에 설 수 있겠냐고 도전해 보았습니다. 나는 그들에게 솔직하게 세례와 교회 출석에 대한 문제는 그들의 양심에 맡기겠다고 말하였습니다. 그리고 내 관점을 허심탄회하게 말해 주었습니다. 기독교 내에서 해결해야 할 세례나 교회 출석의 문제는 차치하고라고 당신들은 내적으로나 외적으로 예수 그리스도에 속해야 한다고 촉구했습니다. 나는 만약 그들이 《신약성서》를 스스로 읽고 그 관점에 따라서 그들이 해야 할 일을 결정한다면, 나는 세례 문제나 교회 출석의 문제는 그들의 양심의 문제로 남겨둘 것이라 말하였습니다.

그러나 부정할 수 없는 한 가지 분명한 사실은, 바로 이 자리에서 그들이 예수 그리스도를 구주로 인정하고 생명의 구원자로 고백해야 한다는 것이었습니다. 그러한 나의 제안에 3, 40명의 고급 관료와 변호사, 그리고 의사들이 그 자리에서 일어났습니다. 그 집회 후에 있었던 일은 결코 잊지 못할 것입니다. 우리는 그들과 함께 서서 기도하고 그들에게 복음을 소개해 주었습니다. 그리고 그들에게 〈사도신경〉을 따라읽게 하고, 예수 그리스도에게 모든 것을 맡기는 기도를 따라하도록 하였습니다. 그날 우리는 하나님의 자비로운 은총이 우리 모두 위로 흘러넘치는 것을 느낄 수 있었습니다.

악명 높았던 '티푸 술탄' 궁정에서 집회를 열다

독재자의 피 묻은 칼 위에 세워진 왕국에서 우리는 칼 위에 세워
진 왕국이 아니라, 골고다에서 하나님의 아들로 스스로 흘린 희
생의 피 위에 세워졌던 예수 그리스도의 왕국을 선포하고 있었습
니다.

우리는 또한 아주 의미심장한 곳에서 집회를 열기도 했습니다.
한번은 옛 이슬람 통치자로 악명 높았던 왕이자 폭군인 티푸 술탄
(Tippu Sultan)*의 궁정에서 집회를 열었습니다. 나는 왕좌 바로
아래에 서서 연설을 하였습니다. 위치가 위치이니만큼 아주 특수
한 음향효과를 노릴 수가 있었습니다.

*티푸 술탄(1782~1799)
인도 마이소르의 국왕. 영국의 식민지적 침략(마이소르전쟁)에 저항하는 한
편, 왕국의 부국강병을 지향하여 근대적 개혁에 앞장섰다. 중앙집권적 관료
제도 정비, 군사제도 확립, 군현제(郡縣制) 시행, 농지개혁 및 그 밖의 많은
개혁을 단행했다.

집회의 마지막 날, 나는 집회의 참석자들에게 예수 그리스도께 모든 것을 맡길 마음의 준비가 된 사람은 뒤에 있는 작은 방에서 나를 만날 것을 요청했습니다. 그 작은 방은 곧 수많은 힌두교도들로 채워졌습니다. 몇몇은 정말 진지한 자세를 가지고 있었지만, 몇 명은 도전적인 태도를 보였으며 일부는 엉뚱한 궤변을 늘어 놓기도 했습니다. 나중에 안 사실이지만, 그 작은 방은 한때 두 명의 영국 장교가 폭군의 죄수로 쇠사슬에 묶여 감금되어 있던 곳이었습니다. 두 영국 장교 중 한 명의 이름은 데이비드 바이드(David Baird)였습니다. 그가 감금되었다는 말을 전해들은 스코틀랜드에 거주하던 그의 연로한 어머니는 "오, 하나님, 우리 데이비드를 쇠사슬로 묶고 있는 그 불쌍한 녀석에게 자비를 베풀어 주소서"라고 기도했다고 합니다. 사람들이 간수들에 의해 죄수로 묶여 있던 바로 그곳에서, 예수 그리스도가 죄에 묶여 있는 사람들을 자유롭게 만들고 있습니다. 독재자의 피 묻은 칼 위에 세워진 왕국에서, 그가 앉아 호령하던 그 궁정 홀에서 우리는 칼 위에 세워진 왕국이 아니라 하나님의 아들로 골고다에서 스스로 흘린 희생의 피 위에 세워진 새로운 예수 그리스도의 왕국을 선포하고 있었습니다.

어떤 곳에서는 비기독교 문학협회에서 우리에게 자신들이 비용을 대고 책임을 질 터이니 집회를 개최해 줄 수 없겠느냐고 요청해 오기도 하였습니다. 비기독교 문학협회가 기독교 복음화를 위한 집회의 책임을 지겠다니! 정말 말도 안 되는 이야기이지만

이 얼마나 영광스러운 일입니까?

그들은 강연을 위해 마하라자(Maharaja)의 대극장도 확보해 두었습니다. 또 그들은 첫날 집회의장으로 그 지역 왕국의 왕자를 모실 것이라고 하였습니다. 그들은 솔직히 왕자가 늘 술에 취해 사는 사람이지만, 그래도 그날만은 의장직을 수행하지 못할 만큼 취하지는 않을 것이라고 안심시켜 주었습니다.

우리는 이런 일에 영향을 받지 않습니다. 오히려 우리는 우리가 처한 현실을 받아들여야 했고, 기쁘게 그 현실 속에서 복음을 전할 의무가 있었습니다. 그래서 우리는 복음을 위해서는 그 왕자가 필요하다고 생각했고, 기꺼이 그를 맞이하였습니다.

왕자가 의장을 맡았던 첫날 이후에 이번에는 수상이 의장으로 활동했으며, 그 다음 날은 그보다 한 단계 낮은 지방 관리가 의장을 맡았습니다. 그 집회장소에는 그 지역을 통치하고 총괄하던 수천 명의 고위관리가 참석하고 있었고, 이것은 정말 왕과 통수권자 앞에서 복음을 증거하는 기회였습니다. 첫날 집회에서 왕자가 의장으로서 식순을 진행하기 위해 자리에서 일어서자 모든 사람들은 긴장한 채로 듣고 있었습니다. 그 왕자는 원래부터 자유로운 성격의 소유자였기 때문에 하고 싶은 말이면 무슨 말이든 거침없이 하는 사람이었습니다. 그는 다음과 같이 말함으로써 그 자리에 참석하고 있던 모두를 놀라게 하고, 또 동시에 자신의 체면을 유지하였습니다.

"나는 오늘 연사께서 정부의 부패를 이야기하기 위해 왜 중국의 예를 드는지 모르겠습니다. 부패 관료가 지금 바로 이 자리에 있을 수도 있지 않습니까?"

모든 관료들은 마치 자신이 직격탄에 맞은 것처럼 당황하고 있었습니다. 바로 그때, 나와 함께 연단에 앉아 있던 그의 비서가 급히 왕자에게 메시지를 전했습니다. 그 비서는 지역에서 영향력이 있는 사람이었습니다. 왕자는 비서가 전해 준 쪽지를 읽고는 청중에게 이렇게 말했습니다.

"내 비서가 나더러, 더 이상 말하지 말라고 하는군요."

다음 날 왕자는 나를 자신의 궁으로 초대하였습니다. 나는 기꺼이 초대에 응했습니다. 나는 그에게 이제 술을 끊고 예수 그리스도에게 자신을 맡기라고 간청하면서, 예수 그리스도가 나에게 행하신 일들을 이야기해 주었습니다. 그러자 그는 이렇게 말했습니다.

"존스 씨, 나는 그렇게 할 수 없습니다. 사실 영국에 처음 갔을 때 나는 거의 기독교인이 되었습니다. 기독교 안에서는 우리 모두가 형제자매라는 점 때문에 나는 기독교에 상당히 마음이 끌렸습니다. 하지만 내가 영국에서 공부할 때 내 한쪽 손에는 매콜리

*매콜리(Macaulay, Dame Emilie Rose 1881~1958)
영국의 여류 소설가. 유머 넘치는 풍자적 작풍이 특징이다. 야성적 여성과 문명사회와의 상극을 그린 《세상이라는 황야 The World My Wilderness》(1950)가 대표작이다.

(Macaulay)*가 항상 들려 있었고, 또 한 손에는 늘 위스키가 있었습니다. 그렇지만 이런 약속은 할 수 있겠습니다. 난 곧 미국에 갈 텐데, 미국은 술이 금지된 나라이니 술을 구하지 못할 것입니다. 미국에 가면 반드시 술을 끊겠다고 말입니다."

온 세계 사람들은, 미국이 술금지령을 어떻게 처리할 것인지에 대해 궁금히 여기고 있습니다. 만약 술금지령에 대한 시도가 실패로 끝난다면, 이것은 세계의 도덕성을 측정하는 시계를 50년 또는 100년 뒤로 돌리게 될 것입니다. 우리는 절대 실패하면 안 됩니다. 그런 점에서 동양에서의 선교사역은 결국 본국의 영적 상태에 달려 있다고 해도 과언이 아닙니다.

9년 전, 존 모트 박사가 강연했던 자리에 서다

존 모트 박사 강연했던 때만 해도 인도사람들은 반응이 없었습니다. 그러나 9년이 지난 지금, 그 장소에서 '십자가에 못박히신 예수'라는 단 하나의 주제로 6주 연속 집회를 열 만큼 인도인들의 마음은 변화되었습니다. 이러한 변화 뒤에는 존 모트 박사와 같은 훌륭한 인물이 있었습니다.

9년 전, 존 모트 박사(Dr. John R. Mott)*는 시설이 잘 갖춰진 강당에서 비기독교인을 상대로 강연을 하고 있었습니다. 연설 중간에 모트 박사는 예수 그리스도의 이름을 인용했는데, 그때 청중들은 불만 섞인 소리를 하였습니다. 9년이 지난 지금, 우리는 그 똑같

*존 모트 (John R. Mott, 1865~1955)
미국 감리교 평신도, 복음 전도자. 국제적인 선교운동에서 쌓은 공로를 인정받아 1946년 에밀리 그린 볼치와 함께 노벨평화상을 받았다. 1888~1915년 국제기독교청년회(YMCA)의 학생부 간사였으며, 1910년 에든버러에서 개최된 세계선교협의회(WMC)의 의장으로 활동했다.

은 강당에서 단 하나의 주제로 6일 동안 연속집회를 열었습니다.

그 주제는 다름 아닌 '십자가에 못박히신 예수 그리스도'였습니다.

집회에 모인 청중의 수는 날마다 늘어났고, 마지막 날에는 강당 정문과 창문 주변에도 사람들이 빼곡히 서 있을 정도였습니다. 나는 청중들을 향해서 예수 그리스도에게 자신을 맡길 사람들은 앞자리에 와 앉으라고 권고했습니다. 실제적으로 세례라는 의식을 반드시 통과해야 하는가 하는 문제는 개개인의 양심의 판단에 맡기겠다고 말해 주었습니다. 나는 그때 단 한 명만이라도 앞에 나와 앉아 주면 그것보다 기쁜 일은 없을 것이라 생각하고 있었습니다. 문득, 윌리엄 캐리(William Carey)* 선교사가 한 말이 떠올랐기 때문입니다. 그는 인도에서 만약에 상위 카스트계급 중 한 명이라도 기독교로 개종한다면, 그것은 마치 죽은 사람이 살아나는 것과 같은 기적일 것이라고 말한 적이 있습니다.

그러나 나의 기대와 우려와는 달리, 무려 100명에서 150여 명 정도 되는 사람들이 그 말을 듣고 앞으로 나왔습니다. 아무리 그 중요성을 낮게 평가한다 하더라도, 이 사건이 우리에게 남겨준 교훈을 보십시오. 9년 전에는 예수 그리스도의 이름에 대해 불만을

*윌리엄 캐리 (William Carrey, 1761~1834)
개신교 선교의 아버지로 불리는 인물. 1793년 런던에서 침례교해외선교협회를 설립하고, 41년 동안 인도에서 선교사업에 헌신했다. 최초의 인도 신문도 발간했으며, 인도어로 성서를 출판하기도 했다.

털어놓던 바로 그 장소에서 이제 사람들은 앞으로 나와 그 예수 그리스도의 이름으로 기도하고 있는 것입니다. 이러한 변화는 그 장소에서 연설한 연사에 의해서 일어난 변화가 아닙니다.

아무리 생각해도 그 장소에서 최초로 강연했던 존 모트 박사가 훨씬 훌륭한 인물입니다. 이러한 변화가 일어날 수 있었던 것은 그동안 예수 그리스도에 대한 인도인의 태도가 변했기 때문입니다. 이제 그들의 '심리적인 상태'가 변했습니다. 새로운 시대가 열린 것입니다.

바로 그 도시에서 나는 비기독교 대학에 초대받아 강연을 하였습니다. 학생들은 크리켓 경기를 포기하고 내 강연을 들으러 왔습니다. 또 다른 곳에서는 힌두교도 학생들이 그들만을 위한 후속 집회를 열고 싶어했습니다. 나는 하루에 4번을 강연해야 했기 때문에 도무지 시간을 낼 수 없었습니다. 그러자 그들은 아침 7시 집회를 가지기로 결정하고 나를 연사로 초대했습니다. 그들이 제시한 주제는 '새로운 삶을 찾는 길'이었습니다!

간디의 도움으로 성공리에 강연을 마치다

간디에게, 그 도시 민족주의자들이 강연을 들으러 올 수 있도록
배려해 달라는 서신을 띄웠습니다. 연설하기로 되어 있던 강당은
금방 만원이 되었고, 나는 오로지 예수 그리스도를 위한 강연을
시작했습니다.

ꗣ

어떤 도시의 힌두교도 공무원들이 집회를 열어 달라고 요청했
습니다. 도저히 시간이 나지 않자, 그들은 회사에 출근하기 전인
아침 7시 30분에 집회를 개최하자고 제안하기도 했습니다.

시민불복종 운동가들이 한 지방을 장악하고 그 지역 행정을 모
두 관리하고 있었습니다. 그 도시 사람들은 모두 가내수공업으로
제작된 순백색의 전통 인도 복장을 하고 있었습니다. 그 복장은
민족주의자를 상징합니다. 흰색 옷이 아닌 다른 색 옷을 입고 그
도시에 들어가는 사람이 있다면 마치 자신이 얼룩반점이 있는 새
처럼 느껴질 정도일 겁니다.

그 지역 근처에서 폭동이 일어났고, 사람들의 감정은 격앙되어 있었습니다. 그 구역을 책임지고 있던 영국 장교는 우리에게 이런 경고를 했습니다. 만약 우리가 그 도시에 복음을 전하고자 집회하러 들어간다면, 우리 자신의 안전을 보장할 수는 없다는 것이었습니다.

그러나 우리는 꼭 가야 한다고 느꼈기에 주저 없이 발걸음을 옮겼습니다. 나와 동역하던 선교사 한 분에게 마하마트 간디에게 다음과 같은 내용으로 편지를 써줄 것을 부탁했습니다.

"제가 간디 선생이 계신 그 도시로 강연을 하러 가는데, 그 도시의 민족주의자들이 제 강연을 들으러 올 수 있도록 배려해 주셨으면 합니다."

간디는 언제나 즉각적으로 답장을 하는 사람인지라 내 부탁이 담긴 편지를 받은 즉시 그 도시의 민족주의자들에게 내 뜻을 알렸으며, 이러한 내용을 우리들에게 다시 알려 왔습니다. 또한 간디는 사람들이 나의 강연을 듣기 위해 오는 것을 아주 기쁘게 생각하고 있다는 설명도 덧붙여 주었습니다. 그 민족주의자들은 간디의 편지를 받고 내게 와서는, 자신들이 우리의 집회를 직접 주관할 수 없겠느냐고 요청해 왔습니다.

나는 정치에 대해 말하려는 것이 아니라 오직 예수 그리스도에 대해 이야기하려는 것이라고 그들에게 대답하였습니다. 그럼에도 불구하고 지도자급 힌두교도 민족주의자 중 3명이 우리들의 집회를 후원하겠다는 전단지에 사인을 했습니다. 우리는 밖으로 나가 넓은 공터에서 연설할 수밖에 없었습니다. 나는 운집한 청중들을 보자마자 그들 중 상당수가 영어를 알아 듣지 못할 것이라는 것을 알았습니다.

부연 설명을 하자면, 나는 대부분의 경우 비기독교 청중들에게 영어로 연설을 해 왔습니다. 인도의 고등학교와 대학에서의 교육은 모두 영어로 이루어지기 때문에 거의 대부분의 인도 지식인들은 영어를 알고 있었고 이 점은 우리에게 큰 특혜였습니다. 그러나 얼핏 보아도 그날의 청중들 중에는 영어교육을 받지 않은 사람들이 많이 있었습니다. 나는 의장에게 가서 말했습니다.

"어떻게 해야 할지 모르겠군요. 나는 이 지역 방언인 구자라트어를 구사하지 못합니다. 제가 할 수 있는 것은 힌디어밖에 없는데, 혹시 여기에 나를 위해 통역해 줄 기독교인이 없습니까?"

나의 말에 그가 되물었습니다.

"괜찮으시다면, 제가 당신을 위해 통역을 해도 되겠습니까?"

이런 제안은 쉬운 일이 아닙니다. 그 지역의 민족주의자들은 누가 우리들의 집회에 참여하고 또 누가 의장이나 통역을 맡게 되는지에 대해 신경을 곤두세우고 있었고, 그런 사람들에게 상당한 폭력의 고통이 뒤따르는 것이 통례였기 때문입니다.

또 나는, 내가 연설할 기독교적 메시지를 힌두교도 형제가 어떻게 통역할지에 대한 확신도 서 있지 않았습니다. 그러나 이때 나는, 데이비드 브레이너드(David Brainerd)* 선교사가 미국 인디언에게 연설할 때 통역한 인디언은 술 취한 사람이었으나, 그 집회에 성령의 힘이 충만했다는 사실을 떠올리며 우리의 이 멋진 힌두 친구가 우리의 메시지를 통역할 때에도 하나님께서 똑같은 능력을 베풀어 주실 것이라는 믿음이 생기면서 과감히 밀고 나갔습니다.

다음 날 밤에도 그들은 나에게 또 다른 통역인을 붙여 주었는데 그도 역시 힌두교도였고 우리는 그를 통해 십자가의 메시지를 전했습니다.

*데이비드 브레이너드(David Brainerd, 1718∼1747)
인디언 선교에 생애를 바친 미국 식민지 시대의 선교사. 그러나 그의 지속적 중요성은 그가 남긴 일기에 기인한다. 이 일기는 하나님과의 관계에서 투쟁하는 한 영혼의 개인적 기록이라 할 수 있는데, 브레이너드 자신이 임종 직전, 일부는 편집하고 조나단 에드워드(1703∼1758)가 일부 자료를 첨가하여 1749년에 출판되었다. 이 일기는 그가 죽은 후 영국과 미국의 복음주의 계통에서 널리 읽혀졌으며 그의 생애는 후세 하나님을 믿는 많은 사람들의 가슴과 생애를 뒤흔들어놓았다. 그는 1740년대 미국을 휩쓴 대각성 운동의 주도자 조나단 에드워드에게 지대한 영향을 미쳤으며, 존 웨슬리의 마음에 큰 전환점을 제공해 주었다. 윌리엄 캐리와 헨리 마틴, 짐 엘리오트 선교사의 마음을 움직여서 복음 사역에 종사하도록 만들었다.

인도를 구세주 품으로 돌아오게 할 수만 있다면

이제 예수 그리스도는 먼지 흩날리는 인도의 길을 걸어와서 우리
와 함께 그 자리에 앉아 있는 것 같았습니다. 나에게 있어서 더
이상 인도는 타국이 아니었습니다. 인도를 구세주 품으로 돌아오
게 할 수만 있다면, 나는 기꺼이 인도의 모든 죄를 짊어지고 갈
결심을 하고 있었습니다.

─◦◦◦─

어느 날 밤, 집회가 끝날 때였습니다. 나는 청중들에게 기도를
해도 되겠냐고 물었습니다. 나는 언제나 기도하기 전에 꼭 청중들
로부터 허락을 구했는데, 그때마다 그들은 한 번도 매몰차게 거절
한 적이 없었습니다. 나의 기도가 끝났을 때 무슬림 신사가 나에
게 와서 이렇게 말했습니다.

"오늘밤 당신은 정말 무례한 행동을 했습니다. 기도하는 동안
사람들로 하여금 앉아 있게 하다니요. 하나님 앞에서 기도할 때는
모두 서 있어야 합니다."

그 말을 듣고 나는 황급히 대답했습니다.

"잘 알겠습니다. 내일은 모두 서서 기도하도록 하겠습니다."

다음 날 강연을 마치고 다시 청중들에게 기도해도 되겠냐고 물었습니다. 그들은 허락했고, 나는 그들에게 모두 자리에서 일어설 것을 요청했습니다. 그런데 인도에서는 집회가 끝나고 일어설 때마다 자신들의 조국을 위한 구호를 큰 소리로 외치는 것이 관습이었습니다. 그래서 그들이 기도하려고 일어섰을 때, 청중들 사이에서 엄청난 함성의 물결이 밀려들었습니다. 그들은 함께 소리쳤습니다.

"반데 마타람(Bande Mataram)!"

"마하트마 간디 키 자이(Mahatma Gandhi ki jai)!"

이 구호는 "어머니 조국, 만세!"와 "간디 만세!"를 각각 뜻합니다. 그날 청중들은 나의 복음적인 호소와 기도 사이에 조국을 위한 구호를 외쳤습니다. 얼마나 아름다운 조화입니까? 왜인지 이유는 모르겠지만, 나는 그들의 구호와 외침이 전혀 귀에 거슬리지 않았습니다. 조금 조용해지자 나는 아무 일 없었다는 듯 기도하기 시작했습니다. 이러한 조화와 상호 관용이 없다면 인도는 그 무엇도 아닙니다. 인도에는 생활과 종교가 아름답게 융화되어 있습니다. 나는 그대로의 인도가 좋았습니다.

집회를 정리할 때 나는 "이렇게 큰 집회에서 이 많은 청중들을 모을 수 있는 기회가 앞으로 없을지도 모르니, 도시의 지도자급

인사들과 함께 원탁회의를 가지면 어떻겠습니까?" 제안했습니다. 그들은 이에 찬성했고, 다음 날 우리는 국립학교에서 모임을 가졌습니다. 나는 신발을 벗어 한쪽에 두고는 그들과 함께 바닥에 가부좌를 하고 앉았습니다. 그들 중 몇몇은 가두행진을 하고 왔다는 것을 금세 알아챌 수 있었습니다. 왜냐면 그들은 '현 정부에 세금을 내지 맙시다', '기뻐하며 감옥으로 갑시다', '약한 눈물이 강한 벽을 허물 것입니다'라고 적힌 띠를 두르고 있었기 때문입니다.

어떤 사람은, 모든 것이 급박하게 돌아가고 있는 범국가적인 위기상태에서 나의 기독교적 메시지에 대해 인도사람들이 아무런 영적 반응을 보이지 않을 것이라고 생각할지도 모릅니다. 인도에서는 정말로 심각한 투쟁이 진행 중인 상태였습니다.

"그렇기 때문에 그들에게서 아무 반응이 없었던 것은 아니었을까요?" 혹자는 이렇게 말할 수도 있지만 그렇지 않습니다. 오히려 우리의 생각과는 정반대로, 그들은 아주 민감하고도 영적으로 반응했습니다.

한 마디만 덧붙이겠습니다. 나는 무력을 동원하여 전쟁에 참여하는 사람들의 영적 본성과 수동적인 비폭력 저항을 하는 사람들의 영적인 본성이 어떻게 변화하는가를 보고 너무도 놀란 적이 있습니다. 물론 주목할 만하고 특징적인 예외도 많이 있지만, 물리적인 힘이 작용하는 전쟁에 참여하는 사람들이 난폭해진다는 것은 누구나 아는 바입니다. 시간이 지나면서 더욱 철저하게 난폭해지는 것이 일반적입니다.

반대로 간디와 함께 자신을 내던지고 그 뜻을 함께하는 사람들은 그러한 비폭력적인 싸움의 과정을 통해 오히려 더 영적으로 변해 가고 있다는 사실을 발견할 수 있었습니다. 도덕적 가치에 대한 그들의 이해는 점점 더 깊어지고, 그들은 이전보다 더 자발적으로 자기를 희생하고자 하였습니다. 그 운동에 참여한 사람들 각자의 인성은 이제 이 세상 어떤 시련에도 침해받지 않을 정도로 견고해졌습니다.

나는, 서양에서 유래한 정부체계에서 벗어나 자치 독립국가를 이루기 위해 자신의 모든 것을 내놓고 싸우겠다는 의지에 가득 찬 사람들 앞에 앉아 있었습니다. 그러나 그들 속에서 나에 대한 미움은 찾아볼 수 없었고, 오직 고매하고도 도덕적이고 영적인 겸허함과 풍부한 감성만이 그들에게 존재할 뿐이었습니다.

나는 그들에게 나의 주님에 대해 이야기했습니다. 논의가 한창 진행되던 중 나는 '인도의 길을 걷고 있는 예수(Christ of the Indian Road)'라는 표현을 사용했습니다. 그때 이후부터 인도사람들은 이 말을 자주 인용하곤 했습니다. 이 말을 통해 그들은 많은 상상을 할 수 있었습니다. 예수 그리스도는 아주 친밀하게 그들의 친구가 되어 주었습니다.

이제 예수 그리스도는 먼지 흩날리는 인도의 길을 걸어와서 우리와 함께 바로 그 자리에 앉아 있는 것 같았습니다. 그 인도의 여명이 밝아 오는 고요 속에서 말입니다. 우리는 인도와 인도에 필요한 것에 대해 함께 토론했습니다. 인도는 내게 타국에 와 있다는 느낌을 주지 않았습니다. 사실 나에게 있어서 더 이상 인도는 타국이 아니었기 때문입니다.

나는 서양에서 태어났고 서양을 여전히 사랑하지만, 이제는 인도가 내 고향이 되었습니다. 인도 민족이 내 민족이고 인도의 문제가 곧 내 문제였으며, 인도의 미래는 나의 미래였습니다. 인도를 구세주의 품으로 돌아오게 할 수만 있다면, 나는 기꺼이 인도의 모든 죄를 짊어지고 갈 결심을 하고 있었습니다. 나는 그들에게 나를 인도의 양자로 생각해 달라고 간청했습니다. 그리고 그들에게 말했습니다.

"형제여, 우리가 이 6천만 명의 불가촉천민들과 함께 할 수 있는 일이 무엇이겠습니까? 그들은 우리 국가의 멍에를 짓누르고 있는 무거운 짐입니다. 우리가 그들을 들어 올리지 않는다면 인도는 결코 강해질 수 없을 것입니다. 우리가 무엇을 해야 할까요?"

이때 생각이 깊은 한 힌두교도가 일어서서 말했습니다.

"그들을 들어 올리자면 예수 그리스도가 있어야 합니다."

인도의 저물어 가는 저녁노을을 만끽하고 있던 우리 모두는 그의 말이 옳다는 것을 알았습니다. 그리스도만이 그들을 질곡으로부터 이끌어낼 수 있습니다.

그러나 우리 중 몇몇은 여기서 한 걸음 더 나아가, 우리 또한 거기에 포함되어야 한다고 생각하고 있었습니다. 우리를 질곡으로부터 이끌어 내실 분도 예수 그리스도입니다. 우리도 예수 그리스도가 필요합니다. 그렇게 생각한 사람들은 이미 예수 그리스도를 따르고 있는 사람들만이 아니었습니다.

인도인은 아주 종교적인 사람들입니다. 이 영적인 충만함이 예수 그리스도의 역사하심과 함께 이루어진다면, 그 열매는 엄청날 것입니다. 한번은 세인의 존경을 받고 있는 힌두교도가 "정부에서 박람회를 개최하려는데……." 하며 내게 말을 건네 왔습니다.

그것은 미국의 주(州) 박람회(County Fair)와 흡사한데, 전시회도 하고 농작물 전시관, 경마, 놀이시설과 스포츠, 레슬링 게임 등을 프로그램에 포함시키는 대규모 행사입니다. 말을 시작한 그는 몇 가지 설명을 덧붙였습니다.

"행사 자체의 프로그램은 다 좋은데 종교적인 행사가 빠져 있습니다. 당신이 와서 종교적인 행사를 인도할 수 있을지 알아보러 왔습니다."

내가 무엇을 했으면 좋겠느냐는 질문에 그는 이렇게 답했습니다.

"정부가 제공하는 집회장소에서 강연을 해 주셨으면 합니다."

나는 숨이 가빠왔습니다.

'관료들이 일하는 정부가 제공하는 집회장소에서 강연을 할 수 있다니!'

그것이 정말 가능한지, 다시 한 번 알아봐 달라고 그들에게 부탁했습니다. 잠시 후 그들은 분개하며 돌아왔습니다.

"정부가 제공하는 집회장소에서 연설하는 것은 자칫 정부가 당신의 종교를 후원하고 있다는 인상을 줄 수 있기 때문에 안 된다고 합니다. 하지만 타이어와 같은 임시 자리가 많이 설치되어 있는 레슬링 경기장에서는 집회를 할 수 있다고 하더군요. 레슬링 경기장에서 종교적인 행사를 한다는 것이 말이 되는 소리입니까? 정부가 제공하는 집회장소가 아니라면 차라리 집회를 하지 않는 것이 낫습니다."

결국 우리는 집회를 열지 못했습니다. 그러나 그들과 이야기를 나누면서 인도가 예수 그리스도를 진심으로 받아들이게 되면 그리스도를 삶의 한 귀퉁이로 내몰지는 않을 것이라는 생각이 들었습니다. 예수 그리스도가 바로 정부의 자리에 앉아서 그들을 새롭게 인도하고, 그들 모두의 영혼을 소유할 것이란 생각이 들었습니다.

지금의 이 안식년 휴가를 떠나기 전날 밤, 나는 아주 열정적인 비기독교인들에게 연설을 하고 있었습니다. 집회의 마지막 날이었는데, 나는 청중들에게 예수 그리스도를 향한 자신의 마음을 결정할 때가 바로 지금이라고 요청했습니다. 갑자기 집회장소에 커다란 긴장감이 감돌았습니다. 청중들에게 한창 호소하고 있는데, 한 힌두교도가 나를 제지하더니 이렇게 말했습니다.

"잠시만요, 선생님. 당신은 지금 우리들에게 기독교인이 되라고 요청하고 있습니다. 이 요청을 계속하기 전에 먼저 저는 미국에 있는 인도인의 권리에 대한 선생님의 견해를 듣고 싶습니다. 예수 그리스도를 따르라고 말하기 전에 먼저 이 문제에 대한 선생님의 견해를 말씀해 주십시오."

나는 잠시 강연을 중단하고 이 문제에 대한 나의 생각을 말해야만 했습니다. 나는 그에게 우리 중 일부가 어떻게 미 국무부의 결정에 반대하는 문서에 서명했는지, 이를 포함한 여러 가지 입장을 말해 주었습니다. 그는 내 답변에 만족해하는 듯이 보였습니다.

그러나 이것을 기억하시기 바랍니다. 나의 호소를 끝내기 전에 나는 먼저 전 세계에서 일어나고 있는 인종차별의 문제에 대해 자신의 입장을 바로 세워야 했습니다. 이 문제에 대한 확고한 입장 표명과 적절한 결정 없이는 더 이상 한 발자국도 나아갈 수 없었습니다.

여러분은 지금 내가 열어놓은 작은 창문을 통해 복음의 기회가 얼마나 놀랍게 전개되었는지 볼 수 있었을 것입니다. 그렇게 엄청나고 도전적인 복음전파의 기회는 지금까지 없었습니다. 그러나 우리는 이러한 인종차별과 독립주권의 문제에 대해 개인 입장을 올바로 세우지 않고서는 어떠한 도덕적 또는 영적 권위를 가지고 나아갈 수 없으며 대처할 수도 없음을 알아야 합니다.

다음 장에서는 이것에 대해 이야기하고자 합니다. 솔직히 다루고 싶지 않은 내용이지만, 아시아 복음화의 성패는 아시아 여러

국가들에 대한 우리 기독교인들의 태도에 달려 있다고 해도 과언
이 아닙니다.

chapter 6

우리 앞에 놓인 심각한 선교의 장애물들

간디는 엄숙하고도 진지한 자세로 말했습니다.

첫째, 우선 당신네 기독교인들과 선교사들을 포함한 모든 서양인들이

오늘부터 예수 그리스도처럼 살아가도록 하십시오.

둘째, 당신들은 반드시 당신네 종교의 가르침대로 살아야 합니다.

품위를 떨어뜨리는 행동을 하지 말고 타협을 하지 말 것을 제안합니다.

셋째, 나는 당신들이 사랑을 강조해야 한다고 생각합니다.

사랑이야말로 기독교 정신의 중심이기 때문입니다.

넷째, 당신들이 비기독교 종교와 문화를 좀더 열린 마음을

가지고 공부해야 한다는 것입니다.

백인들이 갖는 '우월성'은 전혀 기독교적이지 않다

백인이 아시아인보다 우월하다는 백인들의 거만한 태도는 인도인
의 자존심에 심각한 상처를 주었습니다. 우리가 인도를 섬기기
위해 왔다면, 우리는 반기독교적인 우월성에서 벗어나 인도를 지배
하고자 하는 서양의 모든 계획에서 발을 빼야 합니다.

서양에 대한 인도인의 태도를 이해하기 위해서는, 우리는 먼저
밀러(H. A. Miller) 교수가 '억압적 강박증(oppression psychosis)'
이라고 지칭한 현상이 인도에 만연하고 있다는 사실을 기억해야
합니다. 밀러 교수가 정의한 바에 의하면, '억압(oppression)'이란
한 단체가 다른 단체를 정치적으로, 경제적으로, 문화적으로 지배
하는 것입니다. 한 측면만을 지배할 수도 있고 다른 측면도 모두
지배할 수 있습니다. 그리고 '강박증(psychosis)'이란 '지속적으
로 화가 나 있는 정신적인 상태로, 특히 한 단체가 다른 단체를 지
배하는 상황에서 만들어지는 정신상태'를 의미합니다.

인도인은 그들이 문화적으로, 경제적으로, 정치적으로 서양에 의해 지배받고 있다고 생각하고 있습니다. 그 결과로 '억압적 강박증'이 나타나게 된 것입니다.

현재 인도의 일각에서 일고 있는 서양에 대한 날카로운 비판의 목소리는 의심할 여지 없이 이러한 강박증에서 비롯된 것입니다. 현재로서는, 인도인들이 서양에 대해 어떤 좋은 면을 찾는다거나 그것에 감사한다거나 또는 그것을 인식한다는 것 자체가 심리학적으로 거의 불가능하다고 할 수 있습니다. 실제로 인도인들이 서양으로부터 도움을 받은 것이 있을지 모릅니다. 그러나 그들이 스스로 인도인이라고 자각하고 있는 이상, 그들은 서양으로부터 지고 있는 빚을 인정할 수 없습니다.

나는 미국에서 실시되고 있는 모든 교육과 훈련을 받으며 미국에 살고 있는 인도 학생들을 많이 알고 있지만, 그들이 스스로 인도인임을 자각하고 있는 이상, 그들 중 어느 누구도 미국이나 미국문명의 장점에 대해 말하거나 인정하는 것을 보지 못했습니다. 가끔씩, 아주 잠시 그들이 인도인이라는 사실을 잊고 있을 때 그들은 미국의 장점을 하나라도 발견하게 되는 것이었습니다.

인도가 이 '억압적 강박증'으로부터 자유롭지 못하다면, 다시 말해서 인도가 정치적으로 자치 정부로 운영되지 않는다면, 인도는 결코 자유롭고 솔직하게 서구문명이나 교회로부터 무엇인가를 받아들이지 못할 것이라 생각합니다.

전반적으로 영국은 인도에게 바람직한 정치형태를 제공하고 있다고 할 수 있습니다. 그러나 인도인들 스스로가 자유로운 민족이라고 느끼지 못한다면, 그들은 결코 서구문명에 대해 솔직하고도 균형 있는 평가를 내리지 못할 것입니다.

지금 인도인들이 예수 그리스도를 받아들이는 까닭은, 서양과 예수 그리스도를 분리해서 생각하기 때문입니다. 그러나 인도인들은 교회와 선교사로부터 예수 그리스도를 분리해서 생각하고 있지는 않습니다. 그리스도로부터 교회와 선교사들을 분리시킨다는 것은 생각만큼 쉽지 않은 일이기 때문입니다. 그러나 여기에 한 가지 가능성이 있습니다. 가장 최선의 방법은 인도에서 사역하는 선교사들이 서구문명으로부터 자신들을 단절시키고, 서구의 영향력으로 선교하겠다는 생각을 버리는 것입니다.

말하자면, 이제 그들의 삶과 노력이 인도에 흡수되어서 더 이상 어떤 지배자의 위치나 영향력에 기대지 않고, 친구나 형제로서 봉사하고 섬기며 자신의 임무를 수행하는 것입니다. 한 사회사상가인 힌두교인 지도자가 내게 이렇게 말한 적 있습니다.

"지금 우리가 평가하기에, 서구문명이 지금처럼 퇴조 기미를 보였던 적이 없습니다. 그렇지만 당신네 선교사들이 지금처럼 모든 사람들로부터 드높은 존경을 받은 때도 없었습니다. 당신들은 우리를 착복하러 온 것이 아니라 우리를 섬기기 위해 왔다는 것을 우리는 알고 있습니다."

만약 우리가 인도를 섬기기 위해 왔다면, 우리는 지배하고자 하는 서양의 모든 계획으로부터 발을 빼야 합니다. 서구문명에 대한 인도인의 일반적인 비판에 보다 잘 대응하기 위해서, 우리는 먼저 이 강박증을 염두에 두고 있어야 하며, 또한 그것의 실체를 인정하고 인내심을 가져야 할 것입니다.

그러나 이것 때문에 우리가 선교활동을 포기한다면 그것은 참으로 어리석은 일이 아닐 수 없습니다. 이 '억압적 강박증'은 존재하고 있다는 그 의미 자체로 보면 매우 적절한 선교 기회를 제공합니다. 이 강박증은 의도적인 정부정책에서 나온 것이라기보다 백인과 아시아인이 늘 대하듯, 필연적인 만남에서 온 것입니다.

더 정확히 말하자면, 이런 생각은 백인이 아시아인보다 우수하다는 것을 당연시하는 거만한 태도에서 비롯된 것입니다. 이런 요소들이 인도인의 자존심에 심각한 상처를 주고 있으며, 모든 인도인들은 이러한 상처에 대해 너무나 잘 알고 있습니다.

만약 인도인들이 이러한 백인들의 태도를 통렬히 비난하며 서양을 고발한다면, 이것은 우리가 유지하고 있는 이 거만한 태도가 반기독교적인 행위라는 사실을 그들이 알고 있음을 반증하는 것입니다. 우리는 이 사실을 기억해야 합니다. 인도인들은 백인들의 이러한 거만한 태도가 전혀 기독교적이지 않다는 것을 이미 알고 있다는 사실을 말입니다.

모든 것을 예수 그리스도에게 집중시킬 때, 우리가 당면하고 있는 모든 문제가 명확하게 해결점을 찾게 되고, 또 인도에서 우리가 사역하고 있는 모든 일에 새로운 생명을 불어넣게 된다 해도, 우리에게 돌아오는 것은 아주 혹독한 비판뿐이라는 사실도 기억해야 합니다. 인도인은 결국, 예수 그리스도의 투명한 관점에서 우리를 비판할 것입니다. 그들은 진정한 기독교인이 되는 것이 어떤 것인가에 대해 명확히 이해하고 있습니다. 그리고 그것을 기준으로 우리를 비판할 것입니다.

우리는 다른 시대와 풍토에서 만들어진 각기 다른 문명에서 비교적 잘 적응해 오며 살아왔다고 할 수 있습니다. 그러나 전혀 다른 인도라는 문명권에서, 그것도 예수 그리스도의 정신과 요구라는 관점에서 그들의 비판을 받는 것은 전혀 다른 문제입니다.

'기독교적인 사람'이라는 말은 최상의 칭찬

인도인들은 '기독교인'이라면 단지 기독교 공동체의 일원으로 봅니다. 그러나 누군가 자신을 '기독교적인 사람'이라고 불러주면 최상의 칭찬으로 여깁니다. 그것은 예수 그리스도의 영혼을 가졌다는 의미이기 때문입니다.

인도의 청중에게 이야기할 때, 나는 종종 남아프리카에 있는 교회의 사례에 대해서 언급하곤 했습니다. 남아프리카의 교회 정문에는 '아시아인들과 호텐토츠(Hottentots, 남아프리카의 원주민)들은 들어올 수 없다'는 팻말이 세워져 있습니다. 어떻게 마하트마 간디와 같은 사람들이 이 교회에 들어갈 수 있겠습니까? 그는 '아시아인'입니다. 나는 그 일화를 예로 들면서 이렇게 말을 끝내곤 했습니다.

"아시아인은 남아프리카의 교회에 들어갈 수 없었습니다. 그렇다면 우리 주님도 그 교회에 들어갈 수 없습니다. 우리 주님도 아시아인이었기 때문입니다."

그렇게 말하고 나면, 인도 청중들은 대부분 남아프리카의 교회를 냉소적으로 판단하는 얼굴 표정을 짓게 마련입니다. 인도 교회에서도 불가촉천민들에 대한 비슷한 차별이 있습니다. 그러나 대부분의 청중들은, 낮은 카스트계급이나 불가촉천민들이 어떤 인종차별적인 팻말의 강제성에 의해서가 아닌, 인도의 관습과 힌두교의 종교적 교리 때문에 그들의 성전 출입이 금지되어 있다는 것쯤은 알고 있습니다.

그렇습니다. 인도인들은 매사를, 인도 종교를 기준으로 판단합니다. 그러나 우리 서양인에 대해서는 예수 그리스도를 기준으로 판단하고 있습니다. 그들은 우리가 고백하는 종교, 우리가 따르겠다고 공언한 예수 그리스도를 기준으로 우리를 판단하고 있는 것입니다. 그들은 정말 그럴 권리가 있습니다. 나는 개인적으로 그들이 그렇게 하는 것을 고맙게 생각하고 있습니다. 그들의 구원뿐 아니라 우리의 구원도, 우리가 과연 예수 그리스도의 마음과 목적에 신실했는가에 달려 있음을 그들이 알려 주고 있기 때문입니다.

한 저명한 인도 지도자가 하루는 나에게 이렇게 말했습니다.

"만약 당신이 우리 인도사람 중 한 명을 '기독교적으로 사는 사람'이라고 부른다면 그는 칭찬을 받았다고 생각할 것입니다. 그러나 당신이 그를 '기독교인'이라 부른다면 그는 아주 기분 나빠할 것입니다."

이 통찰력 있는 언급에서 우리는 지금 인도의 상황이 어떻게 돌아가는지 대략 알 수 있을 것입니다. 여기서 그냥 '기독교인'이라 명명하는 것은 그가 인도인이건 유럽인이건 관계 없이 그를 기독교 공동체의 일원으로 보는 것을 의미합니다. 이것은 별 가치가 없습니다. 그러나 그를 '기독교적인 사람' 혹은 '그리스도처럼 사는 사람'이라고 부르는 것은 더할 나위 없이 그를 최상으로 칭찬하는 것입니다. 인도인들에게 '기독교적인 사람'이 된다고 하는 것은 예수 그리스도의 영혼을 가졌다는 것을 의미합니다.

아주 어린 힌두교인 여자아이에게 '진정한 그리스도인'은 과연 누구냐고 물었을 때 그 아이는 '다른 모든 사람과 구별되는 사람'이라고 정의했습니다. 이 어린 여자아이는 그리스도인의 진정한 의미를 정확히 알고 있었던 것입니다.

그러나 많은 기독교인들이 사실은 '진정한 그리스도인'이 아닙니다. 큰 도시에 사는 어느 힌두교인이 나에게 말했습니다.

"만약에 당신이 이 도시에 사는 수많은 기독교인 중에 진정한 그리스도인을 내게 보여 준다면, 나는 기독교인이 되겠습니다."

과장되었다고요? 예, 그럴지도 모릅니다. 그러나 그 사람이 의도한 진정한 의미는 충분히 전달되었다고 생각합니다.

힌두교를 믿는 한 학교 선생이 하루는 내게 이런 말을 했습니다.

"나는 여기에서 유럽인들이 어떻게 살아가고 있는지 너무나 잘 알고 있지만 그럼에도 불구하고 기독교인이 되고 싶습니다. 제가 보기에 그들은 두 가지를 정말 싫어하더군요. 그것은 바로 종교와 맹물이지요."

그가 말하는 물은 목욕하기 위한 물을 말하는 것이 아닙니다. 그냥 마실 수 있는 물을 말하는 것입니다. 그들이 맹물을 싫어하고 알코올만 좋아한다는 뜻입니다!

이 동양 나라에서는 이런 이야기가 공공연하게 떠돌고 있습니다. 거의 모든 유럽의 식민주의자들이 아시아 여러 나라에서 그 지역 여자를 첩으로 둔다는 소문입니다!

유럽인들은 인종차별적이지만, 욕망을 채우기 위해서는 다른 인종의 여자도 상관하지 않는다는 비난입니다!

기독교인이면서 전쟁을 그만두는 방법을 배우지 못했는가

"당신의 정부에는 부패가 없습니까?"
"미국에서 당신네들은 흑인을 고문하지 않습니까?"
"아직 전쟁을 그만두지 못하는 당신네들은 기독교를 그 정도밖에 이해하지 못합니까?"
이 질문들이 미움이나 원한에서 비롯된 말이 아님을 우리는 기억해야 합니다.

어느 도시에 잠시 머물 기회가 있었는데, 그곳에서 머무는 동안 유럽인 2명이 그 도시에서 결투를 벌이다 둘 다 죽는 사태가 벌어졌습니다. 힌두교인들이 선한 마음에서 그 둘을 묻어 주었습니다. 그리고는 죽은 영혼에게 무엇을 선물하면 좋을까 생각하다가, 그들은 결국 두 사람 무덤에 담배 한 상자와 위스키 한 병을 놓아주었다고 합니다. 살아생전 좋아하던 것을 죽어서도 좋아할 것이라 생각했기 때문입니다.

선교활동에 방해가 되는 것은 단지 이런 몇몇 유럽인들의 잘못된 생활 때문만은 아닙니다. 전 세계가 이제는 기독교에 대한 부정적인 정보를 속삭이는 관객이 되었고, 인도도 그들 가운데에서 그들이 하는 말을 주의 깊게 듣고 있습니다.

고향으로 돌아온 이후로 나도 몇 번 방송을 한 적이 있습니다. 이 방송들은 녹음이 되었습니다. 하지만 수백 수천 마일 밖의 어두컴컴한 구석에서조차 사람들이 조그마한 레코드를 통해 나의 대담 프로를 다시 듣고 있다고 생각하면 소름이 끼칩니다. 이러한 일들이 더 광범위한 파급 효과를 일으키고 있습니다.

우리 미국의 입법부에서 결정하고 있는 일들, 혹은 그들의 인종차별적인 정책결정 등이 삽시간에 전 세계로 방송되고 있습니다. 그들이 어떤 결정을 내리면 그 결정은 커다란 스피커를 통해서 전 세계의 청중들에게 순식간에 방송됩니다. 지금부터 내가 전할 메시지도 아주 큰 스피커를 통해 들으시기 바랍니다.

어느 날 나는 원탁회의 석상에서 신실한 민족주의자들 가운데에 조용히 앉아 있었습니다. 내가 먼저 말을 꺼냈습니다.

"나의 형제들이여, 나는 여러 밤에 걸쳐 예수 그리스도에 대해 여러분에게 이야기하였습니다. 당신들은 왜 그를 받아들일 수 없는지 솔직히 마음을 터놓고 이야기해 주었으면 합니다. 나를 염두에 두고 말하지 마십시오. 그냥 솔직히 말해 주셨으면 합니다."

이때 한 힌두교인이 일어나서 물었습니다.

"선생님은 지금 우리에게 기독교인이 되기를 요청하고 계신데, 이 자리를 빌어 선생님께 한 가지 질문을 드리고자 합니다. 선생님의 나라에서 기독교인들이 어떻게 생활하고 있는지 물어봐도 되겠습니까? 워싱턴에 있는 당신의 정부에는 부패가 없습니까?"

그 사람이 이렇게 말한 데는 이유가 있습니다. 당시 워싱턴에서 석유와 관련된 부정사건이 폭로되었기 때문입니다.

또 다른 사람이 아주 곤혹스러운 질문을 했습니다.

"미국에서 당신네들은 흑인을 고문하지 않습니까?"

또 다른 사람이 일어났습니다.

"당신들은 수세기 동안 기독교를 믿어왔고 또 예수 그리스도를 평화의 왕이라고 고백해 왔지만, 그럼에도 불구하고 당신들은 아직 전쟁을 그만두는 방법을 배우지 못했습니다. 당신네들은 기독교를 그 정도밖에 이해하지 못합니까?"

그들이 이런 말을 할 때 그것은 미움이나 원한에서 비롯된 말이 아님을 기억해야 합니다. 오히려 동정심과 걱정에서 이런 말을 하는 것입니다. 세계의 다른 쪽에서 아주 큰 스피커를 통해 큰 소리로 외치고 있다는 사실을 기억해야 합니다.

또 한번은 이런 의미심장한 경험을 한 적도 있습니다. 한 힌두교인 여자아이의 세례 문제를 두고 주민들이 폭동을 일으킬 뻔했던 도시로 갔을 때 벌어진 일입니다. 우리가 그 도시로 갔을 때는 이미 주민들의 성토대회가 열린 후였고, 도시는 커다란 혼돈 속에 있었습니다.

우리는 불안과 분노로 가득 찬 분위기 속에서 집회를 열었습니다. 과연 얼마 만큼의 사람들이 집회에 참석할지 걱정이 태산 같았습니다. 그런데 놀랍게도 엄청난 군중이 몰려와, 정중한 자세로 우리의 강연을 흥미진진하게 듣는 것이었습니다.

마지막 날 밤에는 예수 그리스도를 통해 새로운 삶을 찾고자 하는 신실한 사람들로 강당이 가득 찼습니다. 예수 그리스도에게 자신을 맡기라고 이야기하고 있는 찰나에 다음과 같은 일이 발생했습니다. 군중 저 뒤편에서 한 사람이 일어나 질문을 던졌습니다.

"선생님은 KKK(Ku Klux Klan, 미국의 인종차별주의자 단체)에 대해서 어떻게 생각합니까?"

KKK란 단체에 대해서 처음 들었던 것은 4년 전이었지만, 내가 가지고 있는 정보는 미미했습니다. 그러나 서방 세계의 소식이 거의 전해질 것 같지 않은 이 인도의 외딴 도시에서도 그 큰 스피커는 작동되고 있었고, 미국에서 활동하고 있는 KKK의 존재는 우리의 간증과 메시지를 부끄럽게 만들었습니다.

내가 아는 사람들 중에도 KKK에 가담한 친구들이 있고 또 그들은 겉으로 보기에는 신실하고 성실한 사람들입니다. 그러나 그들은 종교적인 모임을 표방하고 있었고, 또 모임을 가질 때마다 가운데 십자가를 내걸고 있었기 때문에, 그들이 가지고 있는 인종차별적인 태도가 우리를 심히 당혹하게 했습니다. 미국 지역문제를 다루기 위해 부수적으로 다루어지던 사소한 말들조차 이제는 큰 스피커를 통해 전 세계에 울려 퍼지고 있습니다. 또 이런 일로 인해서, 인도에 전하고 있는 우리의 복음 메시지가 심각한 타격을 받고 있습니다.

인종차별적인 미국의 '이민법'에 대하여

잘못된 이민법을 당장 폐지하는 것이 백 명의 선교사를 동양에 내보내는 것보다 더 가치 있다고 말하는 사람들도 있습니다. 기독교인인 우리가 다른 나라로부터 대우받고 싶은 만큼 우리도 다른 나라를 적절히 대우해야 합니다.

～⁓ ⁓～

지금 전 아시아에 가장 큰 이슈로 떠오르고 있는 것은, 최근 미국 의회에서 통과시킨 무분별하고 반기독교적인 이민법*에 관련된 문제입니다.

미국 의회가 성급히 이민법을 제정하면서, 어떤 심각한 일을

---

*흔히 '존슨-리드 법안(Johnson-Reed Act)'으로 알려져 있는 아시아인들에 대한 차별적인 미국의 이민법을 말한다. 1924년에 통과된 이 법안은 미국 이민이 가능한 국가를 제한하는 내용을 담고 있다. 1924년의 미국 인구를 기준으로 그 분포도에 따라 이민을 받을 수 있는 나라의 이민자수를 제한하는 것을 골자로 한다. 따라서 이 법안은 이미 미국으로 이민 왔던 북유럽의 국가들에 대해서는 이민을 장려하는 한편, 아시아인의 이민을 원칙적으로 봉쇄하겠다는 인종차별적인 의도를 가지고 있었다. 이 이민 법안은 1965년에 명목상 폐지되었다.

저질렀는지 이제라도 알았으면 좋겠습니다. 그 법안이 통과되기 전까지만 해도, 미국은 동양의 모든 국가로부터 도덕적인 지도력을 인정받고 있었습니다. 미국인이라는 사실만으로도 도덕적인 자산이 되던 때가 있었습니다.

일본에서 대지진이 일어난 후, 우리가 너그러운 마음으로 일본을 도와준 것에 대해 일본인들은 매우 감사해하고 있었습니다.*

중국도 배상금 문제와 전통적인 우호관계 때문에 미국을 친구 이상으로 생각하고 있었습니다. 인도는 윌슨 대통령의 이상주의와 필리핀제도에 자치정부를 세우는 일에 동참했던 미국의 행동에 감동받고 있었습니다. 아무 이해관계도 없는 미국인들이 페르시아가 재정적으로 자립할 수 있도록 도와주었다는 사실만으로도 페르시아에서 미국은 사랑과 존경을 한몸에 받았습니다.

한번은 페르시아에서 이런 일도 있었습니다. 그때 나는 바그다드에서 우연히 시리아 난민들과 함께 있게 되었습니다. 그들은 쿠르드족의 공격을 피해서 페르시아의 우루미야 지방에서 도망쳐 나온 사람들이었습니다. 지금 내가 차고 있는 시계는 바로 이때, 한 시리아인이 선물로 준 것입니다. 나는 그 시리아인들이 곤경에 처해 있을 때 그들을 도와준 적이 있었습니다. 그는 감사의 표시로 내게 자신이 차고 있던 시계를 주었던 것입니다.

그러나 이것은 다른 시리아인들이 그들의 목숨을 구하기 위해

*1923년에 일어난 관동대지진과 미국의 지원을 말한다.

페르시아에 있던 미국 선교사의 숙소로 피난했을 때, 그들이 느꼈던 감사에 비하면 아무것도 아닙니다. 당시 쿠르드족은 그 피난민들을 죽이기 위해 선교사 숙소로 쳐들어 왔었는데, 그곳 숙소 현관에는 성조기가 걸려 있었습니다. 그 깃발이 무엇인지 알지 못한 쿠르드족 우두머리가 그것이 미국 국기인 성조기라는 설명을 듣고는 성조기를 내걸었던 선교사를 그 앞에 불러들였습니다. 그 선교사는 말했습니다.

"이것이 성조기입니다. 그리고 나는 이 성조기의 이름으로, 이 난민들을 여기서 보호할 것을 천명하는 바입니다."

잠시 생각에 잠겨 있던 우두머리는 그의 부하들을 향하여 후퇴 명령을 내렸다고 합니다. 시리아인들은 성조기 덕분에 보호를 받았고 목숨을 건질 수 있었습니다. 그 난민들은 너무나 기쁜 나머지 그들의 목숨을 구해 준 성조기에 입을 맞추었다고 합니다. 이것이 세계대전이 끝날 무렵 그리고 그 이후에도, 동양에서 성조기가 상징하는 의미였습니다.

그러나 이 모든 것이 한순간에, 바로 그 이민법 때문에 우리는 지금까지 가지고 있던 도덕적 지도력을 포기해야 했습니다. 그리고 이것이 마치 일본에서만 일어나고 있는 일처럼 생각하고 있는 것이 문제였습니다. 사실 인도와 중국에서도 우리는 같은 처지에 놓여 있는 데 말입니다.

내 말을 오해하지 말기 바랍니다. 나는 미국이 이민의 문호를 개방해서 이민자가 막무가내로 늘어나는 것을 지지하고 있는 것이 아닙니다. 지금 내가 주장하고 있는 것은 지난 미국교회협의회(Federal Council of Churches of America)와 지난해 감리교회총회에서 통과된 바 있는 이민에 대한 결의서에도 자세히 다루어지고 있습니다. 그 결의서는 다음과 같이 규정하고 있습니다.

"우리는 미국으로 이민할 수 있는 기준을 강화하는 것을 골자로 한 새로운 연방법이 모든 나라에 똑같은 기준으로 적용되길 원한다. 또한 이민 자격을 부여함에 있어 그들의 인종과 피부색, 국적에 관계 없이 법이 정한 그 기준에 맞는 사람이면 누구에게나 시민권의 특권이 주어지길 촉구한다."

이러한 결의문을 따른다면, 우리는 이민 기준을 가능한 강화함과 동시에 현재의 이민법이 내포하고 있는 인종차별적 요소를 극복하고, 이로 인해 초래되고 있는 다른 나라에 대한 자긍심에 대한 모독을 완전히 제거할 수 있게 될 것입니다.

만약 지금 통과된 이민법을 규정에 따라 모든 나라에 똑같이 적용해서, 1890년 인구조사를 기준으로 전체 미국 인구의 2%만이 미국으로 이민올 수 있다면, 일본인은 40명, 중국인은 1,240명 그리고 42명의 인도인이 매년 미국으로 이민오는 것이 가능합니다. 그러나 두 번째의 법규정에서는 다음과 같이 밝히고 있습니다.

"1927년 7월 1일부터 적용되는 이민쿼터제는 현재 미국 본토에 거주하고 있는 출신국가의 15만 명당 인구분포를 계산해서 적용되는데, 이때 기준이 되는 연도는 1920년 실시된 인구조사의 결과이다."

따라서 이 두 번째 규정에 의해 1927년 7월 1일부터 이민이 허용되는 일본인은 159명, 중국인은 87명, 인도인은 4명으로, 아시아로부터 총 250명만이 미국으로 이민을 올 수 있습니다. 이 숫자는 현재 1억 1,400만 인구가 살고 있는 미국에 어떠한 경제적 혹은 사회적 영향도 미치지 않을 것입니다.

사실 동양 사람들은 미국에 그렇게까지 이민가고 싶어하지는 않습니다. 나는 인도의 입법부 부장관을 만난 적이 있는데, 그 자리에서 다음과 같은 질문을 했습니다.

"우리가 만약 인도에게 할당 인원수에 비례해서 이민을 허용한다면, 실제로 이전보다 적은 수의 인도인들이 미국으로 이민을 가게 될 것입니다. 지금 현재 캘커타의 미국영사관의 심사에 따라 약 800명에서 900명 정도만이 이민을 허락받고 있습니다. 만약 쿼터제가 실시된다면 이민 가능자의 숫자는 거의 1/4로 줄어들 것입니다. 당신은 우리가 쿼터제를 근거로 해서 인도인의 이민을 허용하는 것이 잘못된 것이라고 생각하지 않습니까?"

그러자 그는 대답했습니다.

"우리는 얼마나 많은 사람들이 미국으로 이민을 가는지에 대해서 별 관심이 없습니다. 사실 우리는 그들이 이민을 가지 않기를 바랍니다. 그러나 만약 그들이 인도를 떠나야 한다면, 그들이 미국으로 갔을 때 국적 때문에 억울한 차별을 받지 않기를 바랄 뿐입니다."

더 심각한 문제는 250명이 넘는 사람들이 멕시코와 캐나다 국경을 넘어 몰래 미국으로 밀입국해 오고 있다는 사실과, 이에 대해서 아무런 규제도 하지 않고 있다는 것입니다.

우리는 멕시코와 캐나다 당국자들에게 이러한 불법적인 밀입국을 그만두게 할 어떠한 압력도 가하지 않고 있습니다. 왜냐하면 이 모든 문제를 있는 그대로 지적하고, 외교문제로 만든다면 너무나 많은 문제를 동반할 수도 있고, 또 그 두 나라가 밀입국을 막기 위한 어떤 조처를 취할 의도도 전혀 보이지 않고 있기 때문입니다.

미 의회의 단기적인 안목 때문에 문제는 더욱 악화되었고, 그 결과 우리는 전보다 이민 문제로 더욱 고심하게 되었습니다. 지금 나는 내 개인의 이익 때문에 혹은, 기독교 선교에 미치는 영향 때문에 이미 제정된 이민법을 완화하라고 주장하는 것이 아닙니다. 이렇게 주장하는 데에는 이유가 있습니다. 기독교인인 우리가 다른 나라로부터 대우받고 싶은 만큼 우리도 다른 나라를 적절히 대우해야 한다는 뜻입니다.

이 잘못된 이민법을 당장 폐지하는 것이 백 명의 선교사를 동양에 내보내는 것보다 더 가치 있다고 말하는 사람들도 있습니다. 그들의 예상이 부적절하다고 믿고 있지만, 여하튼 이 법 때문에 선교사들이 두 가지 진영으로 갈라지고 있는 것은 분명합니다. 한 그룹은 이민법이 폐지될 때까지 모든 노력을 기울일 것이고, 또 다른 그룹은 자신들이 미국인임에도 불구하고 현 주민들을 개종시키기 위해 노력할 것이라는 사실입니다.

백인들의 카스트제도가 더 혐오스럽다

인도의 카스트제도는 그들의 종교 전통에 따라 일정한 제재가 가해지지만, 우리 백인들의 카스트제도는 우리의 신앙과 정면으로 배치됩니다. 따라서 우리 백인들의 카스트제도는 더 혐오스러운 것이며, 반드시 비난받아야 마땅한 제도입니다.

나는 무거운 마음을 안고 동양으로 돌아갑니다. 아마도 나는 나를 입양시켜 준 나라로 돌아가서 나를 낳아준 나라의 사람들이 취하고 있는 태도에 대해 사죄해야 할 것입니다. 이 문제는, 대부분 대중집회 시간이나 질의응답 시간에 다시 거론될 것입니다. 뿐만 아니라 거의 모든 개인적인 대화에서 나는 이 문제에 부딪히게 될 것입니다. 그들은 아마도 내게 싸늘한 표정을 지을 것이 분명합니다.

미국 이민법의 제정으로 인해 우리는 큰 상처를 받게 되었습니다. 우리는 지금까지 친절함과 선한 의도로 동양의 여러 나라에 두 팔을 벌렸는데, 이 법이 그만 우리 두 팔을 부러뜨리고 말았습니다. 그러나 이를 통해 우리가 얻은 것도 있습니다. 그것은 우리 서구문명에도 정말 가치 있는 것이 하나 있다는 것, 그리고 우리를 구원해 주실 예수 그리스도를 우리가 섬기고 있다는 사실을 서양이 아니라, 아시아로부터 배웠다는 점입니다.

힌두교인들은 예수 그리스도가 사람을 판단할 때 인종이나 태생, 혹은 피부색으로 차별하지 않는다는 것을 알았습니다. 그들은 예수께서 사람을 사람으로 보았으며, 인격의 신성함을 믿었다는 것도 발견했습니다. 그들은 피부색으로 인종을 구별하지 않는 예수 그리스도께서 사람들에게 '신성한 인간성 안에서 모든 인종과 피부색은 극복될 수 있다'는 가르침을 전하고자 했다는 사실을 알게 된 것입니다.

이러한 인도인들의 발견이 우리의 도덕성을 예리하게 심판하고 있습니다. 한 인도인은 이 땅에 어떻게 백인이 존재하게 되었는지 내게 이야기해 준 적이 있습니다. 그는 다음과 같이 설명했습니다.

"하나님께서 하루는 모든 사람들에게 이렇게 말씀하셨습니다. '이제부터 나는 백인을 만들도록 하겠다. 백인이 될 수 있는 사람의 자격으로서 나는 그 사람이 다른 인종의 사람들을 얼마나 잘 대해 주었는지를 보도록 하겠다.' 그러자 일단의 무리들이 마치 그렇게 하기 싫은 듯 얼굴이 하얗게 질리고 말았답니다. 바로 그 사람들이 지금의 백인들입니다."

《흑인들의 책무 *The Black Man's Burden*》라는 책을 읽어보면, 내가 방금 들려 준 이야기가 얼마나 날카롭게 문제의 정곡을 찌르고 있는지 알게 될 것입니다. 앤드류스 선교사가 이런 글을 쓴 적이 있습니다.

"내가 잘 아는 한 힌두교인 신사가 이런 경고를 내게 했습니다. '선교사님, 지금 무슨 일이 일어나고 있는지 모르시겠습니까? 아무개 씨가 지금 인도에서 당신이 쌓아 올린 공든 탑을 모두 무너뜨리고 있단 말입니다. 그 아무개 씨가 우리 인도사람들을 '깜둥이'라고 부를 때마다 그 아무개 씨는 당신의 종교에 침을 뱉고 있는 것입니다. 당신네 기독교인들은 카스트제도가 죄라고 말하면서, 인도에서 오히려 자신들은 우월한 백인이고 우리 인도사람들은 얼굴이 검은 '깜둥이'라고 천시하고 있지 않습니까? 그것은 당신들이 만든 카스트제도가 아닙니까?"

나로서는 지금 우리가 건설하고 있는 백인 카스트제도와 인도의 본래 카스트제도 사이에 어떤 차이가 있는지 알지 못하겠습니다. 차이가 있다면, 백인들의 카스트제도는 피부색에 기초한 것이고 인도의 카스트제도는 혈통에 기초한 것이라는, 그 차이가 있을 뿐입니다.

이 두 제도 모두 우연한 탄생에 기초하고 있습니다. 둘 사이에 어떤 차이가 있다면 아마 이것일 것입니다. 인도의 카스트제도는 그들의 종교 전통에 따라 일정한 제재가 가해지지만, 우리 백인들의 카스트제도는 우리가 믿고 있는 신앙과 정면으로 배치되며, 따라서 반드시 지탄받아야 할 대상이란 점입니다. 따라서 이 두 가지 카스트제도 중에서 우리 백인들의 카스트제도는 더 혐오스러운 것이며, 반드시 비난받아야 마땅한 제도입니다. 어쨌든 이 두 가지 카스트제도는 반드시 없어져야 합니다.

인도의 통찰력 있는 원로 철학자인 바라 다다(Bara Dada)는 타고르 박사(Dr. Rabindranath Tagore)의 형제인데, 한번은 이런 판단을 내린 적이 있습니다. 저녁시간 함께 앉아서 오랜 시간 동안 이런 문제에 대해 이야기하는 중에, 그가 진지한 표정을 지으며 말했습니다.

"예수는 정말 이상적이고 멋진 분입니다. 그러나 당신네 기독교인들은 정말 전혀 그를 닮지 않았군요."

만약 우리가 예수 그리스도를 닮았다면, 우리가 정말 그의 영혼과 견해를 닮았다면 어떻게 되었을까요? 교육문제에 관한 주제를 가지고 인도 남부의 어느 도시에서 강연을 하고 있던 어느 힌두교인이 선교사들에게 이런 말을 하였습니다.

"여기 있는 청중들 중에는 기독교인들이 많이 있는 것 같습니다. 지금 내 연설은 종교에 대한 연설은 아니지만, 잠시 다른 말을 좀 하고자 합니다. 만약 당신네 기독교인들이 예수 그리스도를 닮은 생활을 한다면, 내일 당장 인도는 당신들 앞에서 무릎을 꿇을 것입니다."

그는 과장한 것이 아니라 진실을 이야기했습니다. 또 다른 힌두교인은 다른 방식이지만 더 분명하게 주장했습니다. 그는 집회가 열린 도시의 수석 재판관이었으며, 우리 집회의 의장이기도 했습니다. 연설 마지막 부분에 그는 청중에게 이렇게 말하였습니다.

"여러분들은 오늘밤, 그리스도인이 되는 것이 어떤 것인지 그 의미를 알게 되었습니다. 그리스도처럼 되는 것이 바로 이런 것이라면 여러분 또한 여러분의 삶 속에서 진정한 그리스도인이 되길 바랍니다."

그리고 그는 기독교인인 우리를 향해서 매우 진지한 목소리로 말했습니다.

"당신들에게도 할 말이 있습니다. 만약 당신네 기독교인들이 진정으로 예수 그리스도와 같은 삶을 살았다면 이러한 개종의 순간이 우리에게 훨씬 더 빨리 찾아왔을 것입니다."

물질주의 십자가에 못박혀 있는 우리를 떠나지 마소서

만약 동양인들이 예속의 십자가에 못박혔다면, 우리 서양인들은 물질주의의 십자가에 못박혀 있습니다. 우리 서양인들도 슬픔으로 가득 찬 가슴을 가지고 있습니다! 그리스도여, 우리를 떠나지 마소서!

벵갈 출신의 한 시인이 내 친구 앤드류스 선교사에게 크리스마스의 의미가 담긴 시를 보내 왔습니다. 그 시를 통해서 예수 그리스도의 관점을 바탕으로 동양이 어떻게 서양을 새롭게 할 수 있는지 깨닫게 됩니다. 시의 내용은 다음과 같습니다.

위대한 영혼의 예수 그리스도
당신이 태어난 이 축복받은 날
기독교인이 아닌 우리가 당신 앞에서 고개 숙입니다.
우리는 당신을 사랑하며 또 당신께 예배드립니다.

208

우리 비록 기독교인은 아니지만
아시아가 당신과 우리를 혈육처럼 묶어 주고 있습니다.

우리, 이 거대한 나라의 미약한 국민들은
예속의 십자가에 못박혀 있습니다.
우리는 소리 없이 당신을 우러러 봅니다.
고문의 매 순간마다 부상당하고 상처받은 채로
우리를 지배하는 외국의 지배자는 우리의 가시관이요
우리들의 카스트는 우리가 누워 있는 대못의 침대입니다.

세상은, 땅을 소유하고자 하는 유럽인들의 욕구에 놀라
지금 아연실색하며 떨고 서 있습니다.
부(富)의 악마가 활짝 벌린 두 팔 안에서
제국주의자들은 불경스러운 춤을 추고 있습니다.
전쟁에 대한 욕망, 힘에 대한 욕망, 이익에 대한 욕망
이 세 마녀가 유럽인의 황폐한 마음 위에서
음탕한 잔치를 벌이며 먹고 마시기를 즐깁니다.

그리스도여, 유럽에는 당신을 위한 공간이 없습니다.
오소서, 주 예수 그리스도여
여기 멀리 오소서!
아시아에 와서 이 땅에 뿌리 내리소서.

부처의 땅, 카비르(Kabir)*의 땅

그리고 나낙(Nanak)**의 땅으로 돌이키소서.

당신을 바라봄으로, 슬픔 가득한 우리의 가슴이 밝아옵니다.

오, 사랑의 스승이여

우리 마음으로 오소서.

오셔서 우리를 가르치소서.

다른 이들의 고통을 내 고통으로 느낄 수 있도록

오셔서 우리를 가르치소서.

모두를 품는 사랑으로

문둥이와 천민을 섬기게 하소서.

만약 그 시인이 "그리스도여, 여기 멀리 오소서(Come Lord Christ, Come Away)"라고 말하지 않고 그리스도로 하여금 서양의 삶으로 보다 깊이 들어가라고 읊었다 해도 이 시가 가지고 있는

---

*카비르(Kabir)는 15세기 중반에 활동했던 신비가이자 시인으로, 현재까지 인도에서 힌두교와 이슬람교, 그리고 시크교를 아우르는 상당한 종교적 영향력을 가지고 있다. 카비르는 각 개인이 가지고 있는 영혼(Javatma)과 절대신(Paramatma)의 상호작용에 의해 이루어지는 진정한 구원은 개인의 영혼과 절대신의 합일에 의해서만 가능하다고 보았다. 힌두교로부터 카르마와 윤회에 대한 신앙을 받아들이고, 이슬람으로부터 절대신의 유일성을 받아들임으로써 두 종교의 합일 가능성을 시적으로 표현했다.

**구루 나낙(Guru Nanak, 1469~1539)은 유일신에 대한 신앙과 인종이나 카스트에 상관 없이 모든 인간은 평등하다는 기본 교리를 가진 시크교의 창시자이다. 편잡 지방의 힌두 가정에서 태어났지만, 이슬람 신앙과 아랍어와 페르시아어에 정통했다. 약 25년간에 걸친 순례여행을 통해서 인도에 시크교의 정신을 알렸다.

호소력이 약해지지는 않았을 것입니다. 그 시인은 "그리스도여, 여기 멀리 오소서"라고 간청하고 있습니다. 저도 간절한 마음으로 고백합니다.

"그리스도여, 우리를 떠나지 마소서! 우리 서양인들의 가슴도 슬픔으로 가득 차 있습니다! 만약 동양인들이 예속의 십자가에 못박혀 있다면, 우리 서양인들은 물질주의의 십자가에 못박혀 있습니다. 우리 모두는 당신을 원합니다. 아주 절실히 원합니다!"

동양의 이러한 비판은 우리 서양인들로 하여금 다시 주님께로 돌아가길 촉구하고 있습니다. 정말 그렇게 되길 바랍니다. 동양의 이러한 비판은 사실 자기만족감에 사로잡혀 있던 우리들에게 큰 지진이 일어난 것 같은 충격을 주고 있습니다. 이 지진의 충격은 우리를 파괴시키는 지진이 아니라 우리에게 묶여 있던 쇠사슬을 풀어 주는 지진입니다.

그들의 비판의 목소리는 우리의 양심을 향해 "다시 일어나시오"라고 말하는 천사의 목소리입니다. 동양의 이 날카로운 비판은 우리 서양인들이 물질적 번영이라는 아편을 과다복용하여 잠에 빠지는 일이 없도록 하나님이 보내신 선물입니다. 이것은 우리에게 다가오시는 하나님의 목소리입니다. 우리들의 양심을 깨우고 있습니다. 다음의 이야기를 잘 이해하신다면, 내가 지금 의도하고 있는 뜻이 잘 전달될 것입니다.

어느 날 아침, 기독교로 개종한 어느 인도 의사가 멀리 떨어진

곳에 있는 선교본부로 나를 찾아 왔습니다. 그는 심각한 내적 갈등에 시달리고 있다고 말했습니다. 그가 이야기를 풀어놓았습니다.

"나는 선박에서 선원들을 돌보던 의사였습니다. 홍콩에 있을 때 나는 한 파르시(Parsee)를 만났고 그와 친하게 되었습니다. 하루는 그가 내게 와서 물었습니다.

"당신은 그리스도인의 삶을 살고 있습니까?"

"그건 불가능할지 모릅니다."

내가 이렇게 대답하자, 그가 다시 말했습니다.

"어렵겠지요. 그러나 불가능하지는 않습니다. 살아계신 주님께서 당신에게 능력을 주실 테니까요."

비록 그는 파르시지만 나보다 훨씬 더 그리스도적인 생각을 하고 있었습니다. 우리 배가 다시 인도로 돌아왔을 때 그 파르시 친구는 선창에 서서 내가 떠나는 것을 전송해 주었습니다. 배가 선창에서 멀어져 갈 때 그는 손으로 나팔손을 만들며 점점 멀어져 가는 나에서 소리쳤습니다.

"기억하십시오, 너희는 먼저 그의 나라와 그의 의를 구하라. 그리하면 모든 것이 너에게 주어질 것이다."

그때 헤어졌던 파르시 친구의 모습과 '먼저 그의 나라를 구하라'고 외치던 그의 목소리가 뇌리에서 떠나지 않고 있습니다. 솔직히 말씀드려서, 저는 '먼저 그의 나라'를 구하는 삶을 살지 못했습니다. 내가 선생님에게 찾아 온 것은 저를 위해서 기도해 주실 것을 부탁드리기 위해서입니다."

우리는 그 자리에서 함께 무릎을 꿇었습니다. 그 멋진 의사분은 하나님께 모든 것을 맡길 것을 결심하고 그 자리에서 일어섰습니다. 예수 그리스도의 뜻에 자신을 드리기로 결심했습니다.

행복한 모습이었습니다. 그렇습니다. 하나님의 나라가 우선입니다! 놀랍지 않습니까? 그 의사분이 그런 결심을 하게 된 계기는 바로 파르시 친구 때문이었습니다.

점점 벌어지고 있는 동양과 서양 사이의 간격을 오가면서 나는 새롭게 깨어난 동양의 모습을 통해 우리 서양인들이 가지고 있는 물질주의와 인종차별주의의 위험성을 깨닫게 되었습니다. 우리가 구원받을 수 있는 단 한 가지 방법으로, 그들을 구원하는 유일한 방법을 소개해 주고자 하는데, 그것은 양손을 들고 나팔손을 만들어 이렇게 외치는 것입니다.

"먼저 하나님의 나라를 구하라."

오히려 동양인들이 지금 우리들에게 큰 소리로 외치고 있습니다. 그들의 외침은 우리를 성가시게 할 수도 있고, 마치 구애하듯 우리에게 호소할 것입니다. 인도사람들에게도 마찬가지입니다. 하지만 이를 통해서 우리는 주님께로 돌아설 수 있고, 그들과 함께 하며 그들을 구원할 수 있습니다.

탁월한 통찰력을 가진 사상가이자 유명한 연설가인 한 기독교인이 이 상황을 다음과 같이 잘 설명했습니다.

"우리는 서양에서의 현 상태가 모든 기독교인에게 의심할 여지 없이 진정한 겸손과 반성을 요구하고 있음을 알고 있습니다. 그리고 앞으로 우리가 추진할 모든 선교사역은 서양인들의 범국가적인 참회가 선행되어야 하며, 백인들이 가지고 있던 인종차별에 대한 참회 없이는 이루어질 수 없다는 것을 압니다."

뛰어난 통찰력을 가졌지만 부드러운 심성을 가진 인도의 위대한 영혼, 마하트마 간디도 이 기독교인 사상가의 말에 전적으로 동의하였습니다.

간디의 눈에서 인도 3억 인구의 영혼을 본다

"우선 당신네 기독교인들과 선교사들을 포함한 모든 서양인들이 오늘부터 예수 그리스도처럼 살아가도록 하십시오." 나는 간디의 눈을 통해 인도 3억 인구의 영혼을 보고 있습니다. 간디의 음성을 통해 아시아의 수억 인구들의 외침을 듣습니다.

꽃무늬

어느 날 나는 간디와 대화를 나누고 있었습니다. 나는 이런 말을 꺼냈습니다.

"마하트마 간디, 나는 인도에서 기독교가 생활의 일부처럼 자연스러워지는 것을 너무나 보고 싶습니다. 기독교가 더 이상 외국 사람 또는 외국 정부와 동일시되지 않았으면 좋겠습니다. 하루 빨리 기독교가 인도인의 삶의 일부가 되고, 인도의 정신을 향상시킬 뿐 아니라 인도를 구원하는 힘이 되었으면 좋겠습니다."

간디는 내 말을 듣고 아주 엄숙하고도 진지한 자세로 대답하였습니다.

"이런 말을 하고 싶군요. 우선 당신네 기독교인들과 선교사들을 포함한 모든 서양인들이 오늘부터 예수 그리스도처럼 살아가도록 하십시오."

그리고는 더 이상 말을 하지 않았습니다. 그 짧은 말로 충분했습니다. 나는 간디의 눈을 통해 인도의 3억 인구의 영혼을 보고 있습니다. 나는 간디의 음성을 통해 아시아의 수억 인구들의 외침을 듣습니다. 간디는 아시아를 대표하여 우리 서양인들에 대해 외치고 있습니다.

"먼저 분명히 말씀드립니다. 만약 당신들이 예수 그리스도의 진정한 영혼으로 우리에게 온다면, 우리는 당신들을 거부하지 못할 것입니다."

서양에 가장 크고 신실한 도전이 지금 간디에 의해 제기되고 있습니다. "둘째로……" 하면서 그가 말을 이었습니다.

"당신들은 반드시 당신네 종교의 가르침대로 그대로 살아야 합니다. 품위를 떨어뜨리는 행동을 하지 말고 타협을 하지 말 것을 제안합니다."

이 두 번째 제안은 첫 번째 제안처럼 매우 중요한 도전입니다. 비서구인 중에서 가장 고매한 영혼을 가진 간디가 우리에게 요구하고 있는 것은, 품위를 떨어뜨리는 행동을 하지 말고 세상과 타협하지 말라는 것입니다. 복음에 다른 것을 채색하지 말라고 제안합니다. 서구의 강력한 정치군사력에 의존하는 것이 아니라 십자가의 아픔과 단순성에 의지하라고 제안하고 있습니다.

하지만 실제는 어떻습니까? 누군가가 지적한 것처럼 우리는 세상에서 가장 느슨한 기독교 신앙을 실천하고 있습니다. 그래서 세상이 극한 어려움에 처해 있을 때, 기독교는 그저 무기력하기만 합니다. 너무나 느슨한 신앙을 유지하고 있기 때문에 기독교 영향권에 있는 광대한 지역에서 기독교는 그 사회를 바꿀 아무런 힘이 남아 있지 않습니다. 진정 필요한 일을 성취하기에 어색하고 또 불가능해 보입니다. 어떤 이는 이렇게 말하였습니다.

"현재 교회의 구성원들은 두 가지 종류로 나타납니다. 기독교가 사람들로부터 의심을 받아도 놀라는 그룹과 기독교가 복음의 가르침을 그대로 실천하는 것을 의아해하는 그룹의 사람들입니다."

나는 인도가 느슨한 형태의 기독교를 받아들이기를 원치 않습니다. 나는 인도가 진정한 기독교를 받아들이기를 원합니다. 간디의 조언은 계속됩니다.

"세 번째로 나는 당신들이 사랑을 강조해야 한다고 생각합니다. 사랑이야말로 기독교 정신의 중심이기 때문입니다."

그가 말하는 사랑은 감정적인 것이 아닙니다. 그는 일을 해내는 강력한 원동력으로서의 사랑을 말하고 있는 것입니다. 도덕적 세계에서 실제적으로 능력을 발휘하는 사랑을 의미합니다. 간디는 그 기독교의 사랑이 개인들 사이와 집단들 사이, 그리고 인종과 나라들 사이에 적용되길 바랍니다. 그 사랑이 세계를 통합시키고 구원해 주길 바라고 있습니다. 사랑의 의미에 너무나 민감한 영혼을 지니고 있던 간디에게 〈고린도전서〉 13장을 읽어 주었을 때 그의 눈에 눈물이 맺힌 것은 놀랄 일이 아니었습니다.

"네 번째로 내가 제안하고 싶은 것은 당신들이 비기독교 종교와 문화를 좀더 열린 마음을 가지고 공부해야 한다는 것입니다. 그렇게 해서 당신들은 비기독교 종교와 문화 속에 있는 장점들을 찾아 내어야 합니다. 그래야 당신들이 그들에게 접근할 때 보다 호소력 있게 다가갈 수 있을 것입니다."

참으로 옳은 말입니다. 우리는 어디에서 찾는 진실이건, 진실에 대해서 감사하는 마음을 가져야 합니다. 그것은 진실이신 예수 그리스도를 가리키는 표지판이기 때문입니다.

내가 위에서 언급한 간디의 네 가지 제안을, 영국에서 파견된 북인도 고등법원장에게 말했을 때, 그 고귀하고 동정적인 기독교인인 영국인이 화답했습니다.

"나는 당신들이 사랑을 강조해야 한다고 생각합니다. 사랑이야말로 기독교 정신의 중심이기 때문입니다."

스탠리 존스는 간디의 눈을 통해 인도의 3억 인구의 영혼을 보고 있고, 간디의 음성을 통해 아시아의 수억 인구들의 외침을 듣는다고 했다.

"이 네 가지보다 더 중요한 것을 지적하는 것은 불가능할 것입니다. 간디가 그런 말씀을 하시다니 정말 그는 영적으로 충만하며 통찰력이 대단한 사람이군요."

또 다른 민족주의자 지도자에게, 간디에게 던졌던 같은 질문 — 우리가 어떻게 기독교를 인도에 소개할 수 있을 것인가에 대한 조언을 구하자, 그는 이렇게 대답했습니다.

"아무개 선교사와 아무개 선교사보다 더 신실한 선교사가 된다면 그렇게 될 것입니다."

그 민족주의자가 언급한 두 명의 선교사는 인도에서 헌신적으로 예수 그리스도와 인도를 사랑하던 사람들이었습니다.

여기서 지금까지의 이야기들을 요약해 보도록 하겠습니다. 여러 각도에서 많은 인도인들이 언급했지만 가장 중요한 것은, 우리가 신실한 그리스도인이 되어야 한다는 것입니다. 그리고 우리가 지향해야 할 그리스도인의 모습은 지금까지 우리가 생각해 왔던 것보다 훨씬 더 큰 의미를 지니고 있다는 것을 기억해야 합니다. 그리고 그 모습은 지금까지 우리가 서양에서 알아 왔던 것보다 훨씬 더 깊은 뜻이 있음을 기억해야 합니다.

한 마디만 더 하겠습니다. 지금까지 내가 언급한 내용을 읽은 사람 중에는 이를 부정적으로 받아들이는 사람도 있을 것입니다. 낯선 타국에서 선교에 헌신하고 정신을 고양하기 위해 노력했지만, 이제 이를 중단하고 본국으로 돌아가 자국 문제에만 관심을 집중해야겠다고 말입니다. 이런 생각이 얼마나 잘못된 것인지 아십니까?

겉으로 보기에 어떠한 보답이나 성과가 없을 것 같다고 생각하여, 만약 이 순간부터 우리가 복음을 나누는 것을 멈춘다면 우리는 그 순간부터 더 이상 기독교인이라고 말할 수 없습니다. 독실한 기독교인이면서 동시에 우리 자신에게 모든 것을 집중시킬 수는 없습니다. 미국은 세계사에서 자신들이 감당해야 할 역할을 회피하고 이와 분리돼서는 결코 진정한 기독교 국가가 될 수 없습니다. 이를 기억하며 시 한 편을 덧붙입니다.

> 오, 동양은 동양이고 서양은 서양이네
> 둘은 서로 만날 수 없었네
> 인자가 삶의 불꽃을 불태우며
> 모든 것을 바꾸어놓았네
>
> 인간은 인간일 뿐, 서로를 만나야 하네
> 인자는 자신의 삶으로 그것을 가르쳤지
> 인간의 가치를 존중하라고
> 인종이나 피부색으로 인간을 판단하지 말 것을
>
> 얼굴이 흰 아리안족과 갈색 얼굴의 아리안족을 찾아서
> 아니면 몽골이나 아프리카의 작열하는 태양 아래서

모든 인류는 하나
하나님이 만지시고, 새 희망을 주시며, 인간의 가치를
깨닫게 하시네

얼굴이 희거나 갈색인 아리안들이여, 자만을 거두게
그대들의 위대함은 그저 하늘의 선물일 뿐
그리스도의 못박힌 손이 아시아를 어루만질 때만
그대들의 삶은 선물로 주어지네

심판의 날이 다가오고 있음을 기억하길
인종의 편견에 사로잡힌 그대들에게서 못박힌 손이 떠나고
그대들이 경멸하던 하층민들에게 그분께서 손을 펼칠지 몰라
그대들의 자리를 하층민들에게 내어 줘야 할 것을

내 주님께서 말씀하시네
보잘것없는 자아를 던져 버리고
형제들을 돌보고 섬기라고 권면하시네
이를 통해 그대들은 다시 자신을 발견하게 될 것이며
그대들도 새 생명을 얻게 되고 그들도 영원한 생명을
누리게 되리

지엽적인 생각과 행동을 떨쳐 버리고
그리스도인의 자아를 버린 마음으로
진정한 형제애를 발견할 수 있도록

그리스도와 함께할 때 하나님의 나라가 우리에게 임하리

하나님의 나라에는 동양도 서양도 흔적 없어
인종과 인종을 분리하는 담은 존재치 않아
형제애는 끊임없이 펼쳐지고
인자께서 우리들의 왕이 되시네

인간은 인간일 뿐, 서로를 만나라고
인자께서 말씀하시네
주여, 우리를 불쌍히 여기소서
여기에 함께 당신의 무릎 아래
우리 모두 고개를 숙였으니

chapter 7

진지한 질의응답의 시간

우리는 인도인들이 퍼붓는 모든 질문공세에 공정히 응해야 합니다.

어떠한 이슈도 회피하지 말아야 한다고 생각합니다.

질문 - 기독교를 따르는 나라들이 현재 진행하고 있는 전쟁만 보아도

기독교의 가르침에 뭔가 잘못된 것이 있다는 것을 알 수 있지 않습니까?

질문 - 인간의 구원이 오직 예수 그리스도를 믿는 것에 달려 있다면

기독교 복음을 진실히 믿지 못했던 옛날 사람들은 어떻게 되는 것입니까?

무엇을 말할까, 걱정하지 말아라

우리는 핵심을 놓치지 않으려고 노력했고, 절대로 억지 궤변으로 논점을 흐리거나 흥분하지 않도록 노력했습니다. 논쟁에서 이기기 위해 거기 있는 것이 아니라 사람을 얻기 위해 우리는 거기 있는 것입니다.

⤜⟐⟐⤛

미국의 한 대학 강당에서 연설을 하게 되었습니다. 나는 연설 말미에 만약 청중이 요구한다면 질의응답 시간을 갖겠다고 약속했습니다. 그들 가운데는 미국 학생들이 대부분이었지만 세계 각국의 학생들이 참여했고 인도에서 온 힌두교도 학생들도 있었습니다. 이 힌두교도 학생들이 몇 시간 동안 나에게 곤란한 질문을 퍼부었습니다. 겨우 강연을 마치면서 나는 이렇게 말했습니다.

"지금에야 비로소 나는 미국에 온 이후에 처음으로 고향에 온 것 같은 느낌이 듭니다. 마치 인도에 돌아와 있는 기분이 들기 때문입니다."

인도에 있을 때에는 거의 모든 집회에서, 집회가 끝나고 나면 비기독교인에게 질문할 시간을 줍니다. 그러면 그들은 날카로운 질문을 퍼붓습니다.

처음 집회에서 질의응답 시간을 가졌을 때 과거에 가지고 있던 생각이 엄청난 실수였음을 깨닫게 되었습니다. 힌두교인들은 우리 못지않게 똑똑한 민족일 뿐만 아니라 논쟁하는 것을 좋아하는 사람들입니다.

방금 강연한 내용들이 그들의 질문에 의해 뒤집어졌을 뿐만 아니라 질의응답 자체가 또 다른 위험을 내포하고 있음을 깨닫게 되었습니다. 또한 기독교는 차분한 분위기 속에서 도덕적이며 영적인 감수성과 통찰력에 의해서만 이해될 수 있다는 점도 알게 되었습니다. 그들의 질문은 종종 이런 차분한 분위기를 심각한 교전상태로 바꾸어놓을 때가 많았습니다. 비록 인도인들 사이에 기독교를 왜곡하여 받아들이거나 나름대로 기독교 신앙을 해석하여 이를 반대하는 경향도 있지만, 우리는 이 모든 질문공세에 공정하게 응해야 한다고 생각합니다. 또 어떠한 이슈도 회피하지 말아야 한다고 생각합니다.

처음 이 일을 시작할 때, 내 마음을 정확히 나타내고 있는 성서 한 구절을 주로부터 받지 못했다면 이 일은 꿈도 꾸지 않았을 것입니다.

"또 너희는 나 때문에 총독들과 임금들 앞에 끌려나가서 그들
과 이방사람 앞에서 증언할 것이다. 사람들이 너희를 관가에
넘겨줄 때에 어떻게 말할까, 또는 무엇을 말할까, 하고 걱정
하지 말아라. 너희가 무슨 말을 해야 할지, 그때에 지시를 받
을 것이다. 말하는 이는 너희가 아니라 너희 안에서 말씀하시
는 아버지의 영이시다." (마태복음 10:18~20)

이 말씀의 보증이 나에게는 충분한 위로가 되었습니다. 나는
그것을 믿었습니다. 아니, 그렇게 믿지 않을 수가 없었습니다. 때
로는 질의응답 시간에 긴장감이 흘렀습니다.

그러나 우리는 핵심을 놓치지 않으려고 노력했고, 절대로 억지
궤변으로 논점을 흐리거나 흥분하지 않도록 노력했습니다. 흥분
한다는 것은 그 논쟁에서 진다는 것을 의미합니다. 우리는 논쟁에
서 이기기 위해 거기 있는 것이 아닙니다. 우리는 사람을 얻기 위
해 거기 있는 것입니다. 내게는 한 번도 집회가 끝난 후에 어떤 나
쁜 감정이 남아 있었던 적이 없습니다. 우리는 이 어려운 질문들
을 조용하고 멋진 유머와 함께 논의할 수 있음을 보여주기 위해
노력하였습니다.

혼란을 느낀 사람들이 던지는 질문에서부터 영적으로 진실한
사람, 언제나 질문을 해야 직성이 풀리는 상습적인 질문자, 똑똑
함을 자랑하고 싶어하는 궤변론자의 질문에 이르기까지 참으로
다양한 질문을 받았습니다.

인도인이 주로 하는 질문이 무엇인지 알려 주기 위해 몇 개의 예를 준비했습니다. 이것들은 수백 개의 질문 중에서 거의 무작위로 뽑은 것입니다.

질문— 기독교는 보편적인 종교입니까? 만약 그렇다면 왜 기독교 내부에 여러 가지 분파가 존재하고 있습니까? 서로 다른 감정이 있는 것입니까? 가톨릭은 개신교도를 싫어하고 그리스도 정교회는 가톨릭과 개신교 모두를 싫어하고 있지 않습니까?

질문— 하나님은 왜 이런 세상을 만든 것입니까? 악이 퍼지고 배고픔을 이용하고, 가난한 자의 인내심과 노예들의 땀을 동전으로 바꾸는 짐승과 같은 착취자들이 존재하는 그런 세상을 말입니다. 야비한 아첨꾼들이 권력을 장악하고 정의로운 사람은 감옥에서 썩어 가는 세상, 다시 말해서 예수 그리스도가 십자가에 못박혀야 하는 세상 말입니다. 누가 이런 세상에 책임을 져야 합니까?

질문— 당신은 진짜로 민주적인 정신을 지니고 있는 멋진 기독교인이 많다고 생각하십니까? 당신은 서양인들이 지니고 있는 인종적인 우월감에 대해 어떻게 설명하시겠습니까? 호주, 캐나다 그리고 미국의 기독교인들은 인도인들이 자신들의 나라에 와서 자신들과 같은 권리를 누리는 것을 반대합니다. 이것이 어떻게 기독교적인 정신입니까? 기독교를 따르는 나라들이 현재 진행하고 있는 전쟁만 보아도 기독교의 가르침에 뭔가 잘못된 것이 있다는 것을 알 수 있지 않습니까?

질문— 정사각형의 각 모서리에서 네 명이 각각 중앙으로 가고 싶어한다고 상상해 보십시오. 그들은 다른 방향으로 가지만 그들은 중앙으로 갈 것입니다. 세상에는 많은 종교가 있습니다. 그러나 모두 중앙으로 이끌고 있습니다. 하나님이지요. 그러나 길은 다 다르지요. 당신네들은 왜 길이 하나밖에 없다고 하십니까? 다른 길도 많이 있지 않습니까? 당신은 각기 다른 질병에 대해 같은 처방전을 써줄 수는 없지 않습니까?

질문— 어제 저녁 당신 강의에서 당신은 복음의 모든 이야기를 아무 의심 없이 사실 그대로 믿고 있었습니다. 성서의 저자들은 모두 배운 사람들이 아니었는데, 사실을 왜곡했거나 과장했을 가능성은 없을까요? 그들의 지나친 열의가 그들을 잘못된 판단으로 이끌어 무지한 백성들 사이에 도는 거짓 소문을 성서로 썼을 가능성은 없을까요?

질문— 만약 세상이 엄격한 기독교주의에 의해 지배된다면, 아마도 반쯤은 낙원이 되었을 거라고 생각하는 것 자체가 기독교에 대한 칭찬이라고 생각합니다. 그러나 우리가 경험으로 얻은 냉혹한 사실은, 기독교는 사악한 수단을 통해서 이 지구상의 많은 부분을 장악했고 그 부분을 그들의 쇠로 만든 회초리로 다스리고 있습니다. 선교사들은 이성과 마음을 다해 야생 거위를 쫓아 개종시키려 하지 말고 자신들과 같은 종교를 지닌 사람들을 도덕적으로 만드는 데 노력하는 것이 더 적절하지 않을까요? 사실 많은 수가 믿고 있다는 것이 믿음의 위대함과 어떤 직접적인 관련이 있는 것은 아니지 않습니까?

질문— 서양에서 이혼이 기독교의 한 부분인 이유는 무엇입니까?

질문 ─ 조지(George) 국왕은 진짜 기독교인입니까? 그가 한 존경받는 인도의 기독교인을 가리키며, "여기 있는 이 사람이 진짜 기독교인입니까?"라고 물을 자격이 있습니까?

질문 ─ 이슬람교와 기독교를 함께 묶어서 같은 종교로 볼 수는 없습니까? 예수는 고귀하고, 고상하며, 이상적이고 무흠한 삶을 살았으며 결혼하지 않았습니다. 반면에 마호메트가 결혼을 한 인물이라면 우리는 이 두 종교를 함께 생각하면서, 예수가 이론적인 모델이었고 마호메트는 현실적인 모델이었다고 생각할 수 있지 않을까요?

질문 ─ 기독교인은 왜 넥타이를 합니까? 십자가의 표시입니까, 아니면 관습입니까?

질문 ─ 기독교에서 여성은 왜 타락한 존재로 간주되고 있습니까? 왜 여성은 언제나 경멸의 대상이며 어떠한 종류의 권리도 지니고 있지 않습니까? 이슬람교에서는 마호메트가 "여성에게서 비롯된 모든 것은 여성이 누릴 수 있는 권리이다"라고 말함으로써 여성의 지위를 단번에 남성과 동등한 위치로 올려놓았습니다. 이것은 기독교보다 한 단계 위 아닙니까?

(이슬람교도에 의해서 보내진 질문)

질문 ─ 인간의 구원이 오직 예수 그리스도를 믿는 것에 달려 있다면, 기독교 복음을 진실히 믿을 수 없었던 옛날 사람들은 어떻게 되는 것입니까?

질문 ─ 예수에 대한 복음을 전혀 들을 기회가 없었던 사람의 영혼은 어떻게 되는 것입니까?

질문 ─ 우리들 중에 두 사람이 당신의 강연을 듣고서 기독교인이 되기로 결심했습니다. 그러나 당신은 기적을 행하는 성자처럼 보이기 때문에 당신을 한번 시험해 보고 싶습니다. 우리 중에 누구도 먼저 기독교인이 되겠다는 이 결단의 글에 서명을 하지 않을 것입니다. 당신이 직접 우리 중에 누가 먼저 기독교인이 되겠다고 결심했는지 맞힐 수 있겠습니까?

질문 ─ 만약 내가 나의 잘못으로 괴로워한다면, 그리고 내가 괴로워하는 것이 하나님과 사람 앞에서 정당한 일이라면, 왜 우리는 이러한 괴로움의 사슬에서 벗어나야 하고, 또 이런 괴로움에 처한 사람들을 사랑으로 돌보아야 합니까? 내가 그렇게 함으로써 무의식적으로 나의 존재 기반을 약화시키고 하나님의 위대한 계획과 자연의 오묘한 섭리를 훼방놓고 있는 것은 아닙니까? 고통받고 있는 사람들을 돕는 사회 봉사자는 그저 분별없는 자선가일 뿐이라는 생각이 듭니다.

질문 ─ 인간이 죄의 대가로 타락하였지만 그때에도 하나님은 인간을 저버리지 아니하시고, 계획하신 대로 다시 인간을 회복시키셨다고 하셨습니다. 이 '계획'을 어떻게 믿을 수 있습니까? 왜 하나님은 수천 년 동안 수천, 수억 명의 사람들이 희망도 없이 멸망하여 하나님이 그들을 위해 준비한 지옥이라는 고통의 장소에 가도록 내버려두셨다가 갑자기 아들을 보내시어 그들을 위해 죽게 하신 것입니까? 이건 유모가 아기를 겁주기 위해 하는 그런 이야기가 아닙니까?

질문─ 왜 힌두교인들은 예수는 받아들이면서도 기독교는 거부할까요?

질문─ 감정에 의해 좌지우지되기도 하는 인간의 도덕적인 삶이 그 인간의 영혼의 갈망을 충족시킬 수 있습니까? 영혼의 갈망은 모든 물질적 제한을 초월해 있는 '영원한 존재'를 갈망하고 있기 때문에 제한적인 도덕성으로 어떻게 '영원한 존재'를 이룰 수 있습니까?

질문─ 그리스도를 믿는 세상은 정말 그리스도에게 안전한 곳입니까? 그리스도께서 오늘 기독교 국가에 다시 오신다면 그가 다시 십자가에 못박힐 것이라 생각지 않습니까?

질문─ 세례를 받지 않고서도 기독교인이 될 수 있습니까?

질문─ 겸손과 존경하는 마음에서 드리는 말씀인데, 인도에서는 기독교에 대해 설교하는 것보다 예수 그리스도에 대해 설교하는 것이 더 중요하지 않을까요?

질문─ 기독교가 보편적인 종교가 되는 데 적합하다면 불교나 힌두교 같은 다른 위대한 종교가 가르치고 있는 것 외에 어떤 새롭고 독특한 진실을 가지고 있습니까?

질문─ 인격적이면서도 동시에 비인격적이기도 한 힌두교의 절대신에 대한 믿음이 오직 인격적인 하나님에 대한 믿음만을 가르치는 기독교보다 더 깊은 만족감을 주는 것이 아닌가요? 성숙하거나 덜 성숙한 영혼에게 같은 가르침을 주는 힌두교가 오직 덜 성숙한 영혼에게만 가르침을 주는 기독교보다 더 심오한 것이 아닌가요?

질문 ─ 만약 종교가 보편적인 수용을 주장하기 위해서는 다른 본성과 다른 토양의 사람들에게 호소력을 지녀야 한다고 했을 때, 지혜의 길(Gnana), 업의 길(Karma), 사랑과 헌신의 길(Bhakti)* 이렇게 세 가지 길을 제시하는 힌두교가 단지 사랑과 헌신의 길(Bhakti)이라는 한 가지 길만을 제시하는 기독교보다 더 호소력 있는 것이 아닐까요?

질문 ─ 기독교에서는 '구원(Redemption)' 이라는 생각이 자연스럽게 받아들여지는 것이지만, 타종교에는 낯선 것이 아닐까요? 하나님을 친구나 동료로 생각하는 것은 비쉬누 신앙(Vaishnavism)**과 같은 다신론적인 입장의 인도인들에게 도저히 설명될 수 없는 내용이라고 생각지 않습니까?

질문 ─ 물질주의와 사치 그리고 방종이 기독교 문화와 항상 동행하는 것으로 알려져 있는데, 물질적인 것보다 영적인 문제에

---

*전통 힌두교에서 진리에 도달하는 길을 Jnana Marga, Karma Marga, Bhakti Marga 셋으로 규정하면서 다양성을 인정하는 것을 말하고 있다.

**비쉬누(Vishnu)
시바(Shiva) 신과 함께 힌두교의 양대 신으로 주로 인도 북부지방에서 널리 신봉된다. 비쉬누 신을 믿는 힌두교도를 바이쉬나바이트(Vaishnavites)라 칭하고, 시바 신을 믿는 사람을 사이바이트(Shaivaites)라고 부른다. 흔히 우주의 질서를 유지하는 절대신으로 분류되지만 지역과 카스트에 따라 많은 신적인 특수성도 지니고 있다. 특별히 수많은 현신(아바타)의 모습으로 다양한 신격을 보유한 힌두교의 대표적인 절대신이다.

더 많은 관심과 우수성을 가지고 있는 인도인들에게 기독교가 어떤 호소력을 가질 수 있겠습니까?

질문 — 그리스도를 따르는 사람은 완벽하고 진실되게 기독교의 모든 교리 또한 받아들여야 합니까? 당신은 한 프랑스인이 교리란 '죽은 자들에게는 살아 있는 믿음'일 뿐 아니라 '살아 있는 자들에게는 죽은 믿음'이라고 정의한 것에 대해 어떻게 생각합니까?

질문 — 만약 기독교가 사상적 배후에 아무런 철학적 도움을 받지 않고 있다고 한다면 결국 기독교가 말하는 하나님이란 도덕적 규범원칙이 아니고 무엇입니까? 그런 기독교 신앙이 철학적인 사고를 하는 힌두교인들에게 어떤 정신적인 만족을 주리라고 생각하십니까?

질문 — 예수 그리스도의 구원 능력을 이해하기 위하여 내가 어떤 수련을 행해야 합니까? 혹시 있다면 말씀해 주십시오.

질문 — 만약 당신이 어제 언급한 것처럼 예수가 유일한 하나님인 동시에 인간이라면 부처, 라마(Rama)*, 크리쉬나(Krishna)*,

*라마(Rama)
인도의 가장 대표적인 설화인 〈라마야나 *Ramayana*〉에 등장하는 주인공. 가장 이상적인 힌두교인의 모습과 가장 이상적인 남편의 모습을 대표하는 신적인 존재이다. 가장 이상적인 여성상으로 간주되는 시타(Sita)와 함께 철저하게 자신의 사명 혹은 다르마(Dharma)를 지키겠다는 인도인들의 종교적 상징이다. 마하트마 간디가 암살 당하는 순간, 그가 외친 한 마디도 "오, 라마신이여!"였다.

파라마함사(Paramahamsa)*와 같은 '신이면서 동시에 인간인' 존재들보다 뛰어난 점이 도대체 무엇입니까? 무슨 이유로 그들보다 예수가 더 뛰어나고 보편적인 선생이 될 수 있다고 주장하시는 것입니까?

*크리쉬나 (Krishna)

비쉬누 신의 현신(아바타)으로 주로 검은색 피부를 가진 모습으로 묘사된다. 사랑의 신으로 묘사되며 플루트를 불어 여인들을 유혹하는 설화들이 《마하바라타 Mahavaratha》에 등장한다. 비쉬누 신을 흠모하는 여인들의 모습은 힌두교도들에게 신에 대해 정절을 바쳐야 하는 자신의 종교적 의무감을 고취시킨다. 〈바가바드 기타〉의 주인공으로 등장하여 신에 대한 절대적 헌신을 뜻하는 박티(Bhakti)의 모범을 보여준다.

*파라마함사(Paramahamsa)

파라마함사(Paramahamsa)는 산스크리트어로 '백조'를 뜻한다. 힌두교의 절대신인 브라마(Brahma)를 모시고 하늘을 날아다니는 천상의 존재를 의미한다. 파라마함사는 또한 속세를 초월해 해탈의 경지로 접어든 절대적인 자아를 뜻하기도 하고, 해탈을 이룬 은둔자 혹은 진정으로 해방된 인간을 뜻하기도 한다. 힌두교의 성인을 칭송하는 표현으로 사용되기도 하는데, 그 대표적인 예가 라마크리쉬나 파라마함사(Sri Ramakrishna Paramahamsa, 1836~1886)이다.

예수가 스스로를 '하나님의 아들'이라 부른 적 있는가

"당신은 예수가 자신을 하나님의 아들이라고 말한 구절이 어디에
있는지 지적할 수 있으십니까?"
예수는 사람을 고쳐 주시고서 그에게 '하나님의 아들'을 믿느냐고
물었습니다. "그가 누구입니까? 주인이시여, 나는 그를 믿겠나이
다." 이렇게 그가 답하자 예수는 말했습니다.
"너는 그를 보았도다. 지금 너에게 말하고 있는 이니라."

* * *

그 날카롭던 질문들을 이렇게 글로 표현해 보니, 현장감이 많
이 떨어집니다. 그러나 실제로 강연회장에서 나에게 직접 질문이
쏟아졌을 때는 참 난감하고 당황스러울 때가 많습니다.

한번은 30명이나 되는 변호사들에게서 한꺼번에 몇 시간 동안
이나 증거를 들이대라고 아우성치는 신문을 당한 적도 있었습니
다. 그러나 그 성서의 말씀은 언제나 진실된 것이었습니다. 내가
기억하는 한, 지난 9년 동안 그 성서 구절이 나를 실망시킨 적은
한 번도 없었습니다.

하지만 아슬아슬한 적은 몇 번 있었습니다. 예를 들면, 한번은 한 남자가 일어나 내게 물었습니다.

"당신은 예수가 자신을 하나님의 아들이라고 말한 구절이 어디에 있는지 지적할 수 있으십니까? 그의 제자나 다른 사람이 그렇게 부른 것 말고 자기 자신이 스스로를 하나님의 아들이라고 한 구절 말입니다."

그의 질문을 들으면서 마음이 가라앉는 걸 느꼈습니다. 그러한 구절이 어디 있는지 기억이 가물가물했습니다. 솔직히 어디 있는지 기억이 나지 않았습니다. 그런데 그는 그 구절을 정확히 지적하길 요구했습니다. 나는 그 구절을 찾게 되길 간절히 기도하면서 《신약성서》를 펼쳐 들었습니다.

성서를 펼치자 눈에 처음 들어온 것은 내가 찾던 것과는 전혀 다른 구절이었습니다. 그 구절에서 예수는 사람을 고쳐 주시고서 그에게 하나님의 아들을 믿느냐고 물었습니다. 그러자 그 남자가 답하였습니다.

"그가 누구입니까? 주인이시여, 나는 그를 믿겠나이다."
다시 예수가 답하였습니다.
"너는 그를 보았도다. 지금 너에게 말하고 있는 이니라."

(요한복음 9: 35~37)

마치, 평소에 그것을 알고 있던 것처럼 나는 그 내용을 단숨에 읽었습니다! 그들은 하나님이 말해야 할 시기에 말할 것을 주시 겠다고 하신 그 약속을 지키기 위해 예수께서 행하신 이 조용하고 작은 기적들을 알지 못하였습니다. 하지만 나는 그것을 확신했으며, 하나님께 감사의 찬미를 드렸습니다.

삶, 자체가 되기 위해 오신 예수

예수 그리스도는 삶을 영위하는 방법을 알려주고자 이 세상에 오신 것이 아닙니다. 삶 그 자체가 되기 위해 우리에게 오셨습니다. '진실' 그 자체가 되기 위해 우리에게 오셨습니다. 만약 어떤 사람이 진실의 끝까지 갈 수만 있다면, 참 진실이신 예수 그리스도를 만나게 될 것입니다.

고향 미국으로 돌아온 후 느꼈던 것은, 사람들이 너무 비판적인 시각에서 기독교를 바라보고 있었고, 과학의 비약적 발전으로 인해 기독교가 완전히 무너질지도 모른다는 두려움에 떨고 있는 기독교인들이 많다는 것이었습니다. 많은 교인들이 지금 고통스러울 정도로 위기의식에 사로잡혀 있습니다. 그들을 보니 일전에 함께 사역했던 한 여성 선교사가 생각났습니다. 한 힌두 대극장에서 긴장이 감도는 집회를 무사히 마치고, 나는 그 선교사와 함께 집으로 가고 있었습니다. 그녀가 이렇게 말했습니다.

"존스 선교사님, 나는 오늘밤 집회 때문에 몸이 너무 피곤하군요."

그 이유를 묻자 그녀는 대답했습니다.

"글쎄요, 난 그들이 이 다음에는 또 무슨 질문을 할지 알 수가 없었고, 또 그들에게 당신이 무슨 답변을 할지 너무 긴장한 탓에, 군중 속에서 거의 2시간 동안 온 힘을 다하여 의자를 꼭 쥐고 앉아 있었습니다. 정말로 몸이 피곤합니다."

비유적으로 말해서, 냉혹한 비판 속에서 기독교가 산산이 부서지지 않도록 온 힘을 다해 기독교를 단단히 붙들고 있는 신자들이 많다는 것입니다. 마치 그 여선교사가 자신의 온 몸으로 의자를 붙들고 있던 것처럼 말입니다.

나는 그분들에게 크나큰 연민을 느낍니다. 나 또한 처음 인도에 갔을 때, 꽤 오랫동안 그들과 같은 모습을 하고 있었기 때문입니다. 전반적으로 인도에서는 기독교에 대한 비판으로 가득 찬 분위기였습니다. 비기독교인이 읽는 신문을 펼치며 그 비판의 글들을 대할 때마다 내 영혼이 타들어가는 듯한 느낌을 받았습니다. 그러다 어느 순간, 모든 것을 있는 그대로 내버려 두기로 작정했습니다.

나는 예수를 이 세계의 '공인된 사실' 로 인정하기로 했습니다. 삶에는 오직 하나의 피난처가 있다는 사실을 인정하게 되었고, 그것이 내가 처한 현실이란 것도 인정했습니다. 만약 예수라는 '공인된 사실' 에 대해 누군가가 비판을 가해왔을 때 그 충격을 이겨

낼 수 없다면 그 원인이 어디 있는지 하루 빨리 알아내는 것이 중요하다는 생각도 하게 되었습니다. 예수를 '공인된 사실'로 세상에 내놓고자 했던 나의 생각은, 예수 그리스도에게 내 모든 것을 기꺼이 내놓기로 결심한 것만큼이나 내 삶에 신기원을 여는 것이었습니다. 모든 것을 있는 그대로 놔두기로 결심한 순간, 머리가 혼란스러워졌습니다. 앞으로 나는 어떻게 될 것인가? 내 아름다운 꿈은 결국 사라지고 말 것인가?

그러나 정말 놀랍게도 그 순간, 주님께서 더욱 굳건히 그 자리에 서 계시며 이전보다 훨씬 찬란한 모습을 드러내고 계시다는 사실을 알게 되었습니다. 예수 그리스도는 비판의 손길에 쉽게 시들어 버리는 나약한 온실 속 화초가 아니었습니다. 그는 현실에 깊이 뿌리박고 있을 뿐 아니라 나의 도덕적, 영적인 우주의 살아 있는 증거가 되셨습니다. 예, 그렇습니다. 그는 '공인된 사실' 그 자체였습니다.

그리하여 지난 17년 동안, 굳건한 믿음을 가지고 비기독교 세상 앞에 내 믿음을 내맡긴 것입니다. 그리고 그들에게 이렇게 말했습니다.

"나의 형제들이여, 여기 기독교가 있습니다. 이를 깰 수 있다고 생각하시거든 한 번 깨어 보십시오."

그것은 세차게 내리칠수록 더욱 밝고 환하게 빛났습니다. 예수 그리스도는 폭풍 밖으로 나와서 오히려 그들에게 세찬 비바람을 맞게 할 것입니다. 기독교를 죽이는 유일한 방법은 일상의 삶에서 그것을 따로 떼어내어 그것을 보호하는 것입니다. 그것을 빛나게 하고 그것이 진짜임을 보이는 길은 그것을 현실에 놓고 그 스스로 삶 자체와 대화하도록 하는 것입니다. 예수가 바로 그 자신의 증인입니다. 힌두교도인이 '종교보호를 위한 모임'으로 '다름 락샤 사바(Dharm Raksha Sabha)'라는 단체를 구성했습니다. 그러나 예수 그리스도는 보호받을 필요가 없습니다. 그는 단지 제시되어지기만 하면 됩니다. 그가 스스로를 보호하시기 때문입니다.

그러기에 나는 앞서 말했던 여선교사에게 이렇게 대답할 수 있었습니다.

"지금까지 수많은 폭풍과도 같은 집회를 가졌지만, 그 집회에서 대답하기 곤란한 문제들을 인도인들이 제기해 오길 바랐습니다. 좀더 깊이 그들의 마음속으로 들어갈 수만 있다면 그들은 예수와 직접 만날 수 있는 영혼을 가졌기 때문입니다. 예수 그리스도는 삶을 영위하는 방법을 알려주고자 이 세상에 오신 것이 아닙니다. 그는 바로 삶 그 자체가 되기 위해 우리에게 오셨습니다. 만약 그들이 진정한 삶 속으로 깊이 들어가기만 한다면, 그들은 삶 그 자체인 예수 그리스도를 만나고 있는 자신을 발견하게 될 것입니다.

뭇사람들이 생각하는 것처럼 예수 그리스도는 다른 진실과 동일한 진실을 우리에게 부여하고자 이 세상에 오신 것이 아닙니다.

그는 '진실' 그 자체가 되기 위해 우리에게 오셨습니다. 만약 어떤 사람이 진실의 끝까지 갈 수만 있다면, 참 진실이신 예수 그리스도를 만나게 될 것입니다. 잉게 학장(Dean Inge)*이 다음과 같이 말했습니다.

"예수 그리스도는 종교를 우리에게 부여하고자 오신 것이 아닙니다. 그는 종교가 되기 위해 왔습니다."

이 말은 참으로 옳다고 할 수 있습니다.

우리가 진심으로 종교적이고자 한다면 우리는 예수 그리스도의 마음과 영을 따라야 하며, 그렇지 않으면 종교적인 삶을 살지 못할 것입니다. 매튜 아놀드(Matthew Arnold)**의 글에는 '예수는 궁극적인 존재'라는 표현이 있습니다.

*윌리엄 잉게(William R. Inge, 1860~1954)
이튼과 케임브리지에서 교육받은 영국 성공회의 신부. 그의 언행록은 지금도 많은 연설가들의 인용문에 등장하고 있다.

**매튜 아놀드(Matthew Arnold, 1822~1888)
빅토리아 왕조시대의 대표적인 문필가로 옥스퍼드 출신의 시인이자 비평가였다.

'기독교인이 될 준비가 되어 있다'는 두 젊은이

나는 그 전날 "예수 그리스도는 인종이나 출생, 피부색 그리고 소유에 근거하지 않고 사람을 그 자체로 본다"고 말했는데, 그 말이 진짜인지 알아보기 위해 두 젊은이는 맨발에 남루한 옷차림으로 나를 찾아 왔습니다. "이제 기독교인이 될 준비가 되었다"고 말했을 때, 그들이 얼마나 진실한지 알 수 있었습니다.

당신이 가치 있다고 생각하는 것부터 시작하십시오. 그것의 마지막 형태에까지 따라가 보십시오. 그리고 그것이 당신을 어디까지 인도하는지 보십시오. 예를 들어, '사랑'은 우리의 삶에서 정말로 가치 있는 것입니다. 우리는 사랑해야 합니다. 그러면 그 사랑의 끝에 무엇이 있는지 그 극단까지 따라가 보십시오. 그 사랑의 끝자락까지 가보면 예수 그리스도에게서 그렇게 멀리 떨어져 있지 않다는 사실을 깨닫게 될 것입니다.

예수 그리스도는 어느 무엇보다도 인간을 더 깊이 사랑하셨습니다. 만약 '순결함'이 좋다고 생각한다면, 그것으로 시작해 보십시오. 순결의 극단에서 당신이 만나게 될 최종의 '순결함'은 어떤 것입니까? 당신은 그 극단의 순결함 속에서 가장 순결하고도, 가장 능력 있는 분의 맑은 눈을 보게 될 것입니다.

만약 '자기희생'이 인생의 가장 고귀한 품성이라고 생각한다면 그것을 행할 수 있는 가장 좋은 형태로 돌아가 보십시오. 당신은 그곳에서 십자가를 응시하고 있는 자신을 발견하게 될 것입니다.

그래서 나는 질의응답 시간이 두렵지 않습니다. 도덕적이고 영적인 예수 그리스도는 물질세계에 젖어 있는 우리 세상의 저변에 놓인 중력보다 더 깊고 튼튼하게 우리를 붙들고 계심을 믿기 때문입니다. 사건을 맡은 변호사의 지식보다 사건이 지닌 본래의 의미가 엄청나서 많은 해답을 내가 모른다 할지라도, 적당한 시기가 되면 인간의 마음이 포도덩굴처럼 무리지어 벽을 향해 손을 뻗을 겁니다. 그리하여 그 스스로를 단단한 현실에 묶을 것이며, 결국은 예수를 그들의 현실로 인정할 날이 오리라는 것을 믿게 될 것입니다.

그러나 질문시간보다 더 견디기 힘든 것은 그들이 질문으로 우리를 시험할 때가 아니라 우리가 진실로 예수 그리스도의 영을 가지고 있는지 우리 자신을 시험할 때입니다. 인도인이 조용히, 그리고 가차없이 던지는 질문 내용의 골자는 우리들의 이성이 얼마나 냉철한가, 이것에 대한 것이 아니라 우리가 얼마나 예수 그리스도의 정신을 가지고 있느냐 하는 것입니다.

이런 이야기를 하고 있자니 어느 마을에서 있었던 일이 생각납니다. 하루는 힌두교 젊은이 두 명이 맨발에 남루한 옷차림을 하고는 나를 찾아와 이야기를 나누고 싶다는 것이었습니다. 그동안 대화를 많이 나누었지만, 이 두 젊은이와 나눈 시간만큼 즐거웠던 적은 없었습니다.

그들은 아주 간절했고 눈빛이 초롱초롱했으며, 반응도 빨랐습니다. 다음날 그들은 내게 다시 와서 자초지종을 설명했습니다. 알고 보니 그들은 이 도시의 가장 부유하고도 저명한 집안의 자손들이었습니다. 그들은 그 전날 일부러 맨발에, 그것도 아주 가난한 행색을 하고서 나를 시험하러 온 것이었습니다. 나는 그 전날 "예수 그리스도는 인종이나 출생, 피부색 그리고 소유에 근거하지 않고 사람을 그 자체로 본다"고 말했는데, 그 말이 진짜인지 그리고 내가 가난한 옷차림을 한 그들에게 정말로 예수 그리스도와 같은 태도로 대하는지 알아보기 위해 그러한 행색으로 왔다는 것입니다. 그들은 기독교인이 되기 위해 고민했고, 그 결정을 내리기 위해 이러한 시험을 한 것입니다. 이는 그들의 순수하고 소박한 마음에서 나온 것이기에 그들의 행동이 진실되다는 것은 누가 보아도 알 수 있었습니다. 특히 "이제 기독교인이 될 준비가 되었다"고 그들이 말했을 때, 그들이 얼마나 진실한지 헤아릴 수 있었습니다.

이 사건이 나를 우쭐하게 만들지는 않았습니다. 오히려 이로 인해 나는 정신이 바짝 들었습니다. '늘 진지한 사고를 하면서 행동하지만, 부주의로 인해 말실수를 하거나 오만한 태도를 보였을 가능성이 얼마나 많았던가!' 이렇게 생각하며 항상 조심하게 되었습니다.

인도인은 질문하고 있습니다. 그들의 입을 통해 나오는 질문은 진지하고 철저합니다. 그러나 더 중대한 관심은 침묵 속에서 경중을 측정하는 것이며, 내적으로 우리의 행동을 재단하는 것입니다. 그리고 그것을 통해 인도인은 예수에 대한 결론을 내립니다.

대제사장이 예수에게 '그의 제자들과 가르침'에 대해 물었습니다. 비기독교 세계의 사람들이 지금 동일한 두 가지 질문을 하고 있습니다. 그리고 항상 순서도 같습니다.

"당신의 삶은 지금 어떠합니까?"

"당신은 어떤 빛을 발하고 있습니까?"

등잔을 들고 나는 앉았네
다른 종교를 신봉하는 사람들 중에
함께 영적인 주제를 추구해 나갈 동지애로 뭉쳐
내 등잔을 내 품안으로 끌어 당겼네
비판의 날카로운 바람이 미세해지고
동정심 없는 싸늘한 바람이 사라져야 하네
떨리는 목소리가 내 입술에 걸려 있네

나는 사랑만을 결심했지

오직 사랑만을!

나는 사랑했기에 듣고 또 배웠네, 언제 어디서든

내 생각을 내비치기도 하고 내 관찰도 소개했지

그들의 정중한 어투와 자상한 마음 씀씀이를 보았다네

내 영혼에 임한 평화의 손길을 느끼며

여기 있는 것은 육체의 눈물로 짜낸 것이 아니며

영혼의 참혹한 번뇌도 아니었네

오직 하나님을 향한 끝없는 추구만 있을 뿐

그들은 정중한 모습으로 생각의 틈을 찾아 나섰네

그 사이로 내 아버지의 모습이 살짝 보였다네

전능하신 성령의 발 앞에 엎드려

그들은 자연의 인도하심으로 한 걸음씩 옮겨 왔네

이제 그들의 영혼에서 울려나오는 곡조는

하나님에 대한 찬미이니

노래가 들려오고 있네

서로 존중하는 대화가 진행되면서

"진리를 찾으셨나요"라고 한 구도자에게 묻자

구원의 의미를 아는 그분께서 하시는 말씀,

고개를 떨구며, "아직입니다."

그의 떨리는 음성, "아직입니다"가 아직도 들려올 때

내 영혼의 한 구석에 작은 기쁨이 찾아 왔네

사람들의 끊임없는 추구에서
성배를 들고 서 계신 그분을 보았기에
목마른 영혼에게 영생의 생수를 주시기 위해
한 번 마신 자는 영원히 목마르지 않을 것임을 선포하시면서

그렇다면, 나는 그 생수를 마셨던가?
내 갈라진 입술은 그가 이미 그 생수를 내게서 거두었다는
표시인가?
기쁨 가득했던 내 영혼이 노래하느라 수년을 허송하는 동안
나는 그 생수를 마시는 것조차 잊어버린 게 아닐까?

나는 그저 아기처럼 그들 앞에 서 있네
기도와 모든 것에 대한 포기만이 내가 가진 전부
내 앞에서 현명하고 고상한 사람들은 진리를 찾고 있네
가물거리는 그림자를 바라보며
자격 없는 나는 그분의 얼굴을 바라보는데

나는 생각하지, 그리고 떨고 서서 바라보네,
내 등불을 들고
오오, 이전보다 더 밝게 타오르는 내 품안의 등불!

chapter 8

예수 그리스도를 통한 경험

"좋아요. 당신과 기도하는 것은 정말 기쁜 일입니다.

그러나 한 가지 조건이 있습니다.

그것이 어떤 것이든지, 무언가를 바라는 기도는 하지 말았으면 좋겠습니다.

오직 하나님을 위해서만 기도합시다."

우리는 그렇게 기도했습니다!

삶의 실재에 대한 철저한 자각과 하나님에 대한 존경이 없다면

어떻게 그런 요구를 할 수 있겠습니까?

이것은 우리의 경험을 통해 예수 그리스도를 해석해야 하는가 아닌가에 대한

선택의 문제가 아닙니다.

우리는 반드시 우리 경험을 통해서 그리스도를 해석해야 합니다.

내가 너에게 해 준 것이 없었느냐?

목회자로서의 부름을 받고 내가 다니던 교회에서 첫 설교를 할 때, 그만 나는 설교할 내용을 모조리 잊어버리고 말았습니다. 이때 어디선가 신비한 목소리가 들려왔습니다.
"내가 너에게 해 준 것이 없었느냐? 그것을 말하는 것은 어떠하냐?"

~☙ ❧~

종교는 하나님의 삶이 지상에 구현된 것입니다. 하나님의 나라에서 만들어진 영혼 안에는 하나님의 영이 함께 하십니다. 이 하나님의 영이 지상에서 실현되는 것을 종교라 할 수 있습니다. 말하자면, 종교는 이 영혼 안에 존재하는 하나님의 영이 현실에서 역사하는 것을 의미합니다. 만약 그렇지 않다면 종교는 하나의 의식행위에 지나지 않게 되며, 그렇게 된다면 진정한 의미의 종교는 사라지게 되는 것입니다.

초기 제자들은 거의 종교의식을 치르지 않았습니다. 그럼에도 불구하고 그들에게는 하나님의 삶을 현실에서 구현할 수 있는 강

력한 능력이 있었습니다. 그들은 세상으로 나아가 예수 그리스도
가 실재할 수 있도록 만들었습니다. 그들이 예수 그리스도를 이야
기하는 목적은 그를 단지 기억하기 위한 것만은 아니었습니다. 그
들은 마음속 깊이 예수 그리스도와 소통하였습니다.

예수 그리스도의 이야기는 단지 감사하는 마음을 가지고 기억
해야 하는 아름다운 이야기가 아닙니다. 예수 그리스도는 살아계
시고, 구원의 은총을 베푸시고, 실제로 존재하는 현존 그 자체였
습니다. 제자들은 즐겁고 감사한 마음으로 세상에 나아가 외쳤습
니다.

"예수 그리스도가 나와 함께 하십니다."

예수 그리스도의 역사가 바로 사람들의 경험인 것입니다. 그들
은 불확실한 세상에서 확실한 현존을 소개했습니다. 철학자 플리
니(Pliny the Elder)*는 이렇게 말한 적이 있습니다.

"확실한 것은 없다는 명제 외에 확실한 것은 없다."

그리고 플라톤은 '신으로부터 오는 확실한 말씀'을 갈망하였
습니다. 그 말씀만이 불확실한 세상의 바다에서 인간을 실어내는

*플리니 (Pliny the Elder)
원래 이름은 가이우스 플리니우스 세쿤두스(Gaius Plinius
Secundus, 23~79)로 기원후 1세기 동안 로마에서 활동한 귀족
가문 출신의 과학자이자 문필가이다. 당시의 백과사전적 지식을
망라하고 있는 《자연의 역사 *Naturalis Historia*》가 대표작이며, 네
로(Nero, 기원후 44~68년 통치) 황제부터 베스파시안(Vespasian,
69~79년 통치) 황제까지의 로마사를 기록으로 남겼다.

배가 될 수 있기 때문입니다. 열두 제자들이 세상에 가져온 것이 바로 이 확실성인 것입니다.

어떤 사람은 초기 기독교인들이 이교도의 나라를 정복했다고 말합니다. 왜냐하면 그들은 이교도인들이 상상할 수도 없는 생각을 하고 살았고, 생명의 한계를 극복했으며, 죽음조차 극복했기 때문입니다. 그러나 그렇게 말하는 것만으로는 충분하지 않습니다. 보다 중요한 것은 이교도인들이 경험하지 못한 것을 그들은 경험했다는 것입니다. 이러한 것이 없었다면, 기독교는 그 찬란함을 드러내지 못했을 것이기 때문입니다.

만약, 인도에서 예수 그리스도의 말씀이 매우 중요하게 여겨졌다면, 이는 그리스도를 따르는 사람들이 그리스도를 따르지 않는 사람들이 경험하지 못한 그 어떤 것을 경험했기 때문입니다. 엘리야가 갈멜산에 섰을 때, 그는 이런 시험을 했습니다.

"불로 답하는 하나님을 하나님으로 인정하자." (열왕기상 18장)

물론 요즈음에 하나님의 존재를 시험하는 방식이 그때와 같지는 않습니다. 지금은 이렇게 외쳐야 할지도 모릅니다.

"병에 걸린 사람에게 특수한 빛을 비추어 질병을 치료할 수 있는 하나님을 하나님으로 인정하자."

이런 접근은 인도에서 충분히 적용될 수 있다고 생각합니다. 왜냐하면 공격적인 교조주의적 접근이 아니라 기독교적 경험을 통해 인도인들을 설득하는 편이 낫기 때문입니다.

누군가가 말한 것처럼 만약 모든 위대한 문학작품이 자서전이라고 한다면, 비기독교 세계에 가장 호소력이 큰 것은 바로 증인들의 존재입니다. 드루몬드(Drummond)*의 설교는 힘이 있다고 알려져 있는데, 그는 자신이 직접 경험하지 않은 것은 절대 설교하지 않았기 때문이었습니다.

파쿠하(Farquhar)** 박사는 이 문제에 대해 내게 이렇게 말했습니다.

"지금 인도인들에게는 거부할 수 없는 것이 두 가지 있는데, 그하나는 예수 그리스도이고 또 하나는 기독교적 경험입니다."

나는 그 말에 진심으로 동의합니다. 사실 나 또한 예수 그리스도와 기독교적 경험에 끌려 여기까지 오게 되었기 때문입니다. 그

*헨리 드루몬드(Henry Drummond, 1851~1897)
스코틀랜드 에딘버러대학 출신으로 지질학과 신학을 전공했다. 드와이트 무디(Dwight Moody)와 함께 활동하며 과학자와 신학자, 그리고 명설교가로 명성을 날렸던 인물이다. 대표적 저술로는 《영적 세계의 자연법칙 *Natural Law in the Spiritual World*》이 있다.

**존 파쿠하(John N. Farquhar, 1861~1929)
1891년부터 1923년까지 인도에서 활동한 스코틀랜드 출신 선교사이다. 선교신학을 인도적 상황에서 처음으로 시도했던 인물로 평가받고 있다. 또한 인도의 종교에 대한 깊이 있는 연구로 종교학 분야에서 아직도 그의 책이 힌두교에 대한 교과서로 사용되고 있다. 옥스퍼드대학 출신으로 런던선교협회(LMS) 소속 교육선교사로 인도에서 활동하면서 《바가바드 기타와 복음 *Gita and Gospel*》, 《힌두교의 정수 *A Primer of Hinduism*》, 그리고 가장 유명한 《힌두교의 왕관 *Crown of Hinduism*》을 저술했다. 흔히 '성취이론(Fulfillment Theory)'으로 불리는 그의 선교신학은 기독교의 복음이 세계 종교의 궁극적인 완성체라는 가설에서 출발한다.

리스도는 기독교적 경험에 의해 해석되어야 합니다.

그러나 힌두교인에게는 다음과 같은 제약이 있습니다. 그들은 자신들이 겪었던 종교적인 체험을 대중적으로 알리는 것을 그리 좋아하지 않습니다. 그렇게 하는 것은 상스러운 행동일 뿐 아니라 그에 대한 아름다움과 신선함마저 모두 빼앗아 간다고 생각하는 것입니다. 종교적 체험의 결과는 소리소문 없이 이웃에게 전달되어야 합니다. 언젠가 타고르(Tagore) 박사는 어떤 엄청난 영적 체험을 한 사람의 이야기를 내게 해 준 적이 있습니다. 타고르가 그에게 자신이 경험한 것을 세상에 말하지 않겠냐고 물었는데, 그 사람은 다음과 같이 말하며 거절했다고 합니다.

"만약 내가 경험한 것이 진실된 것이라면 자연스럽게 세상 사람들이 나에게 올 것입니다."

또 한번은 아슈람(Ashram)*의 한 석학에게 살아 있는 구세주를 발견했다고 말하는 사람을 본 적이 있다고 말했더니, 그 힌두교인이 다음과 같이 그에게 말했다고 합니다.

---

*아슈람(Ashram)
힌두교의 은둔 수도처. 힌두교도들은 다르마(Dharma)를 추구하기 위해 나이와 신분에 따라 바르나 다르마(Varna Dharma)를 준수하는 것을 원칙으로 한다. 《마누법전》에 의해 약 기원전 2세기부터 기원후 1세기까지 성립된 바르나 다르마에 의하면, 수드라(노동계급)를 제외한 브라만, 크샤트리아, 그리고 바이샤 카스트의 남성은 학생기(Brahmacharya), 가장기(家長期, Grihasthya), 은둔기(Vanaprasthya), 고행기(Samnyasa)를 지나게 된다. 이때 은둔기를 지나는 상위 세 카스트들이 주로 집단생활을 하면서 수행을 계속하기 위해 구성한 일종의 은둔 수도처가 바로 아슈람이다. 마하트마 간디와 타고르 박사에 의해 인도 독립을 위한 정신적 구심점 역할을 수행하기도 했다.

"만약 그가 스스로 구세주를 보았다고 떠벌리고 다니는 사람이라면, 그는 실제로 구세주를 본 사람이 아닙니다."

여기서 나는, 인도인들이 구세주에 대한 경험을 말하는 것에 대해 얼마나 불경스럽게 생각하는지, 또 힌두교인이 그런 경험을 말하는 것을 왜 망설이는지 이해할 수 있었습니다.

그러나 기독교적인 경험의 진실성과 영광은 우리가 노력해서 얻을 수 있는 것이 아닙니다. 그것은 선물입니다. 우리는 그 선물을 받을 자격도 없고 그 선물은 우리 분수에 맞지 않는 것이지만, 그럼에도 불구하고 하나님께서 우리에게 주신 선물입니다. 이 선물을 받아들이면 누구나 이제까지 자신이 그리던 생각의 단편들은 잊고 오직 주님이신 하나님만을 열정적으로 생각하게 됩니다.

우리가 기독교적인 경험을 이야기하는 것은 자랑이 아닙니다. 이것은 간증입니다. 이것은 우리가 경험한 것을 다른 사람들과 공유하는 것입니다.

인도의 길을 걸어가시던 예수 그리스도께서 많은 사람들 사이를 지나시다가 걸음을 멈추시고 이렇게 말하십니다.

"나를 만진 사람이 누구냐?"

우리에게 새로운 생명을 주시는 것이 어떤 의미인지 알고 있다면, 우리가 떨리는 마음으로 그를 만지는 것이 무엇을 의미하는지 잘 알게 됩니다. 그것은 생명의 경험입니다.

목회를 처음 시작했을 때 겪었던 비극적인 경험을 통해 나는 증인이 되어야 한다는 교훈을 마음속 깊이 새기게 되었습니다. 처음 목회자로서의 부름을 받았을 때 목회자가 되는 것은 하나님의 변호사가 되는 것이라고 막연히 생각하고 있었습니다. 목회자의 일이란 하나님을 위해 그의 사건을 맡아 훌륭하게 변호하고 탄원서를 제출하는 것이라 생각하였습니다.

하루는 목회자로서의 부름을 받았다고 내가 다니는 교회의 목사님에게 말하자, 목사님은 놀랍게도 일요일 저녁 예배시간에 설교를 해 보지 않겠느냐고 내게 제의했습니다. 나는 열심히 완벽하게 설교준비를 했습니다. 나는 하나님의 사건을 누구나 납득할 수 있도록 잘 변호하고 싶었고, 또 그렇게 해서 좋은 인상을 남기고 싶었기 때문입니다. 그날 많은 사람들이 내가 잘 하길 기대하며 예배에 참석했습니다. 나는 처음부터 다소 목소리를 높이며 설교를 시작했습니다. 그러나 여섯 문장도 채 마치기 전에 이제껏 한 번도 사용해 본 적이 없고, 그 이후로도 한 번도 사용하지 않은 '무관심주의(Indifferentism)'라는 생소한 단어를 사용하고 말았습니다. 이 단어를 사용하자 한 여대생이 고개 숙이며 웃었고, 이로 인해 나는 무척 당황하지 않을 수 없었습니다. 그리고 다시 설교하려고 했을 땐, 이미 머릿속에 준비해 두었던 설교 내용을 모조리 잊어 버린 상태였습니다. 그 자리에서 무언가 기억나길 바라면서 두 손을 주무르면서 얼마나 서 있었는지 모르겠습니다. 마치 그 순간 시간이 정지된 것처럼 느껴졌다는 사실만 기억할 뿐입니다. 결국 나는 이렇게 말할 수밖에 없었습니다.

"성도 여러분, 정말 죄송합니다. 설교할 내용을 잊어 버렸습니다."

부끄러움과 당혹함을 느끼며 설교단 아래로 나 있는 계단을 따라 내려오기 시작했습니다. 이것이 내가 꿈꿔 오던 목회의 시작이었습니다. 정말 비극적인 실패였지요. 설교단을 막 떠나려고 할 때, 어떤 신비한 목소리가 들려오는 것을 느꼈습니다.

"내가 너에게 해 준 것이 없었느냐?"

"당연히 있었습니다. 당신은 저에게 모든 것을 해 주셨습니다."

그러자 그 목소리가 다시 들려왔습니다.

"그렇다면 그것을 말하는 것은 어떠하냐?"

"예, 그럴 수는 있을 것 같습니다."

이렇게 나는 간절히 대답했고, 다시 좌석으로 돌아가던 발걸음을 돌려 설교단 앞쪽으로 가서 섰습니다. 그때에는 내 자신이 너무나 작고 초라하게 느껴져 설교단 위로 올라갈 수 있을 것 같지 않았습니다. 그리고 말했습니다.

"성도 여러분, 나는 설교를 계속 할 수 없을 것 같습니다. 그래도 나는 예수 그리스도를 사랑합니다. 여러분, 여러분은 모두 내가 어렸을 때 내가 어떻게 살았는지 잘 아실 것입니다. 어렸을 때 나는 거칠고 무모한 젊은이였습니다. 그러나 지금의 나를 보십시오. 나를 지금의 새로운 모습으로 만든 분이 예수 그리스도이시며 여러분도 그 사실을 잘 아시고 계실 것입니다. 내가 지금 설교를 할 수는 없지만 예수 그리스도를 사랑하고 그분에게 봉사하고자 하는 나의 마음만큼은 정말 확고합니다."

내 이야기가 끝나자 한 친구가 올라와 말했습니다.

"스탠리, 나도 자네가 찾은 것을 찾고 싶다네."

그때까지 그는 아무것도 찾지 못하고 있었습니다. 그러나 지금 그는 그 교회의 멤버이며 아주 훌륭한 기독교인입니다. 그날 밤, 그 설교에 대해 잘했다고 축하해 주는 이는 아무도 없었습니다. 그러나 그 아픈 기억이 모두 사라진 지금, 나는 그때의 일을 기억하며 스스로에게 축하의 말을 건넵니다.

하나님께서는 쓰라린 실패를 경험하도록 내게 허락하셨고, 그 덕분에 나는 그 후로 결코 잊지 못할 교훈을 얻었던 것입니다. 목회를 하는 동안 나의 임무는 하나님의 변호사가 되는 것이 아니라, 하나님의 증인이 되는 것이었습니다. 다시 말해, 나는 예수 그리스도의 살아 있는 동료이며, 그러기에 다른 사람에서 항상 이야기를 전해 줄 수 있는 것입니다. 그날 이후 나는 보잘것없는 내 삶에 그리스도께서 무엇을 베푸셨는지 사람들 앞에서 간증하려고 노력하고 있습니다.

그가 원하는 것은 현자가 아니라 구원자

그 인도의 젊은이가 원하는 것은 현자가 아니라 구원자입니다.
그가 찾는 것은 도덕적인 모범이 아니라 힌두교의 엄격한 교리에서
그를 벗어나게 해 줄 분입니다. 그가 원하는 것은 진실이 아니라
생명인 것입니다

인도는 당신이 찾은 것에 대해 알고 싶어합니다. 한 힌두교 학
생이 나에게 자신의 학교에 와서 연설해 달라고 부탁하였습니다.
그런데 그들이 그 연설의 주제로 제안한 것은 다름아닌 나 자신의
종교적 체험이었습니다.

나는 모든 집회의 마지막 날, 반드시 나의 개인적인 종교적 체
험을 이야기합니다. 그들 중 전부는 아니겠지만, 대부분은 내가
말한 많은 강연내용을 잊어 버립니다. 그러나 그들은, 내가 이야
기해 준 종교적 체험담에 대해서는 계속 기억합니다. 그들을 사로
잡는 것은 나의 종교적 체험이었습니다.

어느 도시에서 나의 개종에 대해서 이야기하고 있을 때, 나는 힌두교 대학의 한 교수가 기쁨으로 고개를 끄덕이는 모습을 또렷이 볼 수 있었습니다. 이야기가 끝나자 그 교수는 내게 다가와 내 손을 잡으며 이렇게 말했습니다.

"바로 이것입니다. 나는 항상 우리 인도인이 거듭나야 한다고 생각하였습니다. 그러나 그것이 무엇인지 잘 알지 못했는데 이제야 알겠습니다."

다음 날 그는 국립대학에서 교재로 사용하기 위해 자신이 집필한 책을 내게 보여 주었습니다. 그것은 마큘레이(Macaulay)*의 《영국사에 대한 해설서》였습니다. 마큘레이는, 청교도 시대의 학생들은 고전을 공부하지 않았는데 어떻게 그들의 삶이 변화하여 거듭나게 되었는지 언급하면서 청교도들을 비판하는 글을 쓴 사람입니다. 기독교인이 아니었던 그 힌두교 대학의 교수는 이 문제를 다음과 같이 비평하면서 마큘레이에 대해 논평했습니다.

"마큘레이가 이 '거듭남'에 대해 이해하지 못한 것은 참으로 안 된 일입니다."

*토마스 바빙톤 마큘레이
(Thomas Babington Macaulay, 1800~1859)
케임브리지대학 출신으로 영국의 역사가이자 정치가로 활동했다. 영국 의회와 내각에서 중요한 직책을 맡았고, 1834년부터 4년간 인도 동인도회사의 최고회의 위원으로 인도의 교육제도와 사법부를 개혁하는 데 중추적 역할을 했다. 《영국의 역사 History of England》는 1849년부터 1861년까지 총 5권으로 출간된 마큘레이의 대표작이다.

그리고 니고데모*의 일화를 언급하고는 다음과 같이 말을 끝 냈습니다.

"아, 지금 살아 있는 우리들의 니고데모*는 어떻게 이런 일이 가능한지 이해하지 못하는 구나."

보십시오. 기독교인이 아닌 힌두교인 교수조차도 거듭남의 의 미를 이해하지 못한다는 이유로 기독교 역사가인 마큘레이를 비 판하고 있습니다. 이 힌두교인 교수와 같은 사람을 이끌기 위해서 우리는 반드시 실제적이고 생생한 무엇인가를 가지고 있어야 합 니다.

한번은 힌두교인 변호사와 함께 기차를 탄 적이 있습니다. 우리는 힌두교와 기독교의 철학과 가르침에 대해 거의 3시간 정 도를 논의, 아니 거의 논쟁을 하였습니다. 논쟁이 결론에 이르지 못할 것이라는 생각에 도달할 무렵 나는 그에게 물었습니다.

"예수 그리스도가 내게 무엇을 일깨워 주었는지 당신에게 말 해도 되겠습니까?"

"좋습니다, 듣고 싶군요."

나의 개종과 그 이후의 삶에 대한 이야기를 거의 끝낼 무렵 이

---

*니고데모의 일화

니고데모는 요한복음 3장에 나오는 유대교의 바리새인이다. 그는 은밀히 예수를 찾아와 어떻게 하면 구원을 받을 수 있는지에 대해 물었다. 예수가 "거듭나지 아니하면 하나님 나라를 볼 수 없다"고 말하자 바리새인이 그 의미를 깨닫지 못한다. 그러자 예수는 "물과 성령으로 거듭나지 아니하면 하나님 나라에 들어갈 수 없다"고 다시 설명한다.

야기를 듣고 있던 그의 눈에서 눈물이 글썽였습니다. 그는 내게 말했습니다.

"존스 씨, 당신은 다 이루셨군요. 당신은 윤회의 마지막 단계에 도달했습니다. 당신은 결코 다음 생에서는 이 세상에 다시 태어나지 않을 것입니다."

"그 말이 사실일지도 모르겠습니다. 당신이 생각하는 것처럼 사람으로 다시 태어나 이 지루한 속세의 윤회를 계속 해야 할 필요는 없으니까요. 여기 새롭게 태어나는 길이 당신에게 열려 있습니다. 하나님 아버지께로 곧장 가는 지름길입니다."

"저도 그랬으면 좋겠습니다."

이렇게 말하는 그에게서 진실함을 엿볼 수 있었습니다. 이것은 그의 목소리를 통해 모든 인도가 말하는 것이었습니다. 인도가 간청하는 것이 바로 이 윤회로부터의 해방입니다.

한 힌두교인 학생이 나에게 편지를 썼습니다.

'당신의 연설을 듣고서, 나는 예수 그리스도를 따르고 싶어졌습니다. 내가 믿고 있는 종교는 천상의 나라로 가기 위해서 몇 번이나 윤회하는 방법에 너무 집착하고 있음을 알게 되었습니다.'

힌두교에서는 윤회를 몇 번 해야 한다고 가르치는지 아십니까? 그렇습니다. 아마도 8백만 번쯤 윤회해야 할 것입니다. '8백만 번!' 이러한 엄청난 생각에 인도인들이 꼼짝도 하지 않는다면 그것이 오히려 이상한 일 아니겠습니까? 그들이 삶 자체로부터 움츠리는 것은 너무도 당연한 일입니다. 그들에게 이 윤회의 출구가 될 수 있는 '거듭남'의 비밀을 알리는 것은 그 자체로 즐거운 일입니다.

여기 영적 자유를 갈구하는 자이나교 학생 한 명이 보내온 메시지를 소개할까 합니다. 그는 이렇게 썼습니다.

'나는 내가 가지고 있는 종교가 전적으로 진실하다고 믿고 있습니다. 다른 사람들이 내가 지닌 종교에 대해, 단호한 의무를 강요하거나 은총을 모른다고 말한다고 해서 부끄러움을 느낄 필요는 없습니다. 철학적으로 나의 종교는 올바르다고 할 수 있습니다. 내가 믿고 있는 종교의 가르침에 따르면, 세상 사물 뒤에 존재하는 힘은 세상 무엇보다도 보편 타당하지만 또한 세상 모든 것에 무관심하다는 것입니다.

그러나 우리는 이유도 알지 못한 채 범죄를 저지르고 있으며 마치 파도에 휩쓸리듯 죄와 실수에 빠져들고 있습니다. 연약한 우리 존재는 항상 이 감당하지 못할 엄청난 힘에 휩쓸리는 까닭에 나는, 우리를 친절히 대하시고 우리의 나약함을 아시고 죄와 유혹의 올가미로부터 나를 벗어나게 해 줄 하나님이 존재한다면 얼마나 좋을까 생각했습니다.'

우리가 이런 젊은이에게 논쟁이나 교리나 위대한 성서를 가지고 다가갈 수 있겠습니까? 부드럽고 조용히 그리고 아주 긍정적으로 우리의 구원과 승리를 이 젊은이와 공유할 수 없다면, 차라리 그 젊은이에게 다가가지 않는 것이 낫다고 생각합니다.

그리스도가 이와 같은 편지에 답을 가지고 있을까요? 모든 문제의 핵심은 바로 여기에 있습니다. 답할 수 있을까요? 그렇지 않을까요? 우리 중 몇몇은 그와 똑같은 경험을 했고 그래서 우리는 그리스도가 해답을 가지고 있다고 믿습니다.

여기서 잠시 이 문제에 대해 이야기할까 합니다. 오늘날 수많은 기독교에 대한 대부분의 변증은 바로 이 부분에서 그 취약성을 드러내고 있기 때문입니다. 그 젊은이는 인생의 모범이나 도덕 선생님으로서의 예수 그리스도를 넘어서는 그 이상의 존재를 필요로 합니다. 그가 원하는 것은 현자가 아니라 구원자입니다. 그가 찾는 것은 도덕적인 모범이 아니라 힌두교의 엄격한 교리에서 자신을 벗어나게 해 줄 분입니다. 그를 관리하실 분이 아니라 그를 새롭게 태어나게 하실 분입니다. 그가 원하는 것은 진실이 아니라 생명인 것입니다.

힌두교도와 이슬람교도 학생들이 운집해 있던 사원의 한 강연장에서 한 학생이 갑자기 일어나 이렇게 말했습니다.

"실례가 아니라면, 당신의 삶을 지금의 모습으로 바꾼 것이 무엇이었는지 말씀해 주실 수 있겠습니까?"

나는 순간 놀랐습니다. 이런 질문이 나올 만한 상황이 아니었기 때문에 이 질문은 너무나 갑작스러운 것이었습니다. 이것은 너무나 즉흥적이었고 또 실질적인 문제였기 때문에 나는 하던 말을 멈추고 조용히 기도하는 마음으로 예수 그리스도가 나의 무가치하게 부서진 삶을 어떤 섭리로 새롭게 거듭나게 하셨는지, 그리고 지난 20년 동안 나의 행복한 영혼이 어떻게 주를 찬미하게 하셨는지 그들에게 말해 주었습니다. 이야기를 마쳤을 때, 그들 중 한 명이 말했습니다.

"이제 우리는 만족합니다. 우리가 듣고 싶었던 것이 바로 그것이었습니다."

수업이 끝나고 그들 중 몇몇은 나와 함께 사무실로 가서 내 체험담에 대해 이야기를 더 듣고 싶어했습니다. 오후에는 젊은 여성 몇몇이 내게 와서 시간을 내줄 것을 요청했습니다. 무슨 이야기를 듣고 싶어하는지 그들에게 묻자, 그 중 한 명이 대답했습니다.

"오늘 아침 당신이 말한 개인적인 체험에 우리는 깊은 감명을 받았습니다. 그것에 대해 좀더 말씀해 주실 수 있겠습니까?"

마루바닥에 앉아서 이야기를 한참 나누는 동안 우리는 살아 있는 예수 그리스도의 손길이 우리 모두에게 미치는 것을 느꼈습니다. 그에 대해 이야기를 나눌 때, 우리 모두의 심장이 뜨거워지는 것을 느꼈습니다.

오직 하나님만을 위해서 기도하기로 합시다

"나의 형제여, 무엇을 바라거나 다른 어떤 것을 위해서가 아니라
오직 하나님만을 위해서 기도하기로 합시다."
우리는 그렇게 기도했습니다! 삶의 실재에 대한 철저한 자각과
하나님에 대한 존경이 없다면 어떻게 그런 요구를 할 수 있겠습니까?

인도사람들은 마치 철로 된 작은 바늘이 자석에 끌려가는 것처
럼, 영적인 것에 아주 민감하게 반응합니다. 한번은 어느 힌두교
위원이 집회가 끝날 시간에 질문시간을 갖지 않으면 좋겠다고 요
청해 왔습니다. 그의 말은 마지막 질문시간이 집회의 아름다운 영
적 분위기를 방해한다는 것이었습니다.

어느 날, 강연 직후 질문시간이 시작되자 한 힌두교 교수가 집
회장 밖으로 그냥 나가는 것이 보였습니다. 그리고 질문시간이 끝
난 후 "기도로 집회를 끝내는 것이 어떻겠습니까?" 하고 내가 말을
꺼내고 있는데, 베란다에 있던 그 교수가 다시 안으로 들어오는 것

이 보였습니다. 기도가 끝나자 그는 내게 와서 감사하다고 말하며, 질문시간이 시작될 때 자신이 왜 밖으로 나갈 수밖에 없었는지 설명해 주었습니다.

"강연이 끝나고 강연장 밖 베란다에서 질문시간이 끝날 때까지 기다린 이유는 강연 시간에 듣고 느낀 감동이 질문으로 인해 방해를 받거나 사라지는 것을 원치 않았기 때문입니다. 당신이 강연하고 있는 동안 하나님께로 우리가 가까이 가고 있음을 느낄 수 있었습니다. 그래서 밖에서 기도시간이 올 때까지 기다린 것입니다. 기도시간이 되면 당신은 또 우리에게 하나님의 존재를 깨닫게 해 주실 테니까요."

이토록 아름다운 영적 감수성을 지닌 인도인이 존재한다는 사실에 실로 놀라지 않을 수 없습니다.

한번은 어느 힌두교인이 기도를 마치고 나에게 다가왔습니다.

"정말 좋았습니다. 그런데 한 가지 아쉬운 점이 있습니다. 집회를 시작하실 때도 기도로 시작하는 것이 어떻겠습니까?"

나는 동의했고, 그 다음 날에는 기도로 집회를 열겠다고 답했습니다. 그러나 다음 날, 영적인 싸움이 어서 빨리 시작되는 것을 보고 싶은 조바심 때문에 나는 기도하는 것도 잊어 버리고 곧바로 강연을 시작했습니다.

물론 집회에 참석할 때 어떤 기도도 없이 강연을 한다는 말은 아닙니다. 내가 하는 한 마디 한 마디의 말, 생각 하나 하나가 타인으로부터 도전을 받지 않고서는 한 발짝도 진전할 수 없는 극도로 긴장된 상황으로 한 시간 또는 그 이상의 기도를 하지 않고서 들어갈 수 있는 사람은 아무도 없습니다. 내 말은 집회 직전에 집회에 참여한 대중과 함께 기도하는 것을 잊었다는 것입니다.

사전 기도 없이 강연을 진행하고 있는데, 쪽지 하나가 내게 전달되었습니다. 그 쪽지에는 "집회를 기도로 시작하기로 하셨는데 그것을 잊으셨군요."라고 적혀 있었습니다. 나는 잘못을 깨닫고 즉시 강연을 중지하고 기도를 올렸습니다. 그리고 다시 강연을 시작했습니다. 지금도 이 작은 사건을 통해 알게 된 것을 잊지 못합니다. 인도인의 저변에 깔려 있는 영적 감수성을 느끼며 경외감을 갖지 않을 수 없었습니다.

한 힌두교인과 오랜 시간 대화를 나눈 후, 그가 막 떠나려 할 때였습니다. 그에게 나는 함께 기도하는 것이 어떻겠냐고 제안했습니다.

"좋아요. 당신과 기도하는 것은 정말 기쁜 일입니다. 그러나 한 가지 조건이 있습니다. 그것이 어떤 것이든지, 무언가를 바라는 기도는 하지 말았으면 좋겠습니다. 오직 하나님을 위해서만 기도합시다."

나는 대답했습니다.

"좋습니다, 나의 형제여. 무엇을 바라거나 다른 어떤 것을 위해서가 아니라 오직 하나님만을 위해서 기도하기로 합시다."

그리고 우리는 그렇게 기도했습니다! 삶의 실재에 대한 철저한 자각과 하나님에 대한 존경이 없다면 어떻게 그런 요구를 할 수 있겠습니까? 이것은 우리의 경험을 통해 예수 그리스도를 해석해야 하는가 아닌가에 대한 선택의 문제가 아닙니다. 우리는 반드시 우리 경험을 통해서 그리스도를 해석해야 합니다.

혹은 지금 인도가 처한 깊은 상처까지 예수 그리스도가 어루만질 수 있는지, 과연 그 해석이 적절한지 아닌지 하는 문제도 아닙니다. 우리는 어떤 적절한 해석으로 예수 그리스도를 인도에 소개하려는 것이 아닙니다. 예수 그리스도를 인도로 모셔와야 합니다. 그는 살아계시고 역사하고 계신, 실재가 되어야 합니다.

그분은 우리가 숨쉬는 것보다 우리 가까이 계시고, 우리의 손과 발과 함께 일하시는 분이십니다. 우리는 하나님을 가슴에 품은 사람이 되어야 합니다. 이러한 하나님에 대한 인식이 인도에서 차고 넘쳐야 합니다. 한 힌두교 변호사가 이것을 인정하면서 우리에게 말하였습니다.

"당신네 기독교인들과 기독 교회에 지금 필요한 것은 새로운 성령의 강림입니다."

나는 그가 무슨 말을 하는지 알 수 있었습니다. 우리에게 필요한 것은 우리 내부에 존재하면서 우리에게 영생의 샘물이 되실 그리스도입니다. 잭스(Jacks) 교장은 '기독교의 잃어 버린 찬란한 빛'으로 우리가 다시 돌아가야 한다고 간청한 바 있습니다.

힌두교인과 유니테리언* 신자가 하는 언어로, 성령강림과 관련된 풍요로운 새 삶을 위한 얘기를 듣다 보니 기분이 참으로 오묘해졌습니다. 성령강림은 사실, 기독교가 본래 지니고 있던 보편적인 특성입니다. 그러나 지금의 교회는 본래의 특성을 상실하고 있습니다. 몇몇 교회가 살아 있는 예수의 영으로 가득 채우겠다는 명목으로, 또 그리하여 인간의 영혼을 깨끗하고 신성하게 만들겠다는 명목으로 교회에서 이상한 일을 행한다고 하여 우리 모두 겁먹고, 교회의 본래 특성을 잊어 버려서는 안 됩니다.

인도의 길에 서 계신 예수는 단지 "너의 죄를 용서하노라"고 말씀하시는 것이 아니라 "성령을 받아라"라고도 말씀하시고 계십니다.

내 친구 중 한 명이 인도 북부지역에서 열리는 한 집회에서 설교를 하고 있었습니다. 한 힌두교인이 그에게 오더니 이렇게 말하더랍니다.

"질문할 것이 있습니다. 비판하려는 것은 아니고 단지 정보를 얻기 위한 것입니다. 내가 《신약성서》를 읽었는데 특히 〈사도행전〉을 읽으면서 충격을 많이 받았습니다. 그 사도들은 엄청난 힘과 영적으로 충만된 생명을 가지고 있는 것처럼 보입니다. 그들이 발견한 것을 당신도 발견했습니까?"

---

*유니테리언주의(Unitarianism)는 이성의 자유로운 활용을 강조하는 기독교의 한 분파. 하나님에 대한 절대적인 신격을 강조하고, 예수의 신성이나 삼위일체설을 부정한다. 이성적 판단과 기독교의 도덕적인 함의를 강조하며, 주로 미국 북동부 중산층 백인들의 도덕주의적인 기독교 신앙을 대변해 왔다.

이 같은 질문에 내 친구는 할 말을 잃었습니다. 그는 대학 졸업 후 선교사가 되었지만, 솔직히 그 열두 사도들이 발견한 것을 자신은 발견하지 못했음을 알고 있었습니다.

그는 집으로 돌아와 홀로 무릎꿇고 앉아 그리스도에게 자신을 온전히 맡겼습니다. 그리고 찾았습니다. 이제 그는, 그가 어떻게 생활하는지 옆에서 지켜보는 것만으로도 하나의 특권이라 생각될 만큼 이제까지 보지 못한 풍요롭고도 아름다운 삶을 누리고 있습니다. 몇 년 전 그가 죽었을 때 한 인도인 목사는 이렇게 말했습니다.

"그가 인도에서 죽지 않은 것은 참으로 다행스러운 일입니다. 만약 인도에서 죽었다면 우리는 그의 무덤에서 숭배의 예배를 드리는 죄를 범했을지도 모르니까요."

인도인들은 성서를 읽으면서 우리 기독교인들이 성서에서 가르치는 것을 행하고 있는지 알고자 합니다.

한 인도 소년이 있었습니다. 이 소년의 영어 실력은 그리 뛰어나지는 않았지만 그의 열정과 사랑은 어느 누구 못지않았습니다. 어느 날 그 소년은 내게 편지를 보냈는데, 그 편지에는 그만이 지닌 놀라운 깨달음에 대한 내용이 담겨 있었습니다.

'우리는 여기에서 엄청난 '성서부흥(rebible)'* 을 가지고 있습

---

*원래 인도 소년의 의도는 '성령부흥(Revival)'이 일어나고 있다는 뜻이었으나, 부족한 영어 실력 때문에 Revival을 Rebible로 잘못 표기했다는 뜻이다. 하지만 '성서의 내용을 재연'한다는 의미에서 실수라고만 할 수 없는 깊은 뜻을 담고 있다고 평가하고 있다.

니다.'

그리 심한 실수는 아니지요? 우리는 '성서부흥' 을 이루어야 합니다. 특히 〈사도행전〉 부분에서는 말입니다. 이 초기의 사도들에 대해 사람들이 말하길 그들은 '증거하고 설교했다' 고 합니다. 그들의 설교는 간증과 함께 살아 꿈틀거렸습니다. 그것은 마음속 깊은 곳에서 왔기 때문에 다른 사람의 마음 깊은 곳으로 다가갈 수 있었습니다.

인도 남부에서 집회를 연이어 강행하고 있을 때였습니다. 그 마지막 날에 나는 '그리스도와 확실성' 에 대해 말하였습니다. 집회를 끝내기 전, 그 순간 받은 영감 때문에 다음과 같이 말했습니다.

"이제 여기에는 많은 기독교인이 있습니다. 나는, 여러분들이 기독교인이 아닌 여러분 친구들에게 여러분이 발견한 것에 대해 몇 마디 얘기해 줄 수 있길 기대합니다. 그것은 그리스도가 당신에게 무엇을 해 주었냐 하는 것입니다."

내 말을 듣고, 낮은 카스트에 속하는 개종한 인도인이 먼저 일어나 자신을 위해 그리스도가 무엇을 하였는지 이야기하였습니다. 여기서는 낮은 신분에 속하는 사람이 제일 먼저 말하는 것이 자연스러운 일입니다. 카스트제도가 모든 것을 결정하는 인도에서 하나님께서 약한 것을 먼저 택하셔서 강한 자를 부끄럽게 하시기 때문입니다. 이것은 마치 구두 수선공이었던 윌리엄 캐리가 브라만 카스트를 위한 최초의 설교자가 된 것과 같은 원리입니다.

낮은 카스트에 속하는 사람이 말을 마치자 이번에는 브라만 카스트에 속하는 힌두교인이 일어나 자신이 찾은 것에 대해 말하였습니다. 그리고 나서는 놀랍게도 그 도시를 책임지는 영국 사무관이 일어나서 이렇게 말했습니다.

"7년 전에 이런 기회가 주어졌다면 지금 하려고 하는 이야기를 못 했을 것입니다. 그러나 7년 전, 인도로 오는 기항선의 뱃전에서 만난 한 할머니를 통하여 그것을 발견하였습니다."

그의 이야기는 아주 소박했지만 진실된 기독교인의 삶에서만 느낄 수 있는 의미 있고도 풍요로운 간증이었습니다. 그 사무관이 이야기를 마치자 이번에는 로마 가톨릭 교회의 한 평신도가 간증하기 시작했습니다.

"전에는 나 또한 이런 집회에서 말을 해 본 적이 없습니다. 그러나 오늘은 비기독교 신자들 앞에서 가만히 앉아 듣고만 있을 수는 없다는 생각이 들었습니다. 예수 그리스도께서 이르길 '나에게 오라, 수고하고 짐진 자들아, 내가 너에게 쉼을 주노라' 하시며 저를 인도하여 그에게로 왔습니다. 그는 나에게 진정한 쉼을 주셨습니다."

그날 그들의 간증은 참으로 놀라운 것이었습니다. 우리는 그동안 얼마나 많은 열매를 맺게 되었는지 알게 되었습니다. 인도의 낮은 신분과 높은 신분, 미국인과 영국인, 개신교와 가톨릭 신자, 이 모두가 힌두교인 친구들 앞에서, 그리스도가 자신들에게 베푸신 것에 대해 간증하고 있었습니다. 그 집회의 힌두교 의장은 마지막에 내게 이렇게 말했습니다.

"당신의 신학적 논쟁에는 얼마든지 대응할 수 있습니다. 그런데 이 간증들에는 어떻게 대응할지 모르겠군요."

우리는 여기서 교회 전체가 함께 연합하여 간증하면 어떠한 성과를 낼 수 있는지 알게 되었습니다. 기독교 세계는 지금 엉뚱한 이야기를 하는 데 시간을 낭비하고 있습니다. 지금 우리들은 대부분의 시간을 우리 주 하나님을 전파하는 것이 아니라 다른 기독교인을 비판하는 데 보내고 있습니다.

그것은 마치 '남의 옷을 빨아주면서' 근근히 목숨을 유지해야 하는 외딴 섬나라 사람들의 모습과 같습니다. 그러나 우리 모두가 주님의 성전에 함께 모여 즐거운 목소리로 그를 함께 간증한다고 가정해 보십시오. 어떤 일이 발생할 것 같습니까? 그 힌두교 의장이 말한 것처럼 어느 누구도 예수 그리스도를 받아들이지 않을 수 없을 것입니다.

지금 내가 단순히 입을 통해 나오는 간증에 대해서만 강조하는 것 같지만, 이 간증은 생생한 삶을 토대로 이루어져야 한다는 사실을 간과하고 있지는 않습니다. 한 집회 의장이 연사를 소개하면서 이렇게 말한 적이 있습니다.

"오늘 연설하기로 되어 있는 이 연사의 삶 자체가 이제 그가 말할 모든 살아 있는 증거입니다."

이보다 더 좋은 소개가 어디 있겠습니까? 한 친구가 어느 신발 가게에서 있었던 얘기를 들려준 적이 있습니다. 그 친구가 신발가게에 들어서는 순간, 그 가게 주인인 힌두교인이 몹시 절망스럽게 보였다고 합니다. 얘기를 들어보니 그 힌두교인은 외동아들을 잃었던 것이었습니다. 내 친구는 그를 위로하기 위해 이렇게 말했다고 합니다.

"형제여, 당신은 물론 몹시 괴로우실 것입니다. 그렇지만 그래도 하나님은 사랑이시라는 것을 기억하십시오."

그러자 그 힌두교인의 얼굴이 밝아지더니 이렇게 말했답니다.

"예, 저도 하나님이 사랑이심을 압니다."

매우 호의적인 반응을 보이는 그 힌두교인에게 흥미를 느낀 친구가 다시 그에게 질문했답니다.

"당신은 어떻게 하나님이 사랑이라는 것을 아십니까?"

"예, 저는 한때 콘포레(Cawnpore)에서 포이(Foy)라는 어르신을 모시는 일을 했었습니다. 거기서 일하면서 저는 포이 어르신의 품행을 통해 하나님의 사랑이 무엇인지 알게 되었습니다."

여기에 삶 전체가 담겨 있는 간증이 있습니다. 40년간의 아름다운 삶이 고통을 겪고 있는 힌두교인에게 지금 감동을 주고 있는 것입니다.

경험에 의해서 해석되고 아름다운 삶에 의해서 증거된 그리스도를 오늘날 인도인은 아마 거부할 수 없을 것입니다.

chapter 9

무엇을, 누구에게?

예수 그리스도는 작고 연약한 뿌리처럼 조용히, 그리고 조심스럽게

사람들의 생각의 틈 사이를 스며들어 잘못된 전통 형식과 관습을 깨뜨립니다.

그들이 예수를 흡수한다고 생각하십니까?

봄날의 촉촉한 대지가 씨앗을 흡수한다고 할 수 있습니다.

그러나 사실은 씨앗이 대지의 자양분을 흡수하고 그 땅에서 생명을 키워갑니다.

걱정하지 마십시오. 예수는 생명이십니다.

그는 스스로 자신을 돌보실 것입니다.

예수는 나누어진 바퀴의 살을 한데 묶는 중심부

교회의 분열은 우리를 완전히 마비시킵니다. 예수 그리스도를 경
험한 우리의 중심은 하나입니다. 우리를 하나로 만들어 주는 것은
그리스도이시며, 우리를 분열시키는 것은 교리입니다.

인도인의 마음 곳곳에 뿌려진 기독교 정신은 이제 공동의 관계
안에서 그 모습이 드러나야 합니다. 어떤 형태로든 마지막 결실은
교회에서 맺어져야 할 것입니다. 우리 서구 교회의 경험을 인도인
들이 어떻게 받아들이든, 이제 전적으로 그들의 판단에 맡겨야 합
니다. 인도인들이 그들의 교회를 세우고자 할 때, 그들은 서구 교
회의 경험을 그대로 적용할 수도 있고 그렇지 않을 수도 있습니
다. 그것은 오로지 인도인의 생각에 달려 있습니다. 그래서 우리
는 인도인들에게 이렇게 말할 수 있어야 합니다.

"당신의 목적을 달성하기 위해 필요한 것은 다 배우시기 바랍

니다. 그러나 당신들의 교회가 복제품이 되지 않고 여러분 자신을 위한 교회가 될 수 있도록 자신의 재능으로 예수를 창의적으로 표현하십시오."

우리는 이것이 그 자체로 위험부담을 안고 있음을 알고 있습니다. 어쩌면 인도의 고아원에서 하는 것처럼 인도인을 일정한 테두리 안에 가두고 그들을 어떤 기준에 맞추어 변화시키는 것이 훨씬 쉽고 효과적일 수 있습니다. 그러나 이런 방식은 가장 쉽지만 치명적인 결과를 가져옵니다.

사실 어떤 선교사들은 그들이 임무를 수행할 때, 철저하게 이 방식을 따르기도 했습니다. 선교 현지에 신학교를 설립하고 입학한 원주민 학생들에게 엄청난 지식을 주입했습니다. 그리고 그 학생이 졸업하여 한 교회를 책임지게 되면, 그는 자신이 신학교에서 주입받은 엄청난 양의 지식을 그 교회에 쏟아놓았습니다. 각 처에서 선교사역을 담당하는 목사들은 자기가 담당한 교회에서 같은 문구에 대해 설교하고, 같은 성서 구절을 본문으로 선택하며 똑같은 설교를 하였습니다. 그들은 3년을 주기로 같은 내용을 반복해서 설교했습니다.

처음부터 다시 시작하는 것입니다. 이것은 정말 '완벽을 가장한 실수투성이이며, 규칙적이지만 얼음처럼 정지해 있는 것과 같고, 유치찬란한 것'에 불과합니다.

예수 그리스도가 그렇게 하셨습니까? 그렇지 않습니다. 예수 그리스도는 그 자신을 사람들에게 주셨습니다. 그들이 생명을 얻게 되면, 그들은 적당한 옷을 만들어 입습니다. 그러나 그리스도께서 주신 생명은 의복 그 이상을 의미합니다.

예수를 따르는 인도인들이, 인도에서 만난 예수 그리스도를 어떻게 표현할지 우리는 알 수 없습니다. 그러나 그들이 그리스도를 중심으로 모든 것을 생각한다고 가정하면, 서양 교회의 어떤 것을 버리고 어떤 것을 취해야 할지 그들에게 약간의 충고를 해 줄 수 있습니다.

만약 인도인들이 그들의 시야를 깨끗이 유지한다면, 그들은 미미한 일로 교회의 분열을 초래하는 우를 범하지 않을 것입니다. 교회의 분열은 우리를 완전히 마비시킵니다. 예수 그리스도를 경험한 우리의 중심은 하나입니다. 우리를 하나로 만들어 주는 것은 그리스도이시며, 우리를 분열시키는 것은 교리입니다. 누군가의 말처럼, 만약 당신이 기독교인 회중에게 묻는다고 가정합시다.

"당신은 무엇을 믿습니까?"

그들은 저마다 다른 답변을 할 것입니다. 그 답변은 서로 모순적일 수도 있습니다.

어떤 두 사람의 믿음도 정확히 일치할 수는 없습니다. 그러나 만약 당신이 사람들에게 "누구를 믿습니까?"라고 묻는다면, 우리의 답은 모두 하나가 될 것입니다. 기독교에 접근할 때, '무엇을(what)'을 강조하기 시작하면 우리는 분열됩니다. 그러나 '누구를

(whom)'을 강조한다면 마치 쇠가 자석에 이끌리듯 우리 모두는 그리스도에게로 이끌려 갈 것입니다. 어떤 이는 구심력으로 기우는 경향이 있고 다른 어떤 이는 원심력으로 기우는 경향이 있습니다. 그러나 예수 그리스도는 나누어진 바퀴의 살을 한데 묶는 중심부의 역할을 합니다.

기독교 중심에 '누구를 믿는가' 라는 질문을 세워라

세례 문제, 의식의 순서, 공회, 의복, 수도회 규범 등등 분열의 핵심은 거의 모두 '무엇을 믿는가'에 관한 것이었습니다. '무엇을 믿는가' 보다 '누구를 믿는가' 라는 질문을 기독교 중심에 세웠을 때 진정으로 기독교를 이해하는 것이 가능해집니다.

·····

중국에 있는 교회가 논쟁으로 분열을 겪었습니다. 나는 왜 이런 일이 일어났는지 알고 있습니다. 중국에 있을 때, 기독교가 소개되는 방식을 보고 적잖이 충격을 받았습니다. 인도에서 내가 기독교의 복음을 전할 때에는 그 중심에 항상 그리스도가 있었습니다. 그러나 중국인에게 소개되는 기독교는 그리스도 중심의 기독교가 아니었습니다.

중국에서의 기독교는 '좋은' 가르침, '좋은' 교리 그리고 '좋은' 국가 정책의 하나로 소개되고 있었습니다. 중국에 생명과 기쁨이 넘치는 기독교를 전파하려면 인격적인 그리스도의 따뜻한 손길이 필요합니다. 활활 타오르는 예수 그리스도가 모든 것의 중심에 위치하면서 모든 의심을 불태울 것이며, 그 찬란한 불빛을 함께 받으며 동지들은 진군할 수 있을 것입니다.

'무엇을(what) 믿는가' 라는 질문만 강조하는 기독교는 분열하기 마련입니다. 이 위험은 '누구를(whom) 믿는가' 라는 질문을 강조함으로써 해소될 수 있습니다. 서구 기독교 역사에서 종파가 만들어지고 교회가 분열되었던 이유가 무엇인지 기억하십시오. 세례의 문제, 인간의 자유, 종교의식, 의식의 순서, 공회, 의복, 수도회 규범 등등 분열의 핵심은 거의 모두가 '무엇을 믿는가' 에 관한 것이었습니다. 교회가 '누구를 믿는가' 라는 문제로 분열된 것은 이른바, 유니테리언의 경우가 유일했습니다. 예수 그리스도가 누구인가? 하는 문제는 너무나 중대하고 결정적이기에 그로 인하여 분열되는 것은 어쩔 수 없습니다. 모든 것은 바로 이 예수 그리스도가 누구인가 하는 문제와 연관되어 있기 때문입니다.

예수 그리스도는 누구인가, 이러한 질문이 최근 인도 교회의 중심부에서 심각하게 제기되었습니다. 한 예리한 인도인 목사가 발견한 새로운 방식이 그로 하여금 유니테리언의 입장을 취하게 만들었습니다. 그는 인도 교회에 이 문제를 공개적으로 제기하였습니다. 우리들 중 몇몇은 지난 몇 년 동안 숨죽이며 한 신문에서 이 논쟁이 진행되는 과정을 지켜보았습니다.

선교사들은 논쟁에 끼어들지 않았습니다. 선교사들은 지금 성

장하고 있는 교회들 스스로 그들의 구주가 누구인지 결론을 내릴
수 있도록 그냥 놔두었습니다. 처음에는 유니테리언 형제의 견해
가 논의의 중심부를 차지했고 그 자리를 고수했습니다. 그러나 전
쟁이 끝나갈 때에는 논쟁의 흐름이 바뀌었고 유니테리언 형제와
그의 견해는 논의의 가장자리로 밀려났습니다.

성스러운 예수 그리스도가 중심부를 차지했습니다. 그리스도
는 그 자신이 지닌 순수한 인격의 힘으로 그 상황을 비추시고 모
든 것을 명백히 밝히셨습니다. 이제 인도의 교회는 그들의 첫 번
째 전투를 치렀습니다. 그들은 누가 그들의 구주인지 알게 되었습
니다. 단순히 선교사들이 한 말을 통해서 알게 된 것이 아닙니다.
인도의 교회 스스로가 충분히 고민하여 내린 결론입니다. 이것은
살아 있는 승리입니다.

결국 교회는 그리스도의 발 아래 무릎을 꿇고, 세상 누구보다
도 기쁘게 고백하였습니다. "나의 주, 나의 하나님"이라고. 이 승
리는 교리적인 단언을 통해 획득한 것이 아닙니다. 이 승리는 수
고를 아끼지 않고 조심스럽게 기도하고 연구하는 가운데 획득한
것입니다.

여기에서 중요한 것은 결국 그리스도가 중심이 되었다는 사실
입니다. 자유주의자이든 보수주의자이든 서로간의 치열한 투쟁
끝에는 모두 예수 그리스도에게로 끌려 왔다는 것입니다. 인도의
교회가 예수 그리스도를 중심에 놓고 다른 모든 문제는 가장자리

에 놓는다면 단결의 문제는 해결되리라 믿습니다.

예수 그리스도를 중심으로 모든 문제를 해결하고자 한다면, 인도의 교회는 서양 교회의 전철을 밟지 않을 수 있습니다. 서양 교회들이 안고 있던 많은 문제들이 인도 교회를 괴롭히지는 못할 것입니다. '무엇을 믿는가' 라는 질문을 중심으로 기독교를 이해하는 것은 불가능합니다. 기독교는 그 중심에 '누구를 믿는가' 라는 질문이 위치해 있을 때에만 이해될 수 있습니다.

예수 그리스도, 가장 놀라운 기적

기독교에서 가장 중요한 기적은 예수의 부활도 아니고 동정녀 탄생도 아닙니다. 기독교에서 가장 중요한 기적은 바로 예수 그리스도, 그분 자체입니다. 죄 없으시고 위대하신 그분이 죽음을 넘어 부활하신 것입니다.

※ ❧ ❧

기독교의 초자연성에 대해 어떤 질문이든 제기해 보십시오. 초자연적인 체계로 설명할 것입니다. 그러나 이제 인류의 이성이 보편적인 법칙을 발견함에 따라 초자연적 체계로 설명한 모든 것에 대한 신빙성이 떨어지고 있습니다. 초자연적 체계에 대한 합리적인 설명이 가해져야 하고, 기적이야기 같은 것은 부정되어야 합니다. 모든 것이 이성적 기준에 맞아야 하기 때문입니다.

그러나 기독교에서 '기적'을 논할 때는 앞에서 말한 자연법칙이나 이성적인 방법으로 설명하는 것이 아닙니다. 우리는 예수 그리스도의 인격이라는 관점에서 기적을 논의합니다. 문제는 예수 그리스도 같은 인격을 가진 사람의 주변에서 기적이 발생할 수 있을 것인가 하는 것입니다.

우리는 지금까지 대략 이런 식으로 말해 왔습니다. 예수는 초자연적인 방법으로 이 땅에 오셔서 초자연적인 일을 행하시고, 초자연적인 방법으로 부활하셨습니다. 그래서 그분은 초자연적인 인격자입니다. 기적이 예수를 이끌고 갔습니다. '무엇(what)'이 '누구(whom)'를 이끌고 다닌 것입니다. 이것은 명백히 약한 것입니다. 이것 때문에 인간의 마음이 '무엇'에게로 집중되었습니다. 그때부터 사람들이 '무엇'에 대해 논쟁하게 되었습니다. '누구'의 문제에 집중하는 것은 부수적인 것으로 치부되었습니다.

만약 우리가 좀더 현명했다면 사람들이 예수 그리스도라는 인격체에 마음을 빼앗길 때까지는 출생과 기적의 문제를 잠시 접어두자고 했을 것입니다. 예수 그리스도의 마음과 영혼에는 어떠한 불순함도 없으며 어떠한 죄도 없습니다. 이러한 예수 그리스도에게로 그들이 다가갈 수 있도록 합시다.

그들이 예수 그리스도의 손길을 느낄 수 있도록 해야 합니다. 이 예수 그리스도의 인격의 관점에서 기적의 문제를 보도록 해야 합니다. 이렇게 예수 그리스도의 관점에서 보면, 예수를 따라 다니는 그러한 기적들은 믿을 수 있는 일이 됩니다. 자연법칙의 관점에서 볼 때 기적은 어리석고 부조리한 것으로 보입니다. 그러나 예수 그리스도라는 인격체의 관점에서 본다면, 기적은 오히려 자연스러운 일이 됩니다.

　한번은 위대한 독일의 철학자이며 생기론(生氣論, Vitalism)의 주창자이기도 한 드리에쉬(Driesch)* 교수에게 물었습니다.

　"당신은 삶의 차원이 한 단계 높아질 때마다, 그 높은 차원의 삶이 있다는 증표가 그보다 낮은 차원의 삶 주변에 흔적으로 남아 있다고 생각하십니까?"

　내 질문에 고개를 끄떡이는 그의 모습을 확인하고, 계속 질문을 이어갔습니다.

　"만약 예수가 우리보다 높은 차원에 있는 존재를 대표하는 사람이라고 생각해 봅시다. 그렇다면 차원이 높은 세계에 있는 예수에게는 그에 걸맞는 일들이 발생하겠지요. 그런데 우리 눈에는 예수가 속한 높은 차원의 세계에서 발생하는 일들이 마치 기적처럼 보이지 않겠습니까? 우리는 그보다 낮은 차원의 존재이니 말입니다. 그럴 가능성은 없을까요?"

　그가 대답하였습니다.

　"예, 그럴지도 모르지요. 만약 예수가 우리보다 더 높은 차원에 있는 존재를 대표한다면, 낮은 차원에 머무는 우리 사람들의 눈에

*한스 드리에쉬(Hans Driesch, 1867～1941)
독일의 철학자이자 발생학(發生學, Embryology) 연구의 대가. 프러시아 출신으로 1911년부터 1920년까지 하이델베르그대학에서 철학을 가르쳤다. 1935년에는 독일의 나치정권에 의해 교단에서 축출당했다. 드리에쉬는 살아 있는 생물체는 단순한 화학적 작용이나 물리적 반응의 집합체가 아니라 규정할 수 없는 생기의 결정체라는 '생기론'을 발전시켰다.

는 그가 속한 세계에서 벌어지는 일들이 마치 기적처럼 보이겠지요. 그러나 그것은 과학적으로 증명되어야 합니다. 정확하게 말입니다!"

우리는 이제 기꺼이, 예수 그리스도가 우리보다 한 차원 높은 곳에 존재하는 사람인지 아닌지에 대해 논하고자 합니다. 그것을 해결하는 길은 오직 하나입니다. 여러분의 심령을 내려놓고 모든 것을 포기한 채 종의 심정으로, 예수 그리스도 앞에 서십시오. 그리고 당신 앞에 계신 분이 단순한 인간인지 아닌지 잘 살펴보십시오. 만일 그가 인간이라면 우리는 인간이 아닙니다. 우리는 인간 이하의 존재가 되어야 합니다. 왜냐하면 그는 죄인보다 우월한 존재일 뿐 아니라 성자보다도 훨씬 우월한 존재이기 때문입니다.

호그(Hogg)* 교수는 나와 함께 '인도의 길에 오신 예수'를 증거하는 데 오랫동안 사역해 왔으며 개인적으로도 잘 아는 사람입니다. 그 호그 교수는 이 문제에 대해 다음과 같이 도전적인 문장으로 표현했습니다.

---

*알프레드 호그 (Alfred G. Hogg, 1875~1954)
스탠리 존스와 존스 파쿠하, 찰스 앤드류스(Charles F. Andrews)와 함께 20세기 전반 인도에서 활동한 대표적인 기독교 선교사이다. 1903년부터 1938년까지 마드라스 기독교대학에서 학생들을 가르치면서 인도의 젊은 지식인들이 실제적으로 받아들일 수 있는 기독교 복음의 의미를 신학적으로 규명하는 중요한 작업을 진행했다. 1938년 자신이 몸담고 있던 대학에서 국제 선교협회 총회가 열렸는데, 여기서 그는 스탠리 존스와 함께 핸드릭 크래머의 '교회 중심론' 선교이론을 반대했다. 《카르마와 구원 Karma and Redemption》 등의 저술을 통해 믿음(Faith)과 신조(Belief)를 구별하면서 기독교 신앙의 믿음성, 즉 예수 그리스도를 통한 구원을 강조하면서도 인도 종교의 신조를 존중하는 통합적인 선교론을 제시했다.

우리가 예수 그리스도로부터 멀리 떨어져 일종의 방관자로서 예수님의 특성을 있는 그대로 하나 하나씩 살펴보았을 때, 우리는 그가 인간이 아니라는 어떠한 증거도 찾을 수 없습니다. 예수 그리스도는 하나님께서 모든 인간에게 부여하신 자연적인 특징을 모두 갖춘 상태임을 알 수 있습니다.

그러나 전후좌우를 살펴가며 그의 모습을 자세히 살펴본다면, 우리의 의식을 꿰뚫고 들어오는 그의 인격은 우리 영혼에 동시다발적인 충격을 주게 됩니다. 그것뿐만이 아닙니다. 예수 그리스도의 인격에 묻어 있는 순수함에 대한 추구와 세상 모든 것에 대한 자비로운 이해심, 세상을 구원하겠다는 결의와 확신, 모든 이에게 이웃이 되어 주신 점, 장엄하게 왕권을 선포하시고 아무것도 아끼지 않고 자신을 바치신 그 모습들은 우리 영혼에게 심각한 도전을 하게 됩니다. 이러한 예수 그리스도의 인격 앞에서 우리는 그를 평가하고 재단하겠다는 의도를 포기하게 됩니다.

우리는 그분의 독특함 앞에서 우리 자신을 발견해야 합니다. 우리는 그를 평가하는 것이 아니라 그를 찬양해야 할 존재입니다. 다른 것을 보지 말고, 그저 예수 그리스도를 주목해야 합니다. 그렇다면 진정한 '인간 자체'를 보게 될 것입니다. 얼굴과 얼굴을 맞대어 그분을 바라보면서 동지애와 철저한 헌신을 다짐한다면, 단지 '인간 자체'가 아니라 '절대 인격 (Person)'이신 '하나님 자신'을 만나게 될 것입니다. 나는 지

금 이것을 설명하고 있는 것이 아닙니다. 나는 지금 간증하고
있습니다."

호그, 《이 세상으로부터의 구원》, pp. 65~66.

그것을 시도해 본 그 어느 누구라도 호그 교수가 생생하게 표
현한 것이 무엇인지 알고 있을 것입니다.

기독교에서 가장 중요한 기적이 무엇입니까? 그것은 예수 그
리스도입니다. 기독교에서 가장 중요한 기적은 예수의 부활도 아
니고 동정녀 탄생도 아닙니다. 기독교에서 가장 중요한 기적은 바
로 예수 그리스도, 그분 자체입니다. 죄 없으시고 위대하신 그분
이 죽음을 넘어 부활하신 것입니다.

그분은 유일하게 죄가 없으신 분입니다. 그래서 그분 자체가
기적입니다. 이제 이 가장 중요한 기적인 그리스도로부터 출발해
서 조금 덜 중요한 기적들로 시선을 돌려보겠습니다. 그리스도의
관점에서 보게 된다면, 그러한 덜 중요한 기적들도 믿을 수 있습
니다. 그가 어떤 존재였는지 생각해 본다면, 그가 소경을 눈뜨게
하지 못하고 절름발이를 걷게 하지 못했다면 그것이야말로 오히
려 놀랄 일이 아니겠습니까? 이런 기적들은 중심 기적인 그리스
도와 잘 어울리는 기적이라고 할 수 있겠습니다. 이렇게 말할 수
있겠습니다.

"그리스도 자체가 이미 기적입니다. 그런 그가 만약 기적을 행
하지 못했다면 그것이 오히려 기적이지요."

기적이 예수를 이끌고 가는 것이 아니라 예수 그리스도가 기적을 이끌어 갔습니다. '무엇'이 '누구'를 이끌어 간 것이 아니라 '누구'가 '무엇'을 이끌어 갔습니다. 그리스도를 떠나 기적을 이야기하면, 그것은 참으로 혼란스럽습니다.

이러한 관점에서 '동정녀 탄생'이라는 곤란한 문제에 접근해 보겠습니다. 예수 그리스도를 떠나 동정녀 탄생을 이야기하면 이것은 정말 믿을 수 없고 부조리한 것처럼 보입니다. 그러나 그것을 예수 그리스도와 연결지으면 그것은 전체적으로 꼭 들어맞는 이야기가 되고, 믿을 수 있는 이야기가 됩니다.

예수가 어떻게 태어났는가 하는 것이 예수의 신성(神性)을 결정하는 것은 아니라고 단언할 수 있습니다. 만약 그가 다른 사람들과 똑같은 방식으로 이 세상에 태어났다 하더라도 나는 여전히 지금처럼 그리스도를 신성한 존재로 생각할 것입니다. 중요한 것은 예수가 이 지상에 '어떻게' 왔는가가 아닙니다.

진정으로 중요한 것은 지상에 오신 예수가 무엇을 했는가, 그리고 그 결과가 무엇인가 하는 것입니다. 그리스도가 이 세상에 오셨다는 그 기적의 관점에서 볼 때, 그가 동정녀에게서 났다는 것을 의심할 이유는 아무것도 없습니다. 무흠하셨던 예수께서 죽음의 권세를 이기시고 다시 부활하셨습니다. 이것을 믿는다면 예수 그리스도가 일반적인 출산 과정을 따르지 않고 동정녀에게서 났다는 것을 믿을 수 있지 않겠습니까?

"예수가 순결한 삶을 사신 것도 우리가 동정녀 탄생을 믿을 수 있도록 도와줍니다."

어느 아르야 사마지(Arya Samaj) 회원이 내게, 인간 역사에 있어 동정녀에게서 사람이 태어난 사례가 또 있는지 물었습니다. 나는 알지 못한다고 하였습니다. 왜냐하면 그렇게 세상에 오신 분은 예수 그리스도 한 분이시고, 또 다른 예수를 내가 만들 수는 없지 않습니까? 그는 유일하시며 그렇기 때문에 유일한 일을 하셨습니다. 기독교로 개종하지 않은 유대인이 기독교로 개종한 유대인에게 물었습니다.

"만약 우리 중 한 사람이 '나는 동정녀에게서 태어났다'고 말한다면 당신은 그것을 믿겠습니까?"

개종한 유대인이 아주 조심스럽게 답하였습니다.

"그가 그럴 만한 그리스도와 같은 분이라면 그렇게 믿겠습니다."

이것이 핵심입니다. 동정녀에게서 났다는 것을 믿을 수 있는 것은 그가 바로 그리스도이기 때문입니다. 예수가 동정녀에게서 태어났다는 사실이 중요한 게 아니라 그가 그리스도였기 때문에 동정녀를 통해 태어났다는 사실이 중요한 것입니다.

'어떻게(how)'가 아니라 '누구(whom)'에 초점을 맞추면, 모든 것을 사실 그대로 받아들일 수 있게 됩니다. 반대로 '어떻게'에 초점을 맞추면, 그것은 모호한 것이 되고 또 믿을 수 없는 것이 됩니다.

부활사건도 마찬가지로 설명할 수 있습니다. 예수 그리스도는 생명의 한계를 초월해 계십니다. 그렇기 때문에 우리는 그가 죽음에서 부활하신 것도 믿을 수 있습니다. 죄와 죽음은 우리를 붙들고 있습니다. 예수는 죄를 정복하셨으며, 우리 자신의 내적인 도덕적 양심이 그것을 증거하고 있습니다.

그가 죽음도 정복했을까요? 그가 죽음을 정복하지 못했다면 그것이야말로 정말 놀라운 일이 될 것입니다. 나는 공손히 말할 수 있습니다. 만약 예수가 죽음에서 부활하지 않았다면, 그는 반드시 그렇게 했어야만 했습니다. 만약 음침한 무덤이 그를 붙잡고 있었다면 모든 일이 잘못되었을 것이 분명합니다. 그가 죽음에서 부활하였기에 상처받고 낙담한 사도들이 담대하게 희망을 가지고 서로를 위로할 수 있었습니다.

"그리스도가 다시 살아나셨습니다."

사도들은 단순히 예수가 전 생애에 걸쳐 자기들에게 보여 준 일을 그대로 선포한 것뿐입니다. 그래서 이렇게 외칠 수 있었던 것입니다. 예수는 자신의 삶을 통해 다시 산 것입니다. 영원히 우리가 벗어날 수 없는 어둠으로부터 예수 그리스도는 다시 일어나셨습니다. 부활사건은 그 사실에 정확히 부합되는 것입니다. 그렇게 생명으로 가득 찬 무덤은 비어 있어야 마땅합니다. 그가 그리스도였기 때문에 부활이 가능했던 것입니다.

교리나 신조를 통해 예수를 만날 수 없다

그 어떤 진실된 교리도 사람을 구할 수 없습니다. 모든 교리와 신
조는 예수 그리스도의 정신을 기준으로 언제나 다시 수정, 보완되
어야 합니다. 우리는 그리스도에 의해서만 구원받을 수 있습니다.

꽃무늬 장식

우리가 예수를 바라볼 때 비로소 기독교는 의미를 지니게 됩니
다. 믿을 수 없는 사건들이 사실이 되며, 불가능한 일들도 가능해
집니다.

나를 오해하지는 마십시오. 물론 기독교에서 이야기하는 여러
가지 '무엇(what)'이 중요하지 않다는 것은 아닙니다. 그것들도
중요합니다. 교리라는 '무엇'은 예수 그리스도를 중심으로 형성
되어 왔기 때문입니다. 우리는 교리 없이는 아무것도 할 수 없습
니다. 그러나 나는 그 교리가 아주 순수한 위치를 고수하길 바라
면서 교리 해석에 있어서 언제나 그리스도가 중심이 될 수 있도

록, 또한 그의 살아 있는 정신에 의해 항상 새롭게 수정되길 바랍니다. 교리를 순수하게 지킬 수 있는 유일한 방법은 예수 그리스도의 관점에서 이를 점검하는 것입니다. 예수 그리스도를 통해서만 교리의 단점들을 명백히 볼 수 있습니다. 그 외 다른 방법은 없습니다.

그러나 우리는 다음과 같은 사실을 명심해야 합니다. 어떠한 교리도, 비록 그것이 아무리 진실되다 하더라도 사람을 구할 수 없다는 사실입니다. 어떠한 구체적인 진술이 담긴 교리도, 아무리 올바른 내용이 담긴 교리라 하더라도, 사람을 구할 수는 없습니다. 우리는 다시 한 번 그 어떤 교리도, 아무리 순수한 교리라 하더라도 사람을 구할 수는 없다는 것을 잊어서는 안 됩니다. 맥도웰(McDowell) 감독께서 이렇게 말씀하신 적이 있습니다.

"우리는 그리스도에 의해서 구원받습니다. 오직 그리스도에 의해서만 구원받을 수 있습니다. 그리고 우리가 아는 그리스도는 한 분이십니다."

오직 진정한 생명만이 생명을 구할 수 있습니다.

한 의사가 죽어가고 있었습니다. 그 옆에서 한 기독교인 의사가 "그리스도를 믿고 모든 것을 그분께 맡기라"고 그에게 말했습니다. 그 죽어가던 의사는 경이로움에 가득 차서 조용히 그 음성을 듣고 있었습니다. 새벽이 밝아왔습니다. 임종하던 그 의사는 기뻐하며 이렇게 말했습니다.

"나는 평생 '무엇'을 믿어야 할지 고민했습니다. 그런데 이제 알겠습니다. 문제는 '무엇'이 아니라 '누구'였습니다."

참생명이 새로운 생명을 준 것입니다. 더 나아가서, 우리가 그리스도에게 가까이 갈수록 교리 안에서도 서로 가까워진다는 사실을 알게 될 것입니다. 기독교의 핵심이 예수께 완전히 헌신하는 것이고, 진실로 그를 따르는 것이 제자의 도리라면, 이를 설명하고 있는 교리를 통해 새롭게 태어나고 새로운 의미를 가지게 되는 것이 당연한 일이 아닐까요?

만약 내가 예수를 따르고자 한다면 나는 다시 태어나야 하고 또 다시 태어난 삶은 이전과는 다른 삶이어야 합니다. 이 새로운 삶을 살기 위해서는 반드시 새로 태어나는 과정을 거쳐야 합니다.

예수 그리스도를 떠나서 성화된 삶을 추구한다거나 성령이 충만된 삶을 이야기하는 것은 공허한 메아리에 지나지 않습니다. 사실 이런 일은 종종 있었습니다. 그러나 우리가 예수를 충실히 따르면, 우리는 자연스럽게 성화된 삶을 살게 되고 성령이 충만해질 것입니다. 이것은 예수를 따르는 데 필요한 최소 조건이지 우리가 달성해야 할 최대 목표가 아닙니다.

만일 내가 그를 따르려고 결심하면, 예수는 나의 모든 것을 내게 요구합니다. 나 또한 나의 모든 것을 예수께 내놓고 싶어집니다. 성스러운 삶(Holiness)에 대한 설교는 너무 흐르고 넘쳐 이제는 마치 '공허함(Hollowness)'마저 느끼게 합니다. 그 단어는 이미 그리스도에게서 떨어져 나와 그 원래의 의미를 상실해 버렸습니다. 그것이 그리스도와 밀접한 관련이 있었다면 우리는 '성스러운 삶'에 대한 설교를 자제하고, 오히려 그리스도에 대해 더 많은 설교를 했을 것입니다. 사람을 성스럽게 만드는 것은 오로지 그리스도에 의해서이기 때문입니다.

물론 그리스도를 떠올릴 때, 그를 속죄의 어린양이라고 믿는 것은 그리 어려운 일이 아닙니다. 그 무제한적 사랑이 우리를 이곳까지 이끌어 온 것이 아닙니까? 하지만 그리스도께서 우리를 위해서 더 극단적인 일까지 할 수 있었던 것은 아닐까요? '속죄'라는 단어만으로 그리스도께서 우리를 위해 한 일을 모두 설명할 수는 없습니다. 그 단어가 지닌 의미를 모두 활용한다고 하더라도 그것은 불가능합니다.

이제 모든 성서가 성령의 감동으로 씌어졌다는 교리에 대해서 말해 보겠습니다. 모든 성서의 내용은 그리스도에 의해서만 깊은 의미를 지닙니다. 그러나 예수 그리스도를 떠나서 성서의 저술 과정이나 편집 과정을 이야기하는 것은 그저 다툼을 하자는 말과 다르지 않습니다. 예수 그리스도를 중심에 놓아야 합니다. 예수 그리스도에 대한 저술에 그분이 중심을 차지하지 않는다면, 그 책은 독자에게 전혀 영감을 주지 못하거나 그저 평범한 책 한 권에 불과할 것입니다. 그분의 생각, 그분의 개념, 그분 자체가 너무 숭고한 까닭에 어떠한 인간도 그분을 제대로 이해할 수 없을지도 모릅니다. 그 자체로 기적인 예수 그리스도께서는 인간의 본성과 물리적인 세계 안에서 기적을 행하셨습니다. 그래서 그리스도의 생애를 통해서 '한 번도 들어 본 적 없고, 한 번도 본 적이 없으며, 지금까지 한 번도 사람들의 마음에 이해된 적 없는 것들'이 이 세상에 펼쳐졌습니다.

지금까지 언급한 그리스도의 생애에 대한 내용이 만약 그 어떤 영감을 주지 못하는 일반적인 책에 불과하다면 이책은 반드시 수정되어야 합니다. 그러나 문제는 그것이 아닙니다. 예수 그리스도는 책의 내용에 의해 결정되는 분이 아닙니다. 책이 그리스도를 만든 것이 아닙니다. 그분이 책을 만든 것입니다.

누군가의 말처럼, 문학은 삶 자체에 대한 이야기를 통해 내용과 의미를 지니기 때문에 문학의 질이 결코 삶 자체를 능가할 수 없습니다. 만약 예수의 삶에 대해서 진정한 가치를 발견하지 못한다면, 성서의 가치에 대해 이야기하는 것은 아무런 의미가 없습니다. 성서 영감설을 유지할 수 있는 최선의 방법은 예수 그리스도 자신을 발견하는 것입니다.

우리는 교리나 신조에 대한 충성심이 아니라 예수 그리스도에 대한 충성심을 요구해야 합니다. 교리나 신조에 충성을 다하는 사람들 중에는 영적으로 죽어 있는 사람들이 많습니다. 그러나 예수 그리스도에게 충성을 다하는 사람은 영적으로 활기찬 삶을 살게 됩니다. 그분 때문에 교리나 신조가 만들어졌습니다. 그분 자신이 정말 충성된 신앙인의 모습으로 살았습니다. 그렇기 때문에 그분을 신실하게 믿는 사람이라면 그 모범을 따라 충성된 신앙인으로 살아갈 수밖에 없습니다.

우리는 절대 교리나 신조를 통해서 예수 그리스도를 만날 수 없습니다. 오직 예수 그리스도를 통해서 교리와 신조를 만나게 되는 것입니다. 또한 모든 교리와 신조는 예수 그리스도의 정신을 기준으로 언제나 다시 수정, 보완되어야 합니다.

우리에게 예수를 주십시오

한 힌두교인이 내게 말하였습니다.
"오직 예수만 주십시오. 우리가 그를 인간 예수로 만들 것이라고
두려워하지 마십시오. 그의 신성은 스스로 빛나기 때문입니다."

＊＊＊

많은 사람들이 근심하고 있습니다. 만약 우리가 확고한 교리체
계나 부동의 교회제도를 인도에 심어주지 않고 복음을 전한다면
과연 어떤 혼란이 일어날까 하고 말입니다. 그러나 그러한 두려움
은 접어 두셔야 합니다. 예수는 스스로를 책임질 수 있으신 분입
니다. 예수 그리스도께서 자신의 가르침을 처음 맡겼던 초기의 제
자들을 생각해 보십시오. 그들은 지금의 인도인보다 더 뛰어나지
도, 더 모자라지도 않은 그저 평범한 사람들이었습니다. 그들은
단지 예수 그리스도를 붙들고서 오직 그 이름 안에서 힘 있게 앞
으로 나아갔습니다. 교회나 교단에 대한 아무런 준비가 되어 있지

않았고, 체계화된 교리를 가지지도 않았습니다. 그러나 그들은 오직 예수를 향한 사랑의 열정으로 똘똘 뭉쳐, 자신들의 형식을 만들어 냈습니다. 그들의 형식은 예수 그리스도를 향한 뜨거운 사랑에서 연유했기에 참으로 진실된 것이었습니다. 그들의 새로운 형식에는 생명력이 있었습니다.

우리는 인도인들이 인도의 길에 서 계신 예수 그리스도를 만나 열정적인 사랑에 빠질 것을 믿고 있습니다. 그 사랑으로 인해 인도는 기꺼이 구원자이자 주님이 되신 예수 그리스도에게 복종하게 될 것입니다. 그리고 그 복종을 통해 인도는 그들 자신의 생각과 삶으로 예수를 찬란하고도 새롭게 표현할 것입니다.

우리 중에는 우리가 구원의 방주를 지켜야 할 의무가 있다고 믿는 사람들이 있습니다. 그러나 기억하십시오. 아무리 끔찍한 상황에서도 예수는 스스로를 돌볼 수 있습니다. 그는 유대인의 손아귀에 떨어졌습니다. 그러나 거기서 우리를 위해서 대속하셨고, 또 마침내 부활하셨습니다.

예수가 인도인 친구들의 손에 떨어진다고 지금 두려워하고 계십니까? 그들이 예수를 죽이기라도 할 것 같습니까? 걱정하지 마십시오. 누군가 예수를 삼킨다고 할지라도 그는 예전처럼 다시 부활할 것입니다. 또 다른 부활이 있을지도 모르지 않습니까! 내가 확신하는 것은, 예수 그리스도가 인도인의 생각과 삶에 들어온 이후로 모든 옛것에는 틈이 생기고 죽음의 형식들은 무너지고 있다는 것입니다. 마치 인도에서 부활이 다시 진행 중인 것처럼 보입니다.

　지금 진행 중인 어떠한 변화 속에도 예수를 잃어 버릴지 모른다는 위험은 존재하지 않습니다. 어쩌면 이러한 변화를 통해 결국 힌두교의 신의 자리 판테온(Panthon)*에 예수 그리스도가 앉히게 될지 모릅니다. 그리스와 로마에서 이런 일이 일어났습니다. 예수 그리스도를 신의 자리에 앉혔던 그리스와 로마의 판테온에서 결국 다른 모든 신들은 사라지고 예수 그리스도만이 남게 되었습니다.

　예수 그리스도는 역동적이고 전통을 뒤흔들며, 강력한 폭발력을 가진 분이기에 인간의 자만심으로 만들어진 모든 기념비를 무너뜨릴 수 있습니다. 작고 연약한 뿌리처럼 조용히, 그리고 조심스럽게 사람들의 생각의 틈 사이를 스며들어 잘못된 전통형식과 관습을 깨뜨립니다. 그들이 예수를 흡수한다고 생각하십니까? 봄날의 촉촉한 대지가 씨앗을 흡수한다고 할 수 있습니다. 그러나 사실은 씨앗이 대지의 자양분을 흡수하고 그 땅에서 생명을 키워 갑니다. 걱정하지 마십시오. 예수는 생명이십니다. 그분은 스스로 자신을 돌보실 것입니다.

　"우리에게 예수를 주십시오."

---

*판테온
판테온이라는 단어는 '모두'를 뜻하는 그리스어 판(pan)과 '신'을 뜻하는 테온(theon)이 합쳐진 말이다. 따라서 판테온은 그리스신화에 등장하는 모든 신들의 집합체를 말한다. 또한 판테온은 모든 신들을 모시고 기념하기 위해 건축한 그리스 신전을 통칭하기도 한다.

한 힌두교인이 나에게 말하였습니다.

"오직 예수만 주십시오. 우리가 그를 인간 예수로 만들 것이라고 두려워하지 마십시오. 그의 신성은 스스로 빛나기 때문입니다."

예수 그리스도가 모든 것의 주님이 되지 못하는 상황은 없습니다. 십자가에 못박히시고 심지어 무덤에 계실 때조차도 예수 그리스도는 우리 주님이 되지 않았습니까? 그분은 인도의 길에서도 주님이 될 것입니다. 종교에 대한 수많은 이견이 존재하고 힌두교 사상과 경쟁해야 하는 인도의 교차로에서도 예수 그리스도는 주님이 될 것입니다.

번잡한 인생이 서로 교차하는 지점에
인종과 종족들이 서로 울부짖는 소리가 들려오는 그곳에서
이기심과 자만의 소란스러움 너머로
우리는 당신의 음성을 듣습니다.
오, 인자여.

chapter 10

그리스도와 다른 신앙들

예수 그리스도는 그리스인들과 힌두교인들의 얼굴을 정면으로 바라볼 뿐만 아니라

이 세상 모든 민족의 인간성을 완성합니다.

예수 그리스도께서 말씀하셨습니다.

"나는 길이요, 진리요, 생명이다."

예수 그리스도는 모든 인류에게 주어진 '아멘'

즉 모든 인간성에 대해 '그렇게 되길 바랍니다'는 선포를 한 것입니다.

힌두교가 점점 죽어가고 있다

"지금 우리의 보잘것없는 삶은, 결국 힌두교가 완전히 소멸될 때까지 생존을 위해 허덕이게 될 것이며 살아남기 위해 하루하루 싸워가야 하는 처지가 될 것입니다."
이 공개서한의 내용이 인도의 현 상황을 잘 설명해 주고 있습니다.

⁂

그리스도가 인도에 왔다고 가정한다면, 그리스도는 과연 인도의 과거로부터 무엇을 요구하실까요?

이슬람교가 힌두교와 처음 대립적인 관계로 만났을 때, 이슬람교는 힌두교에게 완전한 항복을 요구했습니다. 그들은 인도로 하여금 이슬람 예언자의 말씀이 적시된 교리를 전적으로 받아들이고, 인도와 힌두교의 과거 역사를 완전히 삭제하길 원했습니다. 따라서 힌두교가 이슬람교에 저항한 것은 당연한 일이었으며, 그들은 지금도 그 저항을 계속하고 있습니다. 힌두교인들이 자신들의 삶과 과거의 역사를 모두 포기할 수는 없지 않습니까?

예수 그리스도께서도 이슬람교와 같은 태도로 모든 것을 포기할 것을 요구할까요? 인도인에 대한 예수 그리스도의 요구가 마호메트의 요구와 같은 것이겠습니까? 과거의 역사는 모두 사라져야 하고 한 치의 오점도 남지 않도록 제거되어야 합니까?

사실 이슬람의 요구가 기독교 선교사들의 요구나 태도와 같았다는 것을 먼저 인정하지 않을 수 없습니다. 만약 우리 기독교가 서구문명과 동일시되고 또 서구 방식으로 소개된다면, 혹은 기독교가 기존의 서구 교회제도에 의해 소개되거나 이미 고정된 신학적 체계에 의해 전달된다면, 기독교의 태도는 아마 마호메트의 종교와 다를 바 없다고 할 수 있을 것입니다. 우리 서구의 신학적인 체계와 교회 조직, 그리고 우리의 서구문명이 모든 인도의 과거 역사를 지워 버리고자 했을 겁니다.

그러나 만약 우리의 메시지가 그리스도에 대한 내용이고, 그 내용이 오직 그리스도에 대한 것뿐이라면 꼭 그런 방식으로 해야만 하는 것은 아닙니다. 그리스도가 유대인들에게 말씀했던 것처럼 그리스도는 이제 인도인에게도 이렇게 말할 것입니다.

"나는 파괴하러 온 것이 아니라 채우기 위해 왔노라."

그리스도가 자신의 삶과 인격 형성에 있어 유대교의 가르침과 과거의 역사에서 아름답고 좋은 것을 버리지 않았던 것처럼, 그는 아마도 인도에 대해서도 똑같이 하실 것입니다. 사실 그리스도의 말을 일반화시켜 적용할 수 있는데, 그렇다면 앞서 언급되었지만 다음처럼 해석할 수 있을 것입니다.

"나는 파괴하러 온 것이 아니라 채우기 위해 왔노라."

이것은 지역적으로는 율법과 선지자에게 적용된 말씀이지만, 사실 진실이 발견되는 곳이면 어디에서나 적용될 수 있는 말입니다. 신실한 힌두교인들은 자신의 신앙을 통해 가치 있고 아름다운 것을 보게 될 것이며 이러한 힌두교인들이 자신들이 믿고 있는 종교가 잘못되고 있음을 알게 된다면, 그에 대해 걱정하면서 자신들이 믿고 있는 종교의 미래를 생각하게 되는 것은 당연한 일입니다.

지금 많은 힌두교인들이 자신이 믿고 있는 종교가 잘못되고 있음을 근심하고 있고, 뼈저린 아픔으로 느끼고 있습니다. 인도의 한 유력 신문의 똑똑한 힌두교인 편집자가 이렇게 말했습니다.

"힌두교가 썩어가고 죽어가는 것을 지켜보는 것은 너무 가슴 아픈 일입니다. 도마스(Dhomas, 불가촉천민) 카스트들이 이를 어떻게 느끼고 있는지 잘 알고 있습니다. 나 또한 불가촉천민으로 취급받았기 때문입니다."

그 또한 외국에서 공부를 마치고 돌아왔을 때 불가촉천민으로 취급받았기에, 이때의 아픈 경험에 대해서 이야기하고 있는 것입니다.*

바로다(Baroda)의 인도 인구조사위원장은 1921년 출간된 보고

---

*외국인과의 결혼 등과 같은 카스트제도가 금지하고 있는 준수사항을 어겼을 경우, 불가촉천민으로 강등되는 등 힌두교의 모순된 점을 지적하고 있다.

서에서, 다음과 같이 기록하였습니다.

"힌두교는 다른 어떤 종교보다도 사회적으로 또 종교적으로 해체의 단계에 접어든 모습을 보이고 있습니다."

인도의 보수 신문 중 하나인 〈힌두교의 메시지 *The Hindu Message*〉에 국회의원인 셰상기리 아이야르(M.T Sheshagiri Aiyar)에게 보내는 공개서한이 발표되었습니다. 그는 힌두 사원에 일정액을 의무적으로 기부하는 것에 대한 법률을 입법한 국회의원이었습니다. 그 공개서한은 이렇게 시작되고 있습니다.

"나는 힌두교의 정통파에 속하는 사람입니다. 나는 당신이 정통파에 대해 잘 알고 있다고 생각합니다. 정통파는 비록 사람은 많지만 약하고 조직화되어 있지 않으며 자신의 목소리도 내지 못하고 있습니다. 정통파 힌두교는 지금 급속히 죽어가고 있습니다.

한두 세대가 지나면 정통 힌두교의 존재는 이제 어디에서도 찾아볼 수 없게 될 것입니다. 귀하처럼 존경받는 개혁가들은 이제 곧 그렇게도 추구하던 것들을 어디에서도 찾지 못하게 될 것입니다. 따라서 귀하는 우리 같은 정통 힌두교도들에 대해 연민의 마음을 보여 주어야 하며, 이번 법안이 어려움 없이 통과될 수 있도록 협조해 주셔야 합니다.

진정한 기사도란 한 번 쓰러진 적을 다시 치지 않는다는 사실을 잘 알지 않습니까. 인도법이 된 최근 법안은 지금의 종교적 정서를 충분히 감안하고 있지 못합니다. 귀하는 지금까지 그 법을 단지 비참한 상황에 처해 있는 여성의 지위를 동정하는 데 집중시켜 왔습니다. 바로 이 이유 때문에 귀하의 법안은 결국 우리 힌두교의 오래된 전통을 허물게 될 것입니다.

지금 우리의 보잘것없는 삶은, 결국 힌두교가 완전히 소멸될 때까지 생존을 위해 허덕이게 될 것이며 살아남기 위해 하루하루 싸워가야 하는 처지가 되고 말 것입니다."

이 공개서한의 내용이 지금 인도에서 일어나고 있는 상황을 잘 설명해 주고 있습니다. 이 장면은 그 자체로 의미심장한 내용을 담고 있다고 생각합니다.

꽃을 피울 수 있는 힌두교의 5가지 씨앗

미라가 되어 버린 힌두교의 관습과 형태에서 꽃을 피울 수 있는 씨앗이 다섯 가지가 있다고 생각합니다.
궁극적으로 실재하는 것은 영혼이란 견해/ 모든 것에 내재하는 통일성이 있다는 견해/ 우주의 중심에는 엄격한 정의가 존재한다는 견해/ 자유를 향한 열정 / 종교적인 삶에 대한 엄청난 헌신

하루는 기차에 앉아 있는데, 마드라스(Madras) 시에 소속되어 있는 두 명의 입법위원이 열띤 토론을 하고 있었습니다. 한 명은 브라만인이었고 다른 한 명은 브라만인이 아니었지만 둘 다 능력 있는 사람들이었습니다. 그들은 논쟁 중에 간혹 나에게 이야기를 건네기도 하고 또 서로를 향해 격론을 벌이기도 하였는데, 나는 외적으로 중립적 입장을 취했습니다. 한창 논쟁하던 중 브라만인이 아닌 사람이 이렇게 음성을 높였습니다.

"그렇습니다. 우리는 당신의 거룩한 발을 닦고 그 발 씻은 물을

마심으로 우리 영혼을 깨끗이 만들겠다고 소망하던 때가 있었습니다. 그러나 이제 우리도 눈을 떴습니다. 이제 우리는 당신과 같은 브라만인들을 멀리 던져 버렸습니다."

그러자 상대편 브라만인은 이렇게 큰 소리로 맞대응을 했습니다.

"그렇지! 당신은 우리를 던져 버렸지! 그리고 그와 동시에 당신은 당신의 종교도 던져 버렸어!"

상대편이 다시 대꾸했습니다.

"뭐라고요, 지금 우리들의 종교라고 했나요? 그런 종교라면, 그놈의 종교, 당장 망해 버려라!"

브라만인에만 집중되어 있는 종교로서의 브라만교가 천천히 침식되고 있음은 의심의 여지가 없습니다. 어떤 사람은 '천천히 침식되고 있는 것'이 아니라 매우 빠른 속도로 쇠퇴하고 있다고 말하기도 합니다. 이런 평가가 내려지고 있는 이면에는 간디가 펼치고 있는 불가촉천민 보호운동에 대한 브라만 카스트들의 반발 심리가 깔려 있습니다.

한 예리한 힌두교인이 통속적이지만 생생한 언어로 이 문제에 대해 내게 한 마디로 정리해 준 적이 있습니다. 그는 이렇게 소리쳤습니다.

"기독교는 증가하고 있고 힌두교는 죽어가고 있습니다. 빌어먹을!"

그가 힌두교가 죽어간다고 말할 때, 그것은 물론 전체를 정확히 설명하고 있는 것은 아닙니다. 일부 힌두교의 외적인 모습이 쇠퇴되어 가고 있는 것은 사실입니다. 그러나 그 형식 이면에서 힌두교의 살아 있는 정신은 지난 수세기 동안 면면히 그 전통을 이어왔습니다.

카스트제도와 우상숭배 그리고 브라만교는 결국 떨어져 나가 겠지만 인도 종교의 전통을 이루고 있는 핵심 내용은 여전히 남아 있을 것입니다. 그것은 보존할 만한 가치를 지니고 있는 것들입니다. 미국 발티모어에 살고 있던 한 여성이 이집트의 미라의 손에서 씨앗 몇 알을 발견하고는 곧 그것을 땅에 심었다고 합니다. 그런데 놀랍게도 그 씨앗을 심은 곳에서 나팔꽃이 피어났다고 합니다. 미라가 되어 버린 힌두교의 관습과 형태에서도 꽃을 피울 수 있는 씨앗이 다섯 가지가 있다고 생각합니다.

(1) 궁극적으로 실재하는 것은 영혼(spirit)이란 견해
(2) 모든 것에 내재하는 통일성이 있다는 견해
(3) 우주의 중심에는 엄격한 정의(justice)가 존재한다는 견해
(4) 자유를 향한 열정
(5) 종교적인 삶에 대한 엄청난 헌신

인도의 사상과 삶에 깊이 배어 있는 이 다섯 가지 씨앗은 우리 인류가 절대 잊어서는 안 될 것이라고 생각합니다.

어느 한 나라가 '실재하는 모든 것 가운데 가장 중요한 것은 영

혼이라고 믿는다' 는 것은 정말 가치 있는 말이라고 할 수 있습니다. 버나드 루카스(Bernard Lucas)는 이렇게 말한 바 있습니다.

"우리 서양인들은 물질세계만이 실재한다고 생각하고 영혼은 있을 수도 있는 것이라 가정하는 반면, 인도인들은 영혼의 세계를 실재라고 생각하고 물질 세계는 있을 수도 있는 것이라 가정합니다."

인도인들은 영혼의 세계가 실재한다고 확신하지만 물질이 실재하는지에 대해서는 확신하지 않습니다. 이것은 어쩌면 물질주의가 이토록 만연하고 우리 모두의 목을 죄여 가는 이 물질 우선주의 세상에서 한 가닥 희망을 가질 수 있도록 하나님이 마련해 놓으신 정신이 아닐까요? 또 존재하는 모든 것 안에 통일성이 내재해 있다는 생각 또한 보전해야 할 가치가 있지 않겠습니까? 인도인들의 이러한 사고는 지나치게 멀리 나아가 다신교(pantheism)에 빠지게 되었지만, 다른 각도에서 생각한다면 결국 모든 것이 신 안에 존재한다고 믿는 만유내재신론*(panentheism)으로 수정될 수 있는 길이 열려 있습니다. 이러한 사고는 우리로 하여금 세상의 모든 실재하는 것에 통일성을 부여해 줍니다. 이로 인해 보

---

*만유내재신론(Panentheism)
모든 것을 신의 입장에서 보는 범신론(Pantheism)과 대비되는 개념으로 이 세상 모든 것이 신의 영역에 포함되어 있다는 견해이다. 전 우주를 신의 몸으로 보는 매튜 폭스(Matthew Fox)와 같은 신학자들에 의해 자연생태 보호를 위한 철학적 근간을 제공하고 있는 이론이기도 하다. 반기독교적 견해를 포함하고 있는 범신론과 달리 기독교의 창조론과도 일정한 연관성과 공통점을 가지고 있다.

다 친근하고 의미 있으며 우호적인 세계에 우리가 속해 있음을 느끼게 합니다.

또 인도인들처럼 우주 중심에 정밀하고 완전한 정의가 있다고 느끼는 것도 정말 가치 있지 않습니까? 그러나 카르마(karma)와 연관된, 피도 눈물도 없는 무자비한 사상은 반드시 수정되고 개선되어야 합니다. 반면 엄격한 정의가 전 우주의 중심부에 있다는 사상은 모든 것을 쉽게 용서해 버리는 우리의 결함을 고치는 데 많은 역할을 할 수 있으리라 확신합니다.

내적 자유를 향한 열정, 즉 보이는 현상 세계에 존재하는 모든 속박을 깨뜨리고자 하는 열망은 인도인의 영혼에서 고동치는 아름다운 열정이며, 이것이 다른 이들의 자유를 위한 열정으로 확대되기만 한다면, 이 열정은 전 인류의 공동체적인 삶에 지대한 공헌을 하게 될 것입니다.

그러나 무엇보다도, 인도가 우리에게 중요한 이유는 바로 종교적인 삶에 대한 그들의 엄청난 헌신 때문입니다. 그들에게는 종교가 모든 것을 요구할 뿐만 아니라 모든 것을 지탱하는 원동력입니다. 이러한 인도인들의 태도는 미온적이고 편협된 종교관을 가지고 있는 우리 자신을 반성하게 합니다. 이런 태도를 버려야 한다고 인도인들은 종교에 임하는 그들의 자세를 통해 우리에게 강변하고 있습니다.

힌두교의 단단한 껍질이 깨어지고 조각나면, 우리에게 이러한 가치를 남기게 될 것입니다. 그것을 어떻게 하면 보존할 수 있겠습니까? 이것은 동서양을 막론하고 누구에게나 소중한 것입니다.

나는 이것이 예전 형태대로 보전될 수는 없으리라 생각합니다. 예전의 것들은 이미 힘을 잃었습니다. 예전의 것들은 새롭게 할 능력이 없습니다. 새로운 틀과 새로운 동기가 그들에게 제공되어야 합니다.

그리스도가 힌두교의 유일한 희망입니다

과거 좋은 점을 가지고 있는 힌두교 사상이 기독교 안에서 죽어야
마땅합니까? 그들의 과거가 살아 있는 새로운 길로 표현될 수는
없습니까? 예수 그리스도께서 그들의 새로운 동기와 틀이 되어야
하지 않겠습니까?

맥이베르(MacIver)*가 이렇게 언급한 것을 기억하십니까?

"권위는 새로워져야 합니다."

그는 또한 다음과 같이 말했습니다.

> "외적인 제재가 사람들의 행동을 통제하는 데 이미 힘을 잃었
> 다면 그들을 강제적으로 규제하는 것이 아무 효과를 발휘할
> 수 없을 뿐만 아니라 적절한 동기를 부여해서 그들을 움직이
> 는 것도 더 이상 의미가 없습니다. 새롭게 시작하는 그들의
> 삶에 통일성을 부여해야 합니다. 과거의 것으로는 절대 이것
> 을 이룰 수 없습니다. (R. M. MacIver, 《공동체 Community》, p. 300)

*맥이베르(R. M. MacIver, 1882~1970)는 스코틀랜드 출신의 사회학자이며 교육자였다.

그렇다면 이 새로운 삶의 통일성을 어디서 찾을 수 있을까요? 힌두교인 스스로가 그 삶의 통일성을 찾기 시작했습니다. 이 문제에 대한 심각성을 깨닫기 시작했고 스스로 의문점을 발견하기 시작한 것입니다.

어느 도시에서 브라만인들이 우리 집회의 책임을 맡고 있었습니다. 그들은 정부 관리자들에게 집회를 알리는 게시물을 보냈습니다. 그들은 힌두교 사원의 건물 내에서 집회를 가지기로 결정을 내렸습니다. 사실 힌두교 사원에서 기독교 집회를 연다는 것은 그 전까지는 상상도 못할 일이었습니다. 그날 사원은 집회를 위해 기다란 리본으로 장식되어 있었습니다. 힌두교인 안내원들이 집회에 참석한 사람들을 안내했고 그 도시의 지도자급 힌두교인이 집회의장이 되었습니다.

통역할 기독교인이 없다는 것을 알고 그들은 힌두교인 통역자를 내주었는데, 그는 영혼이 아름답고 머리가 명석한 사람이었습니다. 강연 첫날, 내 앞에 지팡이를 짚고 서 있던 그는, 아주 위엄 있는 자세로 통역했습니다. 그러나 그 다음 날 그는 마치 무슨 큰 감흥이라도 받은 듯 나의 행동을 따라하면서 열정적으로 통역하기 시작했습니다.

첫날 내가 연설을 반쯤 마쳤을 때였습니다. 힌두교 사원에서 종이 울리더니 저녁 예배를 알리는 나팔소리가 울렸습니다. 힌두교 사원의 본당이 우리가 있는 곳으로부터 멀리 떨어져 있지 않은 관계로 주위는 시끄러워지기 시작했고, 내 목소리조차 들을 수 없는 지경에 이르렀습니다. 나는 어찌할 바를 몰라하며 가만히 서 있었습니다. 그러자 한 힌두교인 신사가 일어서서 말했습니다.

"선생님, 잠시만 앉아 계십시오. 십 분이면 조용해질 겁니다. 우리도 모두 앉아서 기다리겠습니다."

나는 자리에 앉았습니다. 연설을 듣고 있던 많은 군중들 가운데 힌두 사원으로 가기 위해 그 집회 장소를 떠났던 사람은 불과 6명 정도밖에 없었습니다. 그들은 앉아서 기다렸습니다. 5~6분이 지나자 조용해졌습니다. 그리고 나는 아무 일도 없었던 것처럼 다시 연설하기 시작했습니다.

둘째 날은 '예수의 보편성'에 대해 강연했습니다. 강연을 마칠 때쯤에 한 힌두교인 변호사가 일어나 내게 질문했습니다.

"당신은 힌두교가 본래의 장점이나 특징을 잃지 않고도 점차로 기독교로 발전해 갈 수 있다고 생각지 않으십니까?"

나도 그렇게 되리라 생각한다며 그의 의견에 동의를 표했습니다. 그는, 사람들이 점차 전통 힌두교에서 떠나는 것을 보아 왔던 터라 전통 힌두교가 지니고 있는 장점까지 사라질까 봐 걱정하고 있었습니다. 나는 그에게, 예수는 좋은 것을 파괴하러 온 것이 아니라 그것을 보전하러 온 것이라고 말해 주었습니다. 인도가 새롭게 지녀야 할 삶의 통일성은 바로 예수 그리스도가 아니겠습니까? 그렇습니다. 바로 예수 그리스도입니다.

마드라스의 한 지도자급 힌두교인 변호사가 그 결론에 대한 자신의 믿음을 다음과 같이 표현하였습니다.

"힌두교가 다시 활기를 찾는 유일한 길은 그리스도의 정신을 얻는 것입니다."

힌두교인 고등법원 판사는 이를 보다 요약해서 말했습니다.

"그리스도가 힌두교의 유일한 희망입니다."

새로운 삶을 얻으려면 과거 인도의 좋은 점을 지니고 있는 그러한 사상들이, 그들의 과거가 기독교 안에서 죽어야 마땅합니까? 그들의 과거가 살아 있는 새로운 길로 표현될 수는 없습니까? 예수 그리스도께서 그들의 새로운 동기와 틀이 되어야 하지 않겠습니까?

나는 이렇게 굳게 믿고 있습니다.

"지금까지 세계를 떠돌아다니던 이러한 신성한 생각들은 이제 거의 그 신비로운 시작의 지점조차 잃어 버리게 되었습니다. 이 신성한 생각들은 이제 새로운 피와 살이 덧입혀져, 추상적인 생각과 사실적인 것들이 서로 만나고 서로 영원히 연합하게 될 것입니다."

예수 그리스도께서 바로 그 피와 살이 되십니다. 예수의 피와 살이 그들을 덧입힐 것입니다. 그리고 예수 그리스도의 실재하심을 통해 그들의 신성한 생각들은 새로운 표현의 기회를 가지게 될 것입니다.

인습을 타파하고자 하는 자들의 역할은 쉽습니다. 그러나 과거에 존재했던 것 중 보존해야 할 만한 가치가 있는 영적·도덕적 가치들을 조심스럽게 모으고자 하는 자의 역할은 훨씬 어렵고 훨씬 가치가 있습니다. 그래서 우리는 동양으로 가서, 우리가 거기서 찾은 좋은 것에 대해 하나님께 감사해야 합니다. 그것이 바로 하나님께서 동양인의 마음에 남기신 흔적이라는 것을 믿기 때문입니다.

하나님은 우리보다도 먼저 거기에 계셨습니다. 인간의 마음이 열린 곳이면 어디나 하나님은 계십니다. 마음의 조그마한 열린 틈만 있어도 하나님의 빛은 그 안을 환하게 비추십니다. 세상에 있는 모든 사람의 마음을 밝히는 그 모든 빛은 예수 그리스도에게 그 초점을 맞추고 있으며, 그는 우리의 생명일 뿐만 아니라 빛이 되십니다.

예수는 윤리이고 철학이며 종교이다

"나는 길이요" 이것은 윤리입니다. "나는 진리요" 이것은 철학입
니다. "나는 생명이다" 이것은 종교입니다. 예수는 영원한 생명이
시고, 그는 다른 모든 말씀이 요약된 영원한 말씀입니다.

동양과 서양의 과거 역사를 완성하기 위해서 예수 그리스도가
얼마나 놀랍도록 노력했는지, 나는 그리스인이 발견한 생의 목적
과 힌두교인이 발견한 생의 목적, 그리고 예수 그리스도가 자신에
대해 말한 것을 비교해서 살펴보고자 합니다. 그리스인은 유럽의
정신이라 불러도 좋을 만큼 철학적인 사고의 기초를 확립해 놓았
고, 힌두교인들은 아시아의 정신이라고 불릴 만큼 훌륭한 철학적
사고를 한 사람들입니다. 그리스 사람들은 생의 목적을 진(眞), 선
(善), 미(美) 세 가지라고 했습니다. 힌두교인들은 야나(Jyana), 박
티(Bhakti), 그리고 카르마(Karma), 세 가지라고 하였습니다. 이
차이점만 보아도 우리는 힌두교인들이 그리스인보다 훨씬 더 종

교적인 사람들이라는 것을 알 수 있습니다.

힌두교인에게 진정한 인생의 목적은 '브라마(Brahma)'를 얻는 것으로 요약됩니다. 이것을 얻는 방법은 세 가지인데, 하나는 야나 마르가(Jyana Marga), 즉 지식을 통한 방식이고, 다른 하나는 박티 마르가(Bhakti Marga), 즉 헌신 또는 신애(信愛)의 방법이며, 마지막은 카르마 마르가(Karma Marga), 즉 행동규범의 준수나 행위를 통한 방법입니다.

예수 그리스도는 그리스인과 힌두교인 사이에, 다시 말하자면 동양과 서양의 중간 지점에서 다음과 같이 말씀하십니다.

"나는 길이요, 진리요, 생명이다."

그리스인을 향해 그는 말합니다.

"나는 길이다."

이것은 그리스인에게 '선'을 행하는 방법을 말해 주고 있습니다. 그분은 말씀하셨습니다.

"나는 진리이다."

그리스인이 말하는 '진리'와 동일합니다.

"나는 생명이다."

그리스인이 생각하는 '미'에 해당하는 것입니다. 힌두교인을 향해 예수 그리스도는 이렇게 말합니다.

"나는 길이다."

이것은 카르마 마르가, 즉 행위를 통한 구원의 방식을 말합니다.

"나는 진리이다."

이것은 힌두교인들에게 야나 마르가, 즉 지식을 통한 구원의 길을 말합니다.

"나는 생명이다."

이것은 힌두교에서 추구하는 '박티 마르가' 의 방식을 말합니다. 헌신 또는 신애(信愛)의 방법을 제시하고 있습니다. 따라서 예수 그리스도는 이렇게 말씀하는 것이 됩니다.

"나는 진이요, 선이요, 미이다! 나는 '야나' 이며, '카르마' 이며, '박티' 이다! 그렇다, 나는 길이요, 진리요, 생명이다!"

그리스인들의 생의 목적은 예수 그리스도께서 그것을 사실로 만들기 전까지는 그저 아름다운 생각의 단편에 지나지 않았습니다. 조지 엘리어트(George Eliot)가 말했습니다.

"생각이란 것은 그것이 구체화되기 전에는 그저 보잘것없는 그림자에 지나지 않는다."

그 후 그리스인들은 슬픈 눈으로 우리를 쳐다보다가 힘 있게 우리를 만지게 되었고, 이로 인해 새로운 힘을 얻게 되었습니다. 오직 '말씀이 육신이 되었을 때' 우리는 새로운 힘을 얻고 앞으로 나아갈 수 있습니다. '보편적인 미' 는 내가 '그것이 보입니다' 라고 말할 수 있기 전에 눈앞에 그림으로 펼쳐져야 합니다. '보편적인 선' 은 '내가 사랑합니다' 라고 말하기 이전에 행동으로 나타나야 합니다. '보편적 진리' 는 '내가 이해합니다' 라고 말하기 전에 자서전처럼 생생히 전달되어야 합니다.

예수 그리스도가 바로 그 보편적인 미의 그림이요, 보편적인 선의 행동이며, 보편적인 진실의 자서전인 것입니다. 그는 이 모든 개념이 구체화된 존재입니다.

'야나 마르가'는 지식에 대한 헌신입니다. '카르마 마르가'는 행동규범에 대한 헌신이며, '박티 마르가'는 주님에 대한 사랑의 헌신입니다. 예수 그리스도는 그 지식이 사실화된 것이며, 행동규범이 존재의 근거가 된 것이며, 영원히 찬미될 주님이 되셨습니다.

예수 그리스도는 그리스인들와 힌두교인들의 얼굴을 정면으로 바라볼 뿐만 아니라 이 세상 모든 민족의 인간성을 완성합니다. 현대의 사상가들은 인간성의 본질을 지성(知性)과 감성(感性), 그리고 의지(意志)로 분석합니다. 예수 그리스도가 말씀하셨습니다.

"나는 길이요."

이것은 현대 사상가들이 제기한 '의지'에 대한 대답입니다.

"나는 진리요."

이것은 '지성'에 대한 답입니다.

"나는 생명이다."

이것은 '감정'에 대한 답입니다.

예수 그리스도는 모든 인류에게 주어진 '아멘', 즉 모든 인간성에 대해 '그렇게 되길 바랍니다'라는 선포인 것입니다. 그는 이 세상 모든 것을 완성하셨습니다. 우리 모두를 완성하신 영원하신

분이십니다. 그러나 더 중요한 것이 있습니다. 예수 그리스도께서
는 이 세상의 과거, 현재, 미래의 모든 사고와 문화의 얼굴을 직접
대면하시면서 선포하고 계십니다.

"나는 길이요" 이것은 윤리입니다.
"나는 진리요" 이것은 철학입니다.
"나는 생명이다" 이것은 종교입니다.

예수는 윤리이고 철학이며 종교입니다. 왜냐하면 그는 영원한
생명이시고 그 생명은 이 모든 것을 포함하면서 넘쳐나기 때문입
니다. 그는 다른 모든 말씀이 요약된 영원한 말씀입니다.

물론 이러한 견해에 반대하는 사람들도 있습니다. 이 의견에
반대하는 사람들은 이렇게 주장합니다. 이 모든 것들은 예수 그리
스도가 이 땅에 오기 전에 이미 존재하고 있던 것이라고. 그들은
예수에게서 별로 새로운 것을 발견할 수 없다고 주장합니다.

다음은 맥킨토시가 내게 말해 준 이야기입니다. 한 골동품 상
인이 자신의 친구에게 그리스 조각상의 특징을 설명하고 있었습
니다. 그 골동품 상인은 하나 하나 예를 들며 설명하길, 그리스 조
각상은 아시리아인, 히타이트인 그리고 이집트인의 조각술에서
그 기초가 형성되었기 때문에 사실 그리스인이 새롭게 창조한 것
은 아무것도 없다고 의기양양하게 말하고 있었습니다. 그러자 듣
고 있던 그의 친구가 이렇게 대답했습니다.

"그리스인이 아무것도 새롭게 창조한 것이 없다구요? 그럼, 저 아름다움은 도대체 무엇입니까?"

예수 그리스도가 아무것도 새로운 것을 창조하지 않았다고 말하시렵니까? 천만에 말씀입니다. 예수 그리스도 그분 자체가 바로 새로움입니다.

chapter 11

확고한 예수 그리스도

예수 그리스도는 하나님께로 가는 방법에 대해 긴 논쟁을 하지 않았습니다.

그는 조용히 말했습니다.

"내가 길이다."

많은 사람들이 빌라도가 했던 질문을 떠올리며 "진리가 무엇인가?" 묻습니다.

예수 그리스도는 스스로를 보여 주시며 말씀하셨습니다.

"내가 진리이다."

스펜서는 물리적인 세계의 존재에 대해 정의했지만

예수는 스스로를 내보이시면서 생명 그 자체를 정의하셨습니다.

"내가 생명이다."

예수를 진실된 마음으로 바라보는 사람은

그가 생명 그 자체를 보고 있다는 것을 영혼 깊은 곳에서 느낄 수밖에 없습니다.

증명하려 하지 않고 직접 보여 주다

예수 그리스도는 하나님의 존재에 대해, 하나님의 삼위일체에 대해 증명하려 하지 않았습니다. 그는 스스로 하나님의 사랑과 정반대되는 십자가에 달리셨고, 못박히는 아픔과 비극을 통해 하나님의 깊은 사랑을 행동으로 보여 주셨습니다.

※ ☙ ☙ ☙

인도는 신비한 나라입니다. 인도에 도착해서 첫숨을 들이마시기만 해도 여러분은 이 사실을 알 수 있을 것입니다. 예수 그리스도는 최고의 신비로움입니다. 그는 보이지 않는 실재를 체험하셨던 분입니다. 그는 밤새도록 기도하고 아버지 하나님과 교통했습니다. 그는 하나님 안에 사셨고 하나님은 그 안에서 살고 있었습니다. 예수 그리스도가 "나와 아버지는 하나이다"라고 말하실 때, 우리는 그것이 진실임을 알게 됩니다.

신비가인 예수 그리스도는 신비가 가득한 땅인 인도에서 주목을 받아 왔습니다. 그러나 신비로운 예수 그리스도는 놀라울 정도로 구체적이며, 또 실재적인 분이기도 합니다. 인도는 '언어로 만든 와인에 스스로 취한다'는 표현이 있을 정도로 사색과 논쟁을 즐기는 나라입니다. 이러한 인도에 예수 그리스도가 매우 신선하고도 실재적인 것들을 가져 왔습니다.

그는 사색에 머문 것이 아니라 가르치셨습니다. 그는 '아마' 나 '그럴 수도' 혹은 '내 생각에는'과 같은 말들을 사용한 적이 없습니다. 그의 말씀 자체에는 구체적인 확신이 담겨 있습니다. 그의 말씀은 확실한 권위로서 우리 영혼에 진한 감동을 줍니다.

예수 그리스도는 모성의 신성함에 대해 논쟁하지 않습니다. 아기였을 때 그는 어머니의 젖을 먹었고, 그 장면 자체가 신성한 모성애를 보여 주는 것입니다.

예수 그리스도는, 생명 자체는 성장이며 인격은 노력하여 얻을 수 있는 것이라고 주장하지 않습니다. 몸이 성장함에 따라 그의 지혜도 성장했고, 그리하여 하나님과 사람들의 기쁨이 되셨습니다.

예수 그리스도는, 왜 이 세상에 유혹이 존재하는지에 대해 논쟁하지 않았습니다. 사탄이 그를 유혹하려 했으나 그는 광야에서 40일 동안 사탄과 싸워 유혹을 물리치셨습니다. 그리고 성령의 힘으로 충만하여 갈릴리로 돌아왔습니다.

예수는 노동의 신성함에 대해 논쟁하지 않았습니다. 그는 목수로 일했으며, 그의 손은 멍에와 쟁기를 만드는 수고로 딱딱하게 굳어졌습니다. 그는 이것을 통해 일하는 손이 영예롭다는 것을 보여 주셨습니다.

우리는 가족들과 친구들 사이에서만 빛과 소금의 역할을 다해야 하는 필요성에 대해 예수 그리스도께서 역설하는 것을 들어본 적이 없습니다. 예수 그리스도는 나사렛에서 사람을 고치고 변화시키는 계획을 이야기하셨습니다. 그리고 그의 말씀을 들었던 친척들과 마을 사람들은 예수의 입에서 나오는 은혜로운 말씀을 듣고 놀랐습니다.

예수 그리스도께서 무리들과 함께 계실 때 그는 하나님의 존재에 대해 증명하려 하지 않았습니다. 그는 하나님을 직접 보여 주셨습니다. 그는 하나님 안에 살았고, 그의 얼굴을 보는 모든 사람들은 하나님의 존재를 의심하지 않게 되었습니다.

예수 그리스도는 소크라테스처럼 영혼불멸에 대해 논쟁하지 않았습니다. 그분 스스로 사망의 권세를 이기시고 다시 살아나셨습니다.

예수 그리스도는 하나님의 삼위일체를 설명하기 위해 고민하지 않습니다. 그는 말씀하셨습니다.

"내가 하나님의 성령으로 악마를 내쫓으면 하나님의 나라가 너희에게 임하리라."

여기에 삼위일체가 있습니다. '나', '성령' 그리고 '하나님' 이 모든 표현에 다 들어 있습니다. 삼위일체는 고민해야 할 대상이 아니라 구원을 이루는 실제적인 힘입니다. 악마를 내쫓고 하나님의 나라를 가져오는 힘입니다.

예수 그리스도는 아이들의 가치에 대해 교훈적인 설교를 하지 않았습니다. 그는 아이들의 머리에 손을 얹고 그들을 축복하며 그가 있는 한가운데에 앉히며 간결하게 말했습니다.

"하나님의 나라가 이러할 것이다."

그리고 그들을 죽음에서 일으켜 세웠습니다.

예수 그리스도는 하나님이 기도에 응답하신다고 주장하지 않습니다. 그는 밤새도록 기도했고 아침이 되면 '하나님의 능력이 임하여서 모든 아픔이 치료되는' 또 다른 하루가 시작되었습니다.

예수 그리스도는 아름다운 우정과 인간의 동정심을 화려한 색으로 장식하지 않았습니다. 그는 그저 친구의 무덤 앞에서 눈물을 흘리셨습니다.

예수 그리스도는 여성의 가치와 평등권에 대해 논쟁하지 않았습니다. 그는 무한한 존경심을 가지고 여성을 대했으며, 여성에게 자신의 가장 숭고한 가르침을 주셨습니다. 그가 죽음에서 부활하였을 때 처음 그의 모습을 본 사람도 여성이었습니다.

예수 그리스도는 겸손의 필요성에 대해 학교에서 교사가 가르치는 것처럼 가르치지 않았습니다. 그는 스스로 허리에 수건을 두르고 무릎을 꿇어, 그의 제자들의 발을 씻겨주었습니다.

예수 그리스도는 지금 우리들처럼 인격의 동등한 가치라는 문제에 대해 논쟁하지 않았습니다. 그는 스스로 사람을 사랑했고 그들을 섬기셨습니다. 그는 가난하고 버림받은 사람들과 함께 떡을 떼셨습니다.

예수 그리스도는 세상에 만연한 고통과 슬픔이 어떻게 하나님의 사랑과 양립할 수 있는지 증명하지 않았습니다. 그는 스스로 하나님의 사랑과 정반대되는 십자가에 달리셨고, 못박히는 아픔과 비극을 통해 하나님의 깊은 사랑을 행동으로 보여 주셨습니다.

예수 그리스도는 나약한 인간들이 본질적으로 변화되면서 어떻게 세상을 널리 이롭게 하는지, 이에 대해 논하지 않았습니다. 그는 갈릴리의 어부들과 같은 약한 사람들을 불러모았습니다. 그리고 그들을 변화시켜 세상으로 내보냈습니다. 나약한 인간들이 변화되어 세상을 바꾸고 구원의 소식을 선포하는, 이전에 볼 수 없었던 강력한 능력을 보이셨습니다.

예수 그리스도는 책을 쓴 적이 없습니다. 우리에게 알려진 대로 그가 글을 쓴 것은 단 한 번인데, 그것도 모래 위에 쓴 것이었습니다. 그것은 사람들의 양심과 마음에 대한 글이었는데, 이것은 세상에서 가장 귀한 글이 되었습니다.

예수 그리스도는 멀리 떨어져 있는 비현실적인 이상향을 그리지 않았습니다. 그는 하나님의 나라가 바로 지금 우리에게 임하였다는 것을 선포했습니다.

세례 요한은 그가 감옥에 있을 때 제자로 하여금 자신을 구하고자 사람을 보내려고 한 메시아가 예수 당신인지, 아니면 우리가 다른 사람을 더 기다려야 하는지 묻게 했습니다(마태복음11:2~3). 예수 그리스도는 세례 요한의 제자와 함께 그 문제를 논의하지 않았습니다. 그는 간단히 그리고 조용히 대답하였습니다.

"너희가 가서 듣고 보는 것을 요한에게 고하되 소경이 눈을 뜨고 앉은뱅이가 걸으며 문둥이의 상처가 깨끗이 아물고 귀머거리가 들으며 죽은 자가 살아나며 가난한 자에게 복음이 전파된다 하라."

그렇게 말했을 뿐입니다. 그의 논쟁은 결국 사실들의 나열이었던 것입니다.

예수 그리스도는 사랑의 아름다움에 대해 논하지 않았습니다. 그는 실제로 사랑했을 뿐입니다. 우리는 성서 어디에서도 영적인 삶이 물질세계를 과학적으로 정복할 것이라고 논쟁하는 예수 그리스도의 모습을 찾아볼 수 없습니다. 그는 단지 물 위를 걸으셨습니다.

그는 그 주변 사람들이 느끼는 배고픔을 알고서 그냥 지나치지 않으셨습니다. 그는 다섯 개의 빵과 두 마리의 물고기로 5천 명을 먹이셨습니다.

사람들이 예수 그리스도에게 몸과 마음이 병든 사람을 데리고 왔습니다. 그의 몸은 병들었고 그의 마음은 죄로 인하여 더 깊이 병들었습니다. 예수 그리스도가 그 병든 자에게 가서 먼저 그 깊은 마음의 병을 향해 말씀하셨습니다.

"네 죄 사함을 받았느니라."

사람들이 이 말에 이의를 제기하자 예수 그리스도는 말했습니다.

"네 죄 사함을 받았느니라 하는 말과 일어나 걸어가라 하는 말 중 어느 것이 쉽겠느냐? 그러나 인자가 세상에서 죄를 사하는 권세가 있는 줄을 너희로 알게 하려 하노라" 하시고 중풍병자에게 말씀하시되 "일어나 네 침상을 가지고 집으로 가라!"고 명하셨습니다. 밖으로 드러나는 구체적인 기적은 내적인 기적의 증거입니다.

한 인간의 영혼이 천하 우주의 만물보다 중요하다

예수는 불쌍한 한 영혼을 구하기 위하여 2천 마리의 돼지를 희생하
셨으며, 십자가에 못박히는 고통속에서도 이렇게 기도하였습니다.
"하나님 아버지, 저들을 용서하소서, 저들은 지금 저들이 하는 일을
알지 못하나이다."

사람들은 예수 그리스도를 언제나 사실과 함께 하시는 하나님
의 아들이라 불렀습니다. 우리는 심판의 날, 보좌에 앉으신 예수의
모습에서 이러한 사실과 함께 하시는 그리스도를 만나게 됩니다.
오른편에 서 있는 사람들에게 예수는 이렇게 말하지 않았습니다.

"너는 나를 믿고 나의 교리를 신봉하였으니, 하나님의 나라가
너희에게 허락되었다." 대신 그는 이렇게 말했습니다.

"내가 주릴 때에 너희가 먹을 것을 주었고 목마를 때에 마시게
하였고 나그네 되었을 때에 영접하였고, 벗었을 때에 옷을 입혔고,
병들었을 때에 돌아보았고, 옥에 갇혔을 때에 와서 보았느니라."

이러한 사실에 충실했던 사람들, 즉 예수 그리스도를 진실로 따르는 자들은 혹시 실수로 자기들이 하늘나라에 들어가는 것이 아닐까 하여 다시 예수 그리스도에게 물었습니다.

"주여, 우리가 어느 때에 주의 주리신 것을 보고 공궤하였으며 목마르신 것을 보고 마시게 하였나이까? 어느 때에 나그네 되신 것을 보고 영접하였으며 벗으신 것을 보고 옷 입혔나이까? 어느 때에 병드신 것이나 옥에 갇히신 것을 보고 가서 뵈었나이까?"

주님이 대답하였습니다.

"너희가 여기 내 형제 중에 지극히 작은 자 하나에게 한 것이 곧 내게 한 것이니라."

예수 그리스도는 스스로 구체적인 삶을 살았을 뿐 아니라 자신을 따르는 자에게도 구체적인 삶을 살길 요구하고 있습니다.

예수 그리스도는 한 인간의 영혼이 천하 우주의 만물보다 더 중요하다고 말합니다. 그는 폭풍이 몰아치는 호수를 건너 귀신이 몸에 들어간 불쌍한 영혼을 찾아가서 주저없이 2천 마리의 돼지를 희생하며, 한 사람의 영혼을 구하였습니다.

예수 그리스도는 원죄 없이 태어날 수 있는 가능성에 대해 신학적인 논쟁하지 않습니다. 그는 스스로를 보여 주며, "누가 나를 죄있다 하겠느냐?"라고 말했습니다. 예수 그리스도가 말씀하셨습니다.

"누구든지 네 오른편 뺨을 치거든 왼편도 돌려 대며, 또 너를 송사하여 속옷을 가지고자 하는 자에게 겉옷까지도 가지게 하며,

또 누구든지 너로 억지로 5리를 가게 하거든 그 사람과 10리를 동행하고, 네게 구하는 자에게 주며 네게 꾸고자 하는 자에게 거절하지 말라. 또 네 이웃을 사랑하고 네 원수를 미워하라 하였다는 것을 너희가 들었으나, 나는 너희에게 이르노니 너희 원수를 사랑하며 너희를 핍박하는 자를 위하여 기도하라."

그러나 이것은 말로 끝나지 않았습니다. 예수 그리스도는 그렇게 말씀하셨을 뿐 아니라 스스로 그런 삶을 살았습니다. 한 병사가 그의 한쪽 뺨을 때리자, 다른 쪽을 돌려주었으며, 다른 병사가 그의 다른 쪽 뺨을 때렸습니다. 병사들은 예수 그리스도에게 겟세마네에서 재판정까지 1마일을 함께 갈 것을 요구하였습니다. 그러나 예수 그리스도는 그 병사들과 함께 갈보리 언덕까지 2마일을 걸어갔습니다. 병사들이 재판정에서 예수 그리스도의 겉옷을 빼앗아 갔으며, 예수가 십자가에 달렸을 때는 자신이 입고 있던 모든 옷을 내어 주셨습니다. 예수 그리스도는 십자가의 잔인한 고문 때문에 고통스러워하면서도 이렇게 기도하였습니다.

"하나님 아버지, 저들을 용서하소서, 저들은 지금 저들이 하는 일을 알지 못하나이다."

예수 그리스도는 죽음이 절대적 공포의 대상이 아님을 우리에게 말로만 보여 주지 않았습니다. 그는 죽음의 권세를 이기고 다시 일어나셨습니다. 이제 그의 무덤에는 찬란한 빛이 쏟아지고 있습니다.

신비로운 '종'의 모습으로 우리에게 오다

"예수를 진실된 마음으로 바라보는 사람은 예수가 생명 그 자체임을 영혼 깊은 곳에서 느낄 것입니다. 인도인들이 무의식적으로 신비로운 종의 모습으로 우리에게 오신 예수 그리스도에게로 향하는 것은 전혀 놀랄 일이 아닙니다.

세상의 많은 사상가들이 많은 것을 설명하려고 하지만 어느 누구도 세상을 바꾸어 놓지는 못했습니다. 그러나 예수 그리스도는 거의 아무것도 설명하지 않았지만 이 세상 모든 것을 바꾸어놓았습니다.

이 세상의 많은 의사들은 환자에게 왜 아픈지를 설명하고 꿋꿋이 견디라고 말하지만 예수 그리스도는 우리에게, 네 침상을 들고 걸으라고 말씀하십니다.

이 세상의 많은 철학자들은 세상에 어떻게 악이 침범하게 되었는지 사색하지만 예수 그리스도는 스스로 그것을 물리치는 도구가 되셨습니다.

예수 그리스도는 하나님께로 가는 방법에 대해 길게 논쟁하지 않았습니다. 그는 조용히 말했습니다.

"내가 길이다."

많은 사람들이 빌라도가 했던 질문을 떠올리며 많은 사색에 잠깁니다. 그들은 묻습니다.

"진리가 무엇인가?"

그러나 예수 그리스도는 스스로를 보여 주시며 말씀하셨습니다.

"내가 진리이다."

스펜서*는 물리적인 세계의 존재에 대해 정의했지만 예수는 스스로를 내보이시면서 생명 그 자체를 정의하셨습니다.

"내가 생명이다."

예수를 진실된 마음으로 바라보는 사람은 그가 생명 그 자체를 보고 있다는 것을 영혼 깊은 곳에서 느낄 수밖에 없습니다.

지금 인도와 모든 세상에, 예수 그리스도가 보여 주고 있는 생명의 문제만큼 중요한 실용적인 신비주의는 없습니다.

*허버트 스펜서(Herbert Spencer, 1820~1903)
영국 빅토리아 왕조시대를 대표하는 과학자이자 사회사상가이다. 19세기 중반 찰스 다윈과 함께 대표적인 진화론자로 활동하면서 철학과 사회학 분야에 진화적 입장을 적용했던 인물이다. 진화론에서 착안하여 적자생존(Survival of the fittest)이란 개념을 사회적 진화론(Social Darwinism)에 적용한 것으로 유명하다.

"해결책을 분명히 가지고 있지 않는 사람은 절대로 강한 인물이 될 수 없습니다."

단순히 신비롭기만 한 사람은 약한 존재이고, 단순히 실재적인 사람 또한 나약하기 마련입니다. 그러나 예수 그리스도는 실재적이면서 동시에 신비로운 분이십니다. 하나님과 함께 빛나시며 친히 몸을 숙여 사람들을 섬기십니다. 그렇기 때문에 그는 '능력이 육신을 입은 분'이라 할 수 있습니다.

사색하다 지쳐 버린 인도인들이 무의식적으로, 신비로운 종의 모습으로 우리에게 오신 예수 그리스도에게로 향하는 것은 전혀 놀랄 일이 아닌 것입니다.

chapter 12

인도인이 생각하는 예수 그리스도

샌들을 신고 긴 노란색 사제복을 입은 선다 싱은

세상의 부를 하나도 소유하고 있지 않습니다.

그의 모습은 마치 《신약성서》의 한 페이지에서 막 걸어 나온 것과 같습니다.

바로 여기에 인도의 영혼으로 표현된 기독교의 모습이 있습니다.

청중들은 그의 이상한 발음 속에서 우리 서구문명이 한 번도 말하지 못했던

신비롭고 새로운 삶의 목소리를 듣게 됩니다.

초월자의 의미와 영혼의 실재를 깨닫게 되면서

평화와 공존의 새로운 의미를 발견합니다.

그들은 예수 그리스도에게 모든 것을 내어 맡긴 삶에 대해서 듣게 됩니다.

누군가의 말처럼, "인도가 기독교화되기 전까지는

복음에 대한 최종 평가는 이루어질 수 없을 것입니다."

예수의 삶과 가르침은 그 나라에 맞는 색채를 띤다

바울의 복음은 유대교의 생각과 정신이 반영되었고, 그리스의 복음은 '그리스의 형이상학과 로마의 법'이라는 망원경을 통해 복음이 이해되었으며, 앵글로색슨족은 공격적이고 개인주의적 방식으로 기독교를 표현했습니다. 이로 인해 기독교 신앙의 중심에 놓여 있는 공동체적 의미를 깊이 상실하게 되었습니다.

인도인의 기질과 인도인의 믿음을 통해 해석되는 예수 그리스도의 모습이 다른 문화에서 해석되는 예수의 모습과 다른 점이 무엇입니까?

나는 자주 이런 질문을 받을 때가 있습니다. 그럴 때마다 제한적인 답변밖에 할 수 없습니다. 그 대답은 오직 인도인들만이 할 수 있습니다. 그러나 인도인이 생각하는 예수 그리스도가 다른 문화에서의 예수와 확연히 구분된다는 것은 부인할 수 없는 사실입니다.

영적으로 올바른 교회는 기독교의 중심과 본질을 오직 예수 그리스도에게서 찾아 왔습니다. 그러나 예수의 삶과 가르침이 각 나라를 거쳐 소개될 때마다, 그 나라의 삶의 색채를 띠게 되는 것은 당연한 일입니다. 바울은 '나의 복음'에 대해 말하였습니다. 그것은 유대교의 생각과 정신이 반영된 복음이었습니다.

바울은 유대교의 사고의 틀 속에서 복음의 의미를 더욱 풍요롭게 했습니다. 바울이 "이것이 나의 복음입니다"라고 말할 수 있었던 것은, 바울 외에 어느 누구도 바울과 똑같은 방식으로 기독교의 복음을 표현할 수 없었기 때문입니다. 어느 누구도 바울이 물려받은 사회적 유산과 똑같은 것을 물려받지는 않았습니다. 바울은 자신이 물려받은 사회적 유산을 통해 아무도 말할 수 없는 자신만의 방식으로 복음을 전할 수 있었습니다.

'유럽 정신의 고향'이라고 일컬어지는 그리스에 기독교가 전파되었을 때, 기독교는 바울과는 또 다른 방식으로 표현되었습니다. 기독교의 역사를 되돌아볼 때, 우리는 '그리스의 형이상학과 로마의 법'이라는 망원경을 통해 복음의 뜻을 이해합니다. 그리스는 유럽의 철학적 기초를 확립한 나라입니다.

그래서 우리 서양인들이 가지고 있는 기독교 신앙의 교리적인 체계는 그리스의 철학적 토양 위에서 형성되었다고 말할 수 있습니다. 오순절 사건이 일어난 그날, 사람들은 그들 각자의 언어로 복음을 들었지만, 니케아공의회에서는 그리스어로 복음이 소개되었습니다. 물론 우리는 그리스의 언어와 그리스철학으로 표현된 기독교 신조에 대해 깊이 감사하고 있습니다. 그 신조가 없었다면 기독교는 무가치한 신학(神學)의 일종으로 전락했을지 모릅니다.

카알라일*은 초대의 기독 교회가 별로 중요하지 않은 발음의 차이로 분열되었다고 기독교를 조롱했습니다. 그러나 그 후, 그는 전체 기독교가 바로 그 발음의 차이로 인해 각기 종교적 특징을 이루게 되었다는 사실을 인정했습니다.

그리스의 지성이 지니고 있는 이 논의의 정밀함은 기독교가 그 길을 헤쳐 나올 수 있었던 힘이 되어 주었습니다. 그리고 바로 그 이유 때문에 기독교가 철학적인 형태를 갖추게 되었습니다. 기독교가 로마에 전파되었을 때, 기독교는 로마법을 기초로 하여 속죄에 대한 많은 이론을 정립하였습니다. 속죄에 관한 글을 읽어 보면 그 내용이 법과 깊은 관련이 있음을 느끼게 되는데, 이것도 다

＊토마스 카알라일(Thomas Carlyle, 1795~1881)
스코틀랜드 출신의 영국의 문필가이자 역사가이다. 에딘버러대학을 졸업한 후 주로 런던에서 철학자 존 스튜어트 밀(John Stuart Mill)과 함께 사회비평과 역사연구에 몰두했다. 대표작으로는 《프랑스 혁명》, 《영웅, 영웅숭배, 그리고 역사의 영웅들》, 《과거와 현재》 등이 있다. 여기서 카알라일이 "초대 기독교회가 별로 중요하지 않은 발음의 차이로 분열되었다"면서 기독교를 조롱하며 말한 것은 니캐아공의회(325년)에서 성자 예수를 성부 하나님과 '동일한 본질'로 본 호모우시아(homousia, same substance)의 견해가 정통교리로 받아들여지고 아리우스파 추종자들이 제시한 '비슷한 본질(homoiusia, similar substance)' 이론이 이단적인 견해로 규정된 것을 빗대어 한 말이다.

이런 연유 때문입니다.

하나님은 재판관이시며, 인간은 재판의 대상입니다. 이 세상의 모든 현상을 설명할 수 있는 내재적인 자연법이 존재하고 있으며 하나님과 인간의 관계는 법적인 관계로 설명되고 있습니다. 이런 로마법적인 사고를 통해 우리는 오묘한 우주 법칙을 가지게 되었고, 그 우주 중심에 엄격한 법이 있음을 알게 되었습니다. 이것은 실로 놀라운 성과입니다. 그러나 로마법의 이러한 공헌에도 불구하고 기독교는 로마법 때문에 불구자가 되고 말았습니다. 로마법에 기독교를 맞추려면 기독교는 왜곡될 수밖에 없습니다.

하나님은 법보다 우위에 있습니다. 하나님은 사랑이십니다. 법은 사랑을 표현하는 방식일 뿐입니다. 세상은 살벌한 재판정이 아닙니다. 세상 모든 사람들은 서로 가족입니다. 하나님과 인간의 관계는 지배자와 피지배자라는 법적인 관계가 아닙니다. 하나님과 인간의 관계는 아버지와 아들이라는 가족관계입니다. 이처럼 그리스와 로마로부터 물려받은 유산은 여러 측면에서 기독교에 도움을 주었지만 동시에 심각한 장애를 초래하기도 하였습니다.

앵글로색슨족의 유산도 기독교에 깊은 영향을 미쳤습니다. 맥두걸(MacDougall)의 연구결과에 의하면, 앵글로색슨족의 조상인 노르인(Norsemen)들은 노르웨이의 험난한 해안지대에 거주하던 종족이었습니다. 그들은 바다에서 나오는 것으로 어려운 생계를 유지했지만 그것만으로 계속 생활해 나갈 수는 없었습니다. 그래서 그들은 돌로 뒤덮인 언덕을 개간하여 농사도 지었습니다.

그러나 이런 방식으로는 많은 사람이 함께 모여 살 수 없었습니다. 모두 생존할 수 있을지 가능성이 희박했고 미래가 불투명했습니다. 그래서 이 지역의 아들들은 성장하면 다른 땅을 찾아 떠나야만 했습니다. 선택의 여지가 없었습니다. 언덕에서 나오는 경작물로 가족 모두를 먹여 살릴 수 없었기 때문입니다.

그들은 멀리 떨어진 땅으로 옮겨가서, 땅을 정복하여 새로 개간하고 그곳에 정착하였습니다. 각 가족은 독립하여 자급자족했고, 그 전에 정착한 공동체에 의존하는 일은 거의 없었습니다. 이러한 앵글로색슨족의 사회적 유산을 통해 기독교는 세 가지 큰 특징을 가지게 되었습니다. 그것은 독립심, 공격적인 성격, 그리고 개인의 자유에 대한 존중입니다.

이 세 가지 특징은 오늘날에도 앵글로색슨족 사이에 여전히 존재하고 있습니다. 이러한 사회적 유산과 접촉하게 된 기독교는 독립심, 공격적인 성격, 개인의 자유에 대한 존중이라는 세 가지의 특징을 배우게 되었습니다. 한 영국인이 청중들 앞에서 이렇게 말했습니다.

"나는 스스로 기독교인임을 믿습니다. 그러면서 동시에 영국인이라는 사실도 잊지 않고 있습니다. 나의 기독교적 특징은《신약성서》의 가르침뿐만 아니라 동시대의 영국 사회에 기초해 있기 때문입니다."

앵글로색슨족이 기독교를 표현하는 방식은 전반적으로 공격적이며 개인주의적입니다. 이러한 앵글로색슨족의 유산은 기독교를 풍요롭게 만든 부분도 있습니다. 그러나 바로 이런 영향 때문에 기독교가 부분적으로 표현될 수밖에 없었다는 사실은 분명히 밝혀야 합니다. 기독교 신앙의 중심에 놓여 있는 공동체적 의미를 깊이 상실하게 되었다는 것입니다.

개인의 자유를 존중하는 개신교도 이런 분위기 속에서 번창하였습니다. 누군가 이렇게 말했습니다.

"개신교는 보편적인 교회라는 개념을 파괴하였고, 기독교는 급기야 보편적인 인류애라는 개념까지 잃어버렸습니다."

지금에 와서야 우리는 복음의 사회적 적용이라는 메시지를 들고 앵글로색슨족이 남긴 악영향에 맞서고자 노력하고 있습니다.

미국은 어떠합니까? 미국은 우리에게 '기력', '활기' 그리고 '성취'라는 단어를 좋아하는 기독교의 모습을 보여 주었습니다. 미국의 기독교는 흑인 문제를 어떻게 처리하느냐에 따라 교단이나 분파가 갈라집니다. 미국의 어떤 지역에서 흑인과 백인이 함께 공동 예배를 드리게 되었습니다. 예배가 끝나고 한 숙녀가 집으로 가는 길에 말했습니다.

"정말 좋았습니다. 정말 기독교인다운 예배였습니다. 하지만 지금 내가 다니고 있는 교회에서 이렇게 예배를 드린다면 어떻게 될까요? 만약 그들이 참된 기독교인이 된다면 어떤 일이 벌어질

까요?"

　미국의 그곳에서 기독교는 인종차별적 · 사회적 유산을 혁파하고 보편적인 개념에서 기독교를 표현하고자 노력하고 있습니다. 그러나 대개의 미국 기독교는 인종의 불평등을 주장하는 사회적 유산에 잡혀 불구가 되어 가고 있습니다.

'속죄' 가 '조화' 를 의미한다고 생각지 않으십니까

그리스도를 따르는 인도인들은 '영적인(Atma)' 삶의 본질을 우리에게 보여줄 것입니다. 그들의 발은 거의 지상에 닿아 있지 않을 지경입니다. 그들은 모든 것을 영혼에 맡기기 때문입니다. 인도인들은 이 영적인 삶과 함께, 모든 사물의 내면을 관통하는 통일성과 조화를 보여줄 것입니다.

⁂

인도인들은 이 세상에서 가장 풍부한 종교적 표현을 하는 민족이라 할 수 있습니다. 그렇기 때문에 인도인들은 때때로 너무 지나치거나 잔인하고 부끄럽기까지 한 형태로 그들의 종교를 표현할 때가 있습니다. 이러한 좋지 못한 종교적 표현의 형태는 사라지고 있으며, 지금 당장이 아니더라도 점차 사라질 것입니다. 그러나 그 정신은 지속될 것이며, 다른 형태를 통해 분출될 것입니다.

만약 인도인들의 이런 종교적 특징이 기독교의 틀을 통해 나타난다면, 기독교는 더욱 풍성한 의미로 표현될 수 있습니다. 그러나 그렇게 되기 위해서 반드시 인도의 기독교는 인도인의 기독교로 남아 있어야 합니다.

인도인의 기독교는 인도의 문화와 삶에 뿌리박고 스스로 굳건히 서야 합니다. 그리하여 그들의 기독교는 서양인의 기독교가 아니라 동양인의 기독교로 자리잡아야 합니다. 물론 서양의 삶과 사상에서도 배울 만한 좋은 점들이 많습니다. 인도의 기독교가 이 모든 것을 전부 부정해야 한다는 말은 아닙니다. 자신의 토양에 깊게 뿌리를 내리면, 하늘을 향해 안테나를 높이 세워 올려 다른 세계의 음성도 널리 들을 수 있습니다.

그러므로 자신의 토양에 맞는 기독교를 뿌리내리는 것이 먼저라는 것입니다. 무엇이든 보편적인 것이 되기 위해서는 먼저 특수한 것이 되어야 합니다. 그럴 때에만 창의적인 표현이 가능합니다. 메아리가 아니라 확실한 음성이 될 수 있습니다.

어떤 사람이 이 문제에 대해서 내게 글을 보내 주었습니다.

"지금 가장 필요한 것은 살아 있는 인도인을 만드는 것입니다."

인도의 과거, 인도의 가능성, 인도의 종교적 본질에 민감한 인도인을 만드는 것입니다. 이것이 가능할 때 밤이 지나 아침이 오는 것처럼, 인도의 기독교는 자신만의 형태를 지니게 될 것입니다.

인도의 기독교는 아직 기독교 신학에 크게 공헌한 바가 없습니다. 그것은 전반적으로 인도가 자신의 형식을 버리고 서양의 형식을 따라 생각하려 하기 때문입니다. 이럴 때 인도인은 물 밖에 나온 물고기와 다르지 않습니다. 그러나 이제 인도는 깨어났고 스스로 깨닫고 있습니다. 이제 식민지 통치 과정도 거의 끝났기 때문에 지금부터는 종교적으로 천재적인 활동을 벌이는 인도인을 목격하게 될 것입니다. 우리는 인도가 기독교 신학에 크게 기여할 것이라 믿어야 합니다.

인도가 무모했던 과거의 역사 때문에 기독교를 제대로 이해하지 못하리라 생각하는 것은 어불성설입니다. 영국의 드루이드(Druids)*가 한때 제의에서 인간을 희생제물로 사용했다는 점에서, 과거 스코틀랜드인에게 식인관습이 있었다는 점에서도 서양인의 정신은 믿을 수 없다고 생각하는 것과 같습니다.

이 세상 모든 나라는 기독교를 이해하는 데 있어 저마다의 공헌을 남겼습니다. 인자는 너무나 엄청난 분이시기에, 인간성의 어느 한 부분이나 어느 한 인종만을 들어 그분을 완전히 설명할 수 없습니다. 우리와 다른 시각을 가진 사람들에 의해서 우리들 방식으로 이해하고 있는 기독교의 많은 부분이 수정되고 보완될 것임에 틀림없습니다.

애국심이 강한 한 슬라브인은 '슬라브족이 기독교에 어떠한

---

*드루이드(Druids)는 아일랜드의 토속 민속신앙에서 마술적 힘을 가진 주술사를 말한다. 드루이드에 대한 최초의 기록은 기원전 2세기경의 문헌에 등장하는데, 기독교가 아일랜드에 전파되기 전에는 아일랜드 원주민들 사이에서 일정한 사제적 기능과 교육적 기능을 수행한 것으로 보인다. 아일랜드 민속신앙에서 신비적인 힘을 가졌다고 간주되는 떡갈나무를 뜻하는 '드루(Dru)'와 지식을 뜻하는 '위드(wid)'가 합성된 말로 보인다. 기독교 문헌에서는 유럽의 미신적인 토속신앙의 대명사로 쓰이고 있다.

공헌을 할 수 있을 것인가'에 대한 자신의 생각을 글로 나타낸 바 있습니다. 그 글은 독일대학에서 독문학교수로 30년을 보낸 한 보헤미안이 전쟁이 나기 1년 전쯤 밀러(H. A. Miller) 교수에게 보낸 편지입니다. 이 편지에서 그는 자신이 가지고 있는 희망에 대해 자국민에게 이야기하고 있었습니다.

> "나는 비관적이지 않습니다. 하나님은 분명히 슬라브족을 위해 무언가 좋은 것으로 예비하고 계시리라고 믿기 때문입니다. 제가 희망을 포기하지 않는 데에는, 인류가 점점 성숙해 가면서 언젠가는 지금과 다른 새로운 형식을 요구하게 될 것이라는 믿음이 있기 때문입니다. 그때 우리의 시대가 오리라 확신합니다.
> 독일이 지금은 '무력'이라고 씌어진 슬로건 아래 있지만 인간이 만든 모든 것은 변하게 마련입니다. 슬로건도 변할 것입니다. 지금 이 시대 독일은 '무력'이라는 슬로건을 내걸고 있지만, 인류가 새로운 형식을 요구할 때가 오면 우리 슬라브족이 '자선'이라는 새로운 슬로건을 내걸길 바라고 있습니다."
>
> (밀러, 《인종, 국가, 계급》 p. 80 에서 인용)

인도인들도 마찬가지입니다. 언젠가는 세계가 새로운 형식을 요구하게 될 것이라 기대하는 그들은 이미 그 새로운 형식을 준비하고 있습니다. 그것은 '아트마(Atma)' 즉 '영혼'입니다. 이 '아트마' 라는 단어는 마치 노래의 후렴구처럼 인도의 모든 것을 따라 다닙니다. 그리스도를 따르는 인도인들은 '영적인(Atma)' 삶의 본질을 우리에게 보여줄 것입니다. 그들의 발은 거의 지상에 닿아 있지 않을 지경입니다. 그들은 모든 것을 영혼에 맡기기 때문입니다.

인도인들은 이 영적인 삶과 함께 모든 사물의 내면을 관통하는 통일성과 조화를 보여 줄 것입니다.

"속죄(atonement)가 조화(attunement)를 의미한다고 생각지 않으십니까?"

하루는 한 힌두교인이 내게 그렇게 물었습니다. 그는 그의 삶이 "죄악으로 말미암아 불협화음을 내며 시끄럽게 울리는 종과 같다"고 하였습니다. 그는 자신이 내적으로 갈구하는 평화와 조화가, 결국 하나님의 본성과 화합하는 조화로움이라는 속죄의 모습으로 나타날 것이라고 믿고 있었습니다. 내면의 불협화음이 아닌 감미로운 음악을 가져오는 것, 그것이 속죄라고 그는 생각했습니다.

기독교적인 '박티'는 신성한 삶을 드리는 것

기독교적인 박티는 금욕이 문제가 아니라 신성한 삶을 드리는 것
이 문제입니다. 죽어가는 것이 아니라 새롭게 성장해 가는 것입
니다. 새로운 발전을 위해서 자기를 포기하는 것을 말합니다. 그리
하여 우리들의 온전한 삶이 앞으로 전진하며 새로운 것을 이룩하게
될 것입니다.

～ ～

인도인이 바라는 최고의 염원이라는 것은 전혀 놀랄 일이 아닙니
다. 이성을 잃고 화를 내는 것은 인도들에게는 종교적인 삶과 절대
양립할 수 없는 것입니다. 마을 사람 중 한 명이 내게 말했습니다.

"나는 아직 구원을 얻지 못한 것 같습니다. 다른 것은 다 극복
하였는데 화를 참는 법은 아직 터득하지 못했습니다."

인도의 예수를 따르는 자들은 평화롭게 조화를 이루며 살 것입
니다. 그들에게 명상은 실제적인 종교적 삶의 표현입니다. 인도인
들에게 종교는 고요한 깨달음을 의미합니다. 하나님은 모든 것을

조화롭게 만드는 구심점입니다.

마지막으로 인도의 예수를 따르는 사람들은 십자가가 무엇을 의미하는지 알게 될 것입니다. 인도인들은 종교를 믿는 것이 어떤 희생을 요구하는지 잘 알고 있기 때문입니다. 인도인들은 모든 것을 포기하고 수행에 들어간다는 것의 실제적인 의미를 잘 알고 있습니다. 예수 그리스도께서 "잃은 자만이 얻게 될 것이다"라고 말씀하셨을 때, 인도인들은 본능적으로 그 말이 무엇을 뜻하는지 이해합니다. 예수를 따르는 인도인들이 가는 길에는 핏자국으로 얼룩진 그들의 발자국이 남을 것입니다. 그들은 '발에 피를 흘리며 걷는' 사도들이 될 것입니다. 그들은 십자가에 못박힌 주님을 따라가며 십자가에 못박히는 것이 무엇을 뜻하는지 알게 될 것입니다.

인도인의 내면에는 이러한 생각들을 잘 다듬고 생생하게 표현해 줄 개념이 하나 자리잡고 있습니다. 이 개념은 인도인들의 정신과 삶에 뿌리깊게 존재하고 있습니다. 이름하여 '박티(Bhakti)'입니다. 이것은 '믿음'으로 번역될 수 있지만, 그러나 사실은 믿음 그 이상입니다. 이것은 헌신을 의미합니다. 그러나 헌신보다 더 깊은 의미를 지니고 있습니다.

이것은 다른 사람을 따르는 것을 의미하지만 그냥 '따른다'는 것만으로 충분히 설명되지 않습니다. 이것은 나의 자아(自我)를 온전히 다른 이에게 바치는 것을 말합니다. 다른 이의 존재가 내 생명의 방식이 되고, 내 존재의 중심이 되도록 나 자신을 완전히 버리는 것입니다. 내 삶 전체를 포기하면 그것은 '박티'를 통해 도덕적이며 영적인 이미지로 변화되고 다른 이라는 '대상'으로부터 새로운 생명을 이끌어 낼 수 있습니다.

여기서 '대상'이라는 단어를 사용했지만 사실 '대상'이라는 단어는 적절하지 않습니다. 인도에서는 주체와 객체의 구분이 거의 존재하지 않기 때문입니다. 생명의 본질은 구체적인 생명으로 표현되고 존재의 본질은 실재하는 존재와 연결되어 있기 때문입니다.

이 '박티'의 개념은 의심할 바 없이 바울이 지니고 있는 신앙의 개념과 일치합니다. 그러나 바울이 가지고 있던 '신앙'이라는 단어의 개념은, 본래 지니고 있던 의미가 일부 상실되어 이제는 '믿음' 또는 '신뢰' 정도의 의미만 남았습니다. 헌신의 정도를 본인이 대충 결정하는 태도는 본래 '신앙'이 지닌 근원적인 의미는 아닙니다. '신앙'의 본래 의미를 인도의 '박티'를 통해서 다시 복원할 수 있을 것입니다.

인도로부터 '박티'를 받아들이게 되면 인도의 기독교는 훨씬 폭넓고 풍부한 의미를 지니게 될 것입니다. 인도에서 인간 감정의 중심에는 '박티'가 존재해 있습니다. 예수 안에서의 '박티'는 전 인격적인 모습을 갖추게 될 것입니다. 예수 그리스도께서 우리들의 모든 삶에 새로운 생명을 주셨기 때문입니다.

하나님은 물질적인 존재가 아닙니다. 그러나 하나님이 인격적인 존재라는 것은 의심할 여지가 없습니다. 인격은 적어도 세 가지 특징을 가지고 있으며, 이 세 가지 특징은 네 번째의 다른 특징에 기초하고 있습니다. 그 세 가지 특징은 '지성', '감성', 그리고 '의지' 입니다. 그리고 이 모든 특징의 기초를 이루는 것은 바로 '자의식' 입니다.

인간 역시 인격체이기 때문에 우리는 이 네 가지 특징을 모두 지니고 있습니다. 이렇게 본다면, 종교는 하나님의 인격에 대한 우리 인격의 반응이라고 할 수 있습니다. 따라서 내가 종교행위를 한다는 것은, 내가 하나님이 생각하는 대로 생각하고, 하나님이 느끼는 대로 느끼며, 하나님의 목적에 따라 살며, 또 하나님과 같은 존재가 되기 위해 노력하는 것을 의미합니다.

그러나 나는 예수 그리스도를 떠나서는 하나님에 대해 아무것도 알지 못합니다. 따라서 나에게 종교는, 예수가 생각하는 대로 생각하고 예수가 느끼는 대로 느끼고, 그의 목적에 따라 살며 그와 같은 존재가 되려고 노력하는 것입니다.

기독교는 예배를 이용하지만 기독교가 예배인 것은 아닙니다. 기독교는 교리를 가지고 있지만 기독교가 교리는 아닙니다. 기독교는 교회기관을 가지고 있지만 교회기관이 기독교는 아닙니다. 기독교는 본질적으로 자기 자신을 모두 그분에게 내어주는 것이, 삶의 본질이신 그분에게 내 삶을 바치는 것입니다.

예수 그리스도는, '박티' 와 같은 신앙을 갖는다는 것은 온전한 사람이 되기 위한 것이라고 말했습니다.

"너는 마음(감성적인 본성)을 다하고, 뜻(지적인 본성)을 다하고, 영혼(의지적 본성)을 다하고, 목숨(신체적 본성)을 다하여 네 하나님 여호와를 사랑하라."*

신체적인 것까지를 모두 포함한 온전한 사람이 하나님의 통치를 받게 될 것입니다. 그러나 이때 신체적인 힘은 단순한 육체적인 힘을 넘어서는 것입니다. 이것은 마음의 힘과 감정의 힘, 그리고 의지의 힘 모두를 의미합니다. 하나님을 사랑하면서도 약한 사람들이 많습니다. 그것은 하나님을 사랑하는 그들의 방식이 조화롭지 못하고 균형이 맞지 않기 때문입니다.

그런 약한 사람들은 하나님을 사랑하는 데 있어 정서적인 면은 강하지만 이성적인 면은 약한 경우가 많습니다. 그런 사람들은 종교적으로 매우 감정적인 사람이 됩니다. 또 어떤 사람들은 감정적인 면이 강하지만 의지가 약해서 늘 감상적인 면이 강한 사람이 됩니다.

또 어떤 사람들은 이성적인 힘은 강하나 감성적인 면은 약하여 단순히 아는 것을 늘어놓길 좋아하는 사람이 되기도 합니다. 또 다른 이는 의지의 힘은 강하나 감성적인 면이 약하여, 엄격하고 도덕적이기는 하지만 전혀 사랑스럽지 않은 사람이 되기도 합니다.

진정으로 강한 기독교인은 이성과 감성, 의지 이 모두를 다하여 하나님을 섬기는 사람입니다. 온전한 인격의 힘으로 하나님을

*〈마태복음〉22장 37절, 〈마가복음〉 12장 30절, 〈누가복음〉 10장 20절.

섬기는 사람입니다. 여기서 '온전한 인격'이라는 것은 예수 그리스도를 열정적으로 사랑하며 그분에게 자신을 모두 맡기는 인격체를 말합니다. 예수 그리스도께서 우리에게 모든 것을 다 주셨던 것처럼, 그는 우리의 모든 것을 원하고 계십니다.

따라서 기독교적인 박티 신앙을 가진 사람들은 이성적인 사고를 금기시하지도 않고, 그렇다고 감정의 부침을 부정하지도 않습니다. 의지를 복종시키려고도 하지 않습니다. 기독교적인 박티는 금욕(asceticism)이 문제가 아니라 신성한 삶을 드리는 것(consecration)이 문제입니다. 죽어가는 것이 아니라 새롭게 성장해 가는 것입니다. 새로운 발전을 위해서 자기를 포기하는 것을 말합니다. 그래서 마침내 우리들의 영혼은 방향타를 잘 잡은 범선처럼, 하늘의 신비로운 바람을 타고 감정의 바다를 헤쳐 가는 돛처럼 넓게 펼쳐질 것입니다. 그리하여 우리들의 온전한 삶이 앞으로 전진하며 새로운 것을 이룩하게 될 것입니다.

'박티'는 아름답고 풍부한 의미를 담고 있는 용어입니다. 이 용어가 원래 기독교적인 개념을 통해 더 넓은 의미를 가지게 된다면 이것을 통해 기독교는 보다 깊은 신앙의 의미를 지니게 될 것입니다.

지금까지 내가 언급한 모든 실제적인 현상들을 한 마디로 요약하면서, 어떻게 하면 인도에 의해 새롭게 표현된 기독교의 모습을 가장 정확하게 보여줄 수 있을까 고민하다가 사두(Sadhu)인 선다 싱(Sundar Singh)을 뇌리에 떠올렸습니다.

샌들을 신고 긴 노란색 사제복을 입은 그는 세상의 부를 하나도 소유하고 있지 않습니다. 그러나 그의 얼굴에는 언제나 고요함과 즐거움이 넘칩니다. 그래서 그의 모습은 마치 《신약성서》의 한 페이지에서 막 걸어 나온 것과 같습니다.

바로 여기에 인도의 영혼으로 표현된 기독교의 모습이 있습니다. 세계는 그 모습을 통해 아름다운 천국의 음악을 듣기 위해 고개를 숙입니다. 그가 유럽에 가면 그곳에는 너무나 많은 군중이 몰려와서 어떤 대학의 강당이나 교회의 홀도 그들을 다 수용하지 못할 정도입니다. 청중들은 그의 이상한 발음 속에서, 우리 서구 문명이 한 번도 말하지 못했던 신비롭고 새로운 삶의 목소리를 듣게 됩니다. 초월자의 의미와 영혼의 실재를 깨닫게 되면서 평화와 공존의 새로운 의미를 발견합니다. 그들은 예수 그리스도에게 모든 것을 내어 맡긴 삶에 대해서 듣게 됩니다. 누군가의 말처럼, "인도가 기독교화되기 전까지는 복음에 대한 최종 평가는 이루어질 수 없을 것입니다."

chapter 13

인도의 예수 그리스도

인도는 이미 나에게 소중한 존재가 되었습니다.

인도에 처음 갔을 때 내 마음은 연민으로 가득 차 있었습니다.

그러나 거기에 머무는 동안 나는 많은 것을 배웠고

인도인들에 대한 존경심을 가지게 되었습니다.

나에게 '스승'이란 단어보다 '소개하는 사람(introducer)'이라는 단어가

더 적합하지 않을까 생각합니다.

나의 임무는 인도의 길을 걷고 계신 예수 그리스도에게

인도인들을 소개하는 것입니다.

우리 노동자들은 그리스도를 이해합니다

"우리 노동자들은 그리스도를 이해합니다. 왜냐하면 그리스도는 노동자였고 십자가를 짊어지셨기 때문입니다." 동양 전역에 불고 있는 많은 새로운 변화와 운동의 이면에서 우리는 살아 있는 예수의 정신을 느낄 수 있습니다.

얼마 전 나는 인도에서 사역하는 한 선교사로부터 정중하지만 신랄한 비판을 받았습니다. 그는 내게 말했습니다.

"살아 있는 그리스도만 설교하고 있지 않소?"

그가 비판하길, 우리를 위해 십자가에서 돌아가신 그리스도에 대해서는 설교를 하지 않았다는 것이었습니다. 나는, 그가 무슨 의미에서 그렇게 말했는지 알고 있습니다. 그의 말에 의하면 내가 정해진 교리 안에서 예수의 생애와 예수께서 이루신 일에 대해 충분히 설명하지 않았다는 것입니다.

예를 들자면 십자가에서 이루신 구원의 은총에 대한 설명이 미

흡했다는 지적이었습니다. 나는 그의 말을 인정하면서 내 잘못을 시인합니다. 그렇다고 해서 내가, 예수 그리스도가 십자가에서 우리를 위해 이루신 것을 믿지 않는다는 뜻은 아닙니다. 그 선교사 못지않게, 아니 그보다 더 절실히 그것을 믿고 있습니다.

예수 그리스도는 우리를 위해 죽으셨습니다. 언어로 표현할 수 있는 미사여구를 총동원한다 하여도 그 구원의 은총에 대해서 이루 감사할 표현은 없을 것입니다. 예수는 인간의 언어로는 표현이 불가능할 정도로 우리에게는 고마운 선물입니다.

어떤 뛰어난 문장으로 그를 찬미해도 그것으로 부족하다는 것을 잘 알고 있습니다. 말씀으로 우리에게 오신 그분은 우리의 어떤 말로도 표현될 수 없습니다. 이미 과거에 그런 선물이 우리에게 주어졌다는 것을 나는 믿습니다. 예수 그리스도는 어제도 똑같았습니다. 역사적인 사건을 경험적인 사건들로부터 단절시킨다면 어떤 경험적인 사건도 존재하지 않게 됩니다. 우리는 지난 과거에 대해 감사하는 마음을 지녀야 합니다.

그러나 그리스도는 지금도 살아계십니다. 그분이 우리를 위해 이루신 것을 단지 과거사로 돌릴 수는 없습니다. 지금도 그분은 우리와 함께 그 일을 이루고 계십니다. 그분은, 그분이 지닌 모든 힘을 그때 모두 쏟지는 않았습니다. 그는 동시대를 살아가는 위대하신 분입니다.

"현대를 살아가는 우리에게 가장 큰 문제는, 도대체 무엇이 문제인지를 알지 못한다는 것이다."

이는 스튜데르트 케네디(Studdert Kennedy)*가 한 말인데, 참으로 옳습니다.

케네디의 말이 우리들의 문제를 정확히 지적하고 있지만, 한 가지 분명한 것이 있습니다. 그것은 오직 예수 그리스도께서 우리를 붙들고 계시다는 것입니다.

지금 우리는 과거에 그랬듯이 그렇게 당당히 자만에 차 있는 사람들은 아닙니다. 그리스도에게 완전히 복종하기도 힘들지만, 그렇다고 그로부터 완전히 등을 돌리기도 어렵습니다. 그리스도는 동양과 서양 어디서나 우리를 붙들고 계십니다.

나는 꿈에도 생각하지 못한 장소와 시간에서 그를 발견하곤 합니다. 또 그가 존재하는 어디서나 새로운 변화를 일으키시는 것을 목격하게 됩니다.

인도를 휩쓸고 있는 개혁의 바람을 생각해 보십시오. 그것이 경제적인 것이든, 사회적인 것이든, 도덕적인 것이든, 종교적인 것이든 모든 개혁의 바람이 예수 그리스도를 향해 불고 있습니다. 그 변화의 조짐이 단순히 반응이 아니라 개혁이라면 그들의 변화와 개혁은 예수 그리스도를 향하고 있는 것이 분명합니다.

분광학의 창시자이며 빛의 파동설의 주창자인 조지 가브리엘

---

*스튜데르트 케네디(Studdert Kennedy, 1883~1929)는 듀블린대학 출신의 영국 성공회 목사이자 제1차 세계대전에 군목으로 참전한 시인이다.

경(Sir George Gabriel)에 대해 한 친구가 내게 이렇게 말한 적이 있습니다. 그 친구의 말에 따르면, 가브리엘 경은 아주 친절하며 매우 조심스러운 사람이었습니다. 그의 겸손 때문에 사람들은 그를 거의 성인(聖人) 취급을 한다고 했습니다. 자신이 그런 위대한 발견을 했다는 것을 사람들이 알아 주지 않아도 전혀 이에 개의치 않았다고 합니다. 켈빈(Kelvin)과 톰슨(Thomson)*, 그리고 다른 사람의 업적을 앞세우며 자신은 항상 남이 알아 주지 않는 뒤에서 만족해했답니다.

"그가 얼마나 많은 발견의 배후에 있는지 알 수도 없을 정도라네."

이것이 그에 대한 내 친구의 결론이었습니다. 오늘 인도와 아시아에서 전개되고 있는 변화와 개혁 이야기를 하자면, 얼마나 많은 변화와 개혁의 배후에 예수 그리스도가 있는지 이루 헤아릴 수 없을 정도입니다.

"전쟁 이후 엄청나게 증가한 노동계급의 불안정성에 대해 어떤 견해를 가지고 있느냐"는 질문에 일본의 한 내각대신은, 그 문제를 볼셰비키 사상의 탓으로 돌리지 않고 기독교 탓으로 돌렸다

---

*켈빈(Kelvin)과 톰슨(Thomson)
여기서 스탠리가 '켈빈과 톰슨'이라고 표기한 것은 기사작위를 받고 켈빈 경(Lord Kelvin)으로 불린 윌리엄 톰슨(William Thomson, 1824~1907)을 의미하는 것으로 보인다. 아일랜드 출신의 영국의 물리학자이자 수학자인 윌리엄 톰슨은 케임브리지대학 출신으로 에너지의 보존과 유실에 대한 많은 논문을 발표했다. 생전에 무려 661편의 과학논문을 발표했으며 1866년에는 대서양을 횡단하는 케이블을 설치하는 책임을 맡기도 했다.

고 합니다. 그는 이렇게 말했다고 합니다.

"그것은 사람들 사이에서 퍼져 가고 있는 기독교 사상 때문입니다. 노동자들이 더 큰 생명과 자유라는 그리스도의 가르침을 그들의 삶 속에서 실험하고 있습니다."

기독교를 믿지 않는 한 노동자가 우리 선교사들 중의 한 사람에게 다음과 같이 말했습니다.

"우리 노동자들은 그리스도를 이해합니다. 왜냐하면 그리스도는 노동자였고 십자가를 짊어지셨기 때문입니다. 모든 노동자들은 그 십자가를 이해할 수 있습니다. 왜냐하면 그들도 십자가를 짊어져야 하기 때문입니다."

동양 전역에 불고 있는 많은 새로운 변화와 운동의 이면에서 우리는 살아 있는 예수의 정신을 느낄 수 있습니다.

예수는 동서양의 삶을 움직이는 중심축

한 힌두교인 교수가 나에게 말했습니다.

"오늘날 세계에는 도덕적인 행동을 가늠하는 중심축이 있음을 알게 되었습니다. 동서양을 막론하고 최상의 도덕적 삶은 예수 그리스도를 축으로 하여 돌고 있습니다."

⸙

오우드(Oudh)의 마지막 무슬림 통치자는 365명의 부인을 거느리고 있었습니다. 그의 수많은 궁궐 중의 하나가 지금은 인도의 법무부 강당으로 사용되고 있습니다. 이전에 그 왕의 부인들이 사용했던 할렘*에 앉아, 나는 인도 여성들의 투표권에 대한 논쟁을 들으며 힌두교인들과 이슬람교도들이 여성에게 투표권을 주는 법안을 만장일치로 통과시키는 것을 지켜보았습니다.

*할렘

남녀의 사회적 기능에 대한 차별이 심한 이슬람 문화권은 일부다처제를 시행하고 있다. 할렘은 부인들의 집단 거주구역으로 동아시아 문화권의 내당(內堂)에 해당한다.

방청석에는 훌륭한 기독교식 교육을 받고 있는 이사벨라 토번 대학의 젊은 여학생들이 앉아 있었고, 연사들은 계속해서 그 학생들이 이번 회의에 참석하고 있음을 강조하고 있었습니다. 어떤 연사는 다음과 같이 말하기도 했습니다.

"우리는 여성들에게 투표권을 주어야 합니다. 지금 우리를 보고 있는 사람들이 누구인지 보십시오."

기독교 사상의 소리 없는 압력이 그 상황에 중대한 영향력을 미치고 있다는 것은 재론할 여지가 없습니다. 그 뒤에는 예수 그리스도가 있었습니다.

트라반코레(Travancore)는 인도에서 카스트제도가 가장 엄격하게 적용되는 지역입니다. 그러나 하루는 그 도시에서 상위 카스트들부터 하위 카스트들에 이르기까지 모두 한자리에 모여 앉아 저녁을 먹게 되었습니다. 그 자리에는 약 백 명의 상위 카스트와 같은 수의 하위 카스트, 그리고 백 명의 인도 기독교인들과 몇 명의 이슬람교도들, 마지막으로 나를 포함한 서양인 몇 명이 자리를 함께 했습니다.

우리들은 모두 뒤섞여 앉아 있었는데 상위 카스트 한 명이 앉으면 그 옆에 불가촉천민이 앉고, 또 그 옆에는 무슬림, 우리 중의 한 명, 불가촉천민, 그런 식이었습니다. 나는 한 무슬림과 불가촉천민 사이에 앉게 되었습니다. 내가 자리를 차지하고 앉자 먼저 내 옆에 있던 무슬림이 말하였습니다.

"하나님 감사합니다. 드디어 우리 모두가 한자리에 모여 앉게 되었습니다."

나는 그 자리에 앉아 상기된 얼굴로 주위를 살펴보고 있는 불가촉천민의 모습에서, 수세기 동안 전통으로 내려왔던 차별과 압제의 흔적을 발견할 수 있었습니다. 나는 그들의 뒤에 조용히 서서 말씀하시는 예수 그리스도의 음성을 들었습니다.

"내가 감옥에 갇혀 있을 때 네가 나를 찾아 주었다."

지난 수세기 동안 사람들에게 묶여 있던 쇠사슬이 예수 그리스도의 영향으로 서서히 풀리고 있었습니다.

그분이 계신 곳이면 소리 없는 압력을 통해 모든 것이 변하게 됩니다. 배후에서 예수 그리스도의 정신이 그것을 변화시키고 있다는 것을 인식하지 못한 채, 개혁운동이 일어나고 있습니다.

어느 저명한 힌두교인이 신실하게 활동하고 있는 힌두교인 사회운동가들을 가리키면서 "저 사람은 아마 힌두 기독교인이겠지요?"라고 말하며 만면에 웃음을 띠었습니다.

그리스도는 여기 인도의 길 한가운데를 걷고 계십니다. 그분이 길가에 조용히 앉아 있을 때, 인도의 민감한 영혼들은 예수 그리스도께서 자신들의 수고와 슬픔을 이해하며, 곁으로 다가와서 자신들과 함께 할 것이라는 것을 알고 있습니다. 인도 북부의 한 지도자급 힌두교인 사상가가 내 연설의 마지막에 다음과 같이 진실된 이야기를 했습니다.

"예수에 대해 내가 가장 놀란 것은 그의 놀랄 만한 동정심입니다. 그는 인간의 경험 속에 들어와 그들과 함께 느꼈습니다. 그는 눈 먼 봉사의 칠흑 같은 어둠을 느꼈으며, 나병환자의 아픔도 직접 느낄 수 있었습니다. 부유한 사람의 외로움을 느꼈을 뿐 아니라 가난한 사람의 자괴감을 몸소 느꼈으며, 죄인들이 느끼는 내면적인 죄책감이 무엇인지 정확히 알고 있었습니다.

그럼 우리는 그를 누구라고 말할 수 있겠습니까? 그는 자신을 '사람의 아들'이라고 불렀습니다. 그는 또 자신을 하나님의 아들이라고도 불렀습니다. 따라서 우리도 그렇게 불러야 합니다."

이 힌두교인 교수는 인간이 본성을 통해 희미하게 알고 있던 진실을 정말 아름답게 표현했습니다.

예수 그리스도는 맹인과 나병환자와 가난한 자와 죄 지은 자 앞에 서서, 왜 그들이 그런 상황에 처해 있는지 철학적인 방법으로 설명하지 않습니다. 그는 그들에게 동정의 손길을 내미시고 그들을 어루만져 치료하셨습니다. 이것만이 전부가 아닙니다. 그는 잘난 척하고 원기왕성한 바리새인들의 양심을 직접 어루만지시며 그들에게 끊임없이 질문을 던지셨습니다.

"왜 너희들은 그렇게 행동하느냐?"

계속 질타하셨습니다. 인도의 길에서도 예수 그리스도는 같은 일을 하셨습니다. 그리하여 인도인은 생전 처음으로 그들이 왜 '내 형제를 돌보는 사람(brother's keeper)'이 되어야 하는지 깨달게 되었고, 또 생전 처음으로 현재의 고통이나 비참하기 이를 데 없는 가난한 모습은 전생의 업보 때문에 비롯된 것이 아님을 깨닫게 되었습니다. 자신들의 고통과 가난은 현재의 문제임을 알게 된 것입니다. 이런 새로운 자각과 변화는 그리스도의 영향에서부터 시작된 것이지만 사실 많은 경우, 배후에 그 영향력이 숨겨 있는 것입니다.

일부 사람들은 지금 일어나고 있는 변화의 중요성을 깨닫고 있습니다. 인도 남부의 한 대학에서 현대역사를 가르치고 있는 한 힌두교인 교수가 나에게 말했습니다.

"현대 역사를 공부해 보니 오늘날 세계에는 도덕적인 행동을 가늠하는 중심축(Moral Pivot)이 있음을 알게 되었습니다. 동서양을 막론하고 최상의 도덕적 삶은 그 축을 중심으로 돌고 있습니다. 그 축은 바로 예수 그리스도입니다."

사람들이 그리스도의 매력에 빠져서 그리스도의 영향력 안으로 들어가 그리스도를 중심축으로 그들의 삶이 돌기 시작하고, 이런 변화된 사람들의 생각과 영혼을 살펴보는 것은 마치 한 편의 소설을 보는 것만큼이나 흥미로운 일입니다.

우리는 그리스도의 영향력이 인간에게 미치는 것을 숨죽이며 지켜보고 있습니다. 아시아에서 일어나고 있는 정치적인 음모나 착취를 목적으로 만들어진 영향력은 분쟁과 싸움을 불러일으키지만 예수의 영향력이 미치는 곳에는 치료와 연대감, 그리고 구원이 나타나고 있습니다.

동서양 철학에 능통한 인도의 한 뛰어난 철학자의 증언을 한번 들어 보십시오. 나는 그의 비판이 날카로울 것이라는 것을 알고 있었기에 질문하기 전, 먼저 마음의 준비를 단단히 하였습니다. 그리고 물었습니다.

"교수님, 당신은 예수 그리스도를 어떻게 생각하십니까?"

그가 대답하였습니다.

"우리 인도사람들은 예수가 이 땅에 오기도 전에 이미 아주 높은 단계에 계신 절대자의 존재에 대한 나름대로의 생각을 가지고 있었습니다. 그러나 예수는 이제까지 보지 못한 가장 높은 단계에 계신 절대자의 표현입니다. 예수는 우리의 의지에 상관 없이, 자신의 인성이라는 완전한 힘으로 우리를 정복했습니다."

예수는 종교적인 기교나 명석함 때문이 아니라 그 자신이 지닌 매력으로 승리하였습니다. 그는 시저의 무력을 빌리지 않고서 우리를 복종시킵니다. 사람들은 그에게서 구원자의 모습을 찾았고 그래서 그는 구원자입니다. 그는 구원했습니다. 그는 십자가에 달리심으로 세상을 구원하였습니다.

《신약성서》는 나의 영혼의 음식

사두가 《신약성서》를 꺼내면서 유창한 영어로 말했습니다.
"이것이, 나의 영혼의 음식이요 음료수입니다. 모든 다른 종교는
사라졌고 또 앞으로 사라질 것입니다. 그러나 예수만은 여전히
남아 있을 것입니다."

예수는 어디서나 사람들과 마주합니다. 그는 우리를 붙들고 있
습니다. 인도의 한 뛰어난 변호사가 '피할 수 없는 예수'라는 제
목으로 연설하는 것을 들은 적이 있습니다. 그는 말했습니다.

"우리는 예수를 피할 수 없었습니다. 우리는 그에게 화를 내고
지독한 말을 하기도 했지만 그는 우리의 마음을 녹였습니다. 예수
그리스도는 천천히 그러나 확실하게 모든 인도인의 마음으로 다
가가고 있습니다. 그렇습니다. 모두에게 다가가고 있습니다."

이 연설을 들으면서 내가 생각할 수 있었던 것은 "또 이 무리에
들지 아니한 다른 양들이 내게 있어 내가 인도하여야 할 터이니"

라는 말씀이었습니다. 하나님의 나라를 제한하고 분리하는 것이 어떻게 가능할 수 있습니까? 예수 그리스도는 그 경계를 넘어 섰습니다.

우리는 예전의 바리새인들처럼 놀라고 겁먹었습니다. 우리는 그의 동정심과 이해심이 어디까지 갈 수 있을지 궁금히 여기며 우두커니 서 있을 뿐입니다. 그는 바리새인들과 함께 음식을 먹으며, 죄인들과도 함께 떡을 나누었습니다. 그러니 그가 힌두교인들과 함께 잔치를 베푸는 것은 당연한 일입니다. 웰스(H.G. Wells)는 자신의 책《역사의 개요 Outline of History》*에서 인간 역사에 미친 예수의 영향에 대해 이렇게 논한 것은 전혀 이상한 일이 아닙니다.

"그 갈릴리 사람은 너무나 위대하기에 우리의 작은 마음으로는 이해할 수 없다."

이 갈릴리 사람이 우리와 함께 지상에 있을 때 그는 바깥 이방인들의 믿음에 대해서 다음과 같이 말했습니다.

"이스라엘에서 그 누구에게서도 이만한 믿음을 만나 보지 못하였노라."

---

*웰스 H. G. Wells의 〈역사의 개요 Outline of History〉
1920년에 초판이 출간된 웰스의 《역사의 개요》는 1970년대까지 대중적인 역사 개요서로 수백만 권이 팔린 베스트셀러였다. 각 국가별 역사책들이 정확한 사관 없이 역사적 편견에 사로잡혀 있는 것을 발견한 웰스는 대중들이 부담없이 읽을 수 있는 역사서를 저술했는데, 아놀드 토인비와 같은 정통 역사학자로부터 격찬받은 바 있다. 제1차 세계대전이 왜 일어날 수밖에 없었는지에 대한 대중들의 궁금증을 해소시켜 주었고, 전쟁 이후의 세계 역사가 어떻게 전개될지에 대한 대중들의 관심을 정확하게 읽어낸 명저로 알려져 있다.

이 바깥 이방 세계가 우리를 다시 놀라게 하는 것을 보면 분명 예수 그리스도는 오늘 또 다시 이 말씀을 하고 계십니다. 하루는 한 사두(Sadhu)와 힌디어로 대화하고 있었습니다. 한참 대화가 무르익었는데, 갑자기 그가 자신의 망토에서 《신약성서》를 꺼내면서 아주 유창한 영어로 이렇게 말했습니다.

"이것이, 나의 영혼의 음식이요 음료수입니다."

나는 조심스럽게 물었습니다.

"하지만 당신은 이 힌두교 사원에 소속되어 있지 않습니까? 그 《신약성서》로 무엇을 하실 작정이십니까?"

"예, 저는 힌두교와 관련이 있습니다. 그러나 이것이 내 영혼의 음식이요 음료수입니다."

그는 또다시 이렇게 말하는 것이었습니다. 그에게 《신약성서》가 무엇이라 생각하느냐 재차 묻자 열정적인 표정을 지으며 그가 대답했습니다.

"모든 다른 종교는 사라졌고 또 앞으로 사라질 것입니다. 그러나 예수만은 여전히 남아 있을 것입니다."

그 사두의 믿음이 현실로 나타날까요? 다른 종교는 다 사라지고 예수 그리스도만이 모든 것이 사라져 버린 종교의 수평선 위로 찬란히 떠오르게 될까요? 물론 우리가 과장해서 그 가능성에 대해 이야기하는 것은 오히려 쉬운 일이고, 우리가 바라는 것을 사실인 양 설명하는 것도 잘못된 일일지 모릅니다.

그러나 나는 지금까지 이 작은 책자를 통해 인도인들이 스스로 느끼고 있는 것들을 자유롭게 표현하게 하도록 노력했습니다. 만약 다소 확대된 측면이 있다면, 그것은 인도인들이 그렇게 한 것입니다. 그러나 더욱 중요한 문제는 인도사람들이 그 사두가 한 말에 스스로 동의하고 있다는 것입니다.

예수 그리스도는 언제 어디에서나 변화를 가져오는 힘입니다. 그리고 그는 변함없이 서 계십니다. 이 모든 영적 투쟁과 싸움 속에서 예수 그리스도가 지금의 자리를 굳건히 지킬 수 있는 것은 오해와 학대로 얼룩진 갈보리의 시련을 이미 견뎠기 때문입니다. 갈보리의 시련 없이 인도의 영혼을 구할 수 없습니다. 그러나 이 영혼의 싸움에서 예수 그리스도는 단 하나도 변하지 않으셨습니다. 우리는 문명과 교회와 우리 자신을 변화시키기 위해 부름받았지만 그리스도만은 변화의 대상이 아닙니다.

한 힌두교대학 학장이 나에게 말했습니다.

"당신네들의 문제는 결국 교회의 문제와 늘 함께 하는군요."

우리의 문제가 교회제도의 문제라면 우리는 그 문제를 해결할 수 있습니다. 우리는 교회제도나 문명의 문제, 그리고 우리 자신도 치료할 수 있습니다. 그러나 만약 그가 "당신의 문제는 그리스도가 가지고 있는 문제입니다"라고 말했다면 그것은 우리에게 아주 치명적인 일이 될 것입니다.

"목자를 치리니 양들이 흩어지리라 하였느니라"라는 성서구절을 기억하십니까? 만약 예수 그리스도에게 타당한 도덕적·영적인 약점이 있고 그것이 비판받았다고 가정해 봅시다. 그러면 우리가 단순히 흩어지기만 하겠습니까? 아마 우리는 모두 끝장이 날 것입니다. 그러나 그 학장은 예수 그리스도에게 어떤 문제가 있다고 말한 것이 아니었습니다. 그가 우리에게 지적한 것은 그리스도에 대한 해석에 대한 문제점이었습니다.

예수 그리스도가 인도의 길을 걸어가면서, 인도인들의 삶과 생각에 새로운 가치가 생겨나고 있습니다. 아픔이 치유될 것이라는 믿음이 강해지면서 전통의 이름으로 메말랐던 과거에 새로운 생명이 부여되고 있습니다. 새로운 희망을 소생시키는 그분이 그들 가운데로 오고 있다는 희망이 솟구치고 있습니다.

나는 불가촉천민 몇 명에게 그들의 마을에서 세례를 베풀었습니다. 세례의식이 끝나갈 때쯤, 세례받은 사람의 아버지가 내 손을 잡고는 이렇게 말했습니다.

"선생님, 나의 마당과 내 작은 집을 구석구석 살펴봐 주실 수 있겠습니까? 당신이 그곳을 모두 돌아본다면 우리가 과거에 지은 모든 죄와 불순한 것들이 다 사라지고 모든 것이 새롭게 정화될 것입니다."

그의 소박한 믿음에 놀랐고, 그것의 함축된 의미가 무엇인지 알기에 또한 망설였습니다. 그러나 나는 인도의 길로 오셔서 인도의 작은 마당을 지나 인도의 누추한 오두막과 시장어귀를 통해 지나가시는 분이 누구인지 알기에 기뻤습니다. 그리고 그가 지나가는 곳마다 과거의 어둠이 정화되고 삶의 가치가 새로워지며, 기꺼이 봉사하고자 하는 마음이 생겨난다는 것을 또한 알기에 기뻤습니다. 그가 가는 곳마다 새로운 생명과 새로운 삶이 시작됩니다.

"우리는 오늘 그리스도를 만났습니다. 그렇지 않습니까?"

한 사두가 내 방을 떠나면서 빛나는 얼굴로 말했습니다.

"그렇지요. 우리는 그리스도를 만났습니다."

지금은 인도가 그리스도를 만나고 있는 시기입니다. 지금 우리도 그리스도를 만나고 있습니다. 인도가 그분을 만나고 있을 때, 우리 역시 그분을 만나고 있는 것입니다.

예수와 함께 길을 걷고 있는 인도인들

그를 알고 그를 소개한 후, 이제 떠나는 것입니다. 그것은 인도를
예수 그리스도에게 위임하고, 예수 그리스도를 인도에 위임하는
것을 의미합니다. 우리의 역할은 여기서 끝납니다. 나머지 길은
예수 그리스도와 인도가 함께 걸어갈 것입니다.

지난 17년 동안 겪었던 경험에 대해서 쓰고 있자니, 두 가지 아
주 단순한 사건이 계속 뇌리에서 떠나지 않습니다. 이 사건들은
너무 단순해서 그 순간이 지나면 함께 기억에서 사라져야 했습니
다. 그런데 이상하게도 우리 집회 의장이 한 인사말들은 모두 다
잊었지만, 이 두 가지 사건은 영원히 잊혀지지 않고 있습니다. 그
것은 정말 잊혀지지 않는 축복이었습니다.

일곱 살쯤 된 한 인도 소녀가 서양의 어린 소녀와 함께 방갈로
주변에서 놀고 있었습니다. 나는 그 옆 방갈로의 베란다에서 글을
쓰고 있었습니다. 내 옆을 지나치던 그 작은 인도 소녀가 자리에

서 멈추고는 부끄러운 듯 내게로 다가왔습니다. 그리고 그녀의 작은 갈색 손으로 나의 뺨을 만지며 이렇게 인도말로 말했습니다.

"Apke munh mujhe bahut piyara lagta."

그 말뜻은 다음과 같습니다.

"당신의 얼굴은 나에게 아주 사랑스럽습니다."

그 소녀는 다시 발걸음을 돌렸고 나는 눈물을 훔치며 계속해서 글을 써 내려갔습니다. 나의 마음이 정말 따뜻해졌습니다. 여기 미국에서 이 책을 쓰고 있는 지금도 나는 내 뺨에 닿는 그 갈색 인도 소녀의 따뜻한 손길을 느낄 수 있습니다. 그러면 내 마음은 이내 따뜻해지는 것이었습니다.

인도는 이미 나에게 소중한 존재가 되었습니다. 그러나 지금 내가 품고 있는 인도에 대한 사랑은 선교 초기에 지녔던 사랑과는 다소 질적인 차이가 있습니다. 인도에 처음 갔을 때 내 마음은 연민으로 가득 차 있었습니다. 그러나 거기에 머무르는 동안 나의 마음은 존경으로 바뀌게 되었습니다.

인도를 내가 사랑하는 것은 인도가 그 자체로 사랑스럽기 때문입니다. 내가 인도를 존경하는 것은 인도가 그 자체로 존경할 만하기 때문입니다. 인도가 내게 소중한 존재로 남아 있는 것은 인도가 그 자체로 소중히 여길 만하기 때문입니다.

다른 한 사건은 내가 타고르의 은둔수도지가 있는 샨티네케탄 (Shantineketan)에 있을 때 일어난 일입니다. 하루는 계단의 가장 자리에 앉아 사원의 의식을 물끄러미 바라보고 있었습니다.

예식이 끝났을 때 한 학생이 앞으로 나가더니 테이블 위에 놓여 있는 큰 항아리에서 인도의 국화(國花)인 연꽃 한 송이를 꺾어 내게 주었습니다. 내가 그것을 받으려고 일어섰더니 그는 허리를 굽혀 내 발을 쓰다듬었습니다. 그런 행동은 그들의 구루(Guru)*나 위대한 스승에게 하는 방식입니다. 그의 행동은 아주 소박하고 정말 아름다웠습니다. 그곳에서 나는 낯선 사람이었고 외국에서 온 방문객이었습니다.

나는 공공연하게 다른 신앙을 표방하였기 때문에 사실 내가 어떻게 받아들여질지 궁금하기도 하였습니다. 그러나 모두가 보는 앞에서 그 학생에게 연꽃을 받는 순간, 나는 내가 친구로, 형제로 그리고 스승으로 받아들여졌다는 것을 알게 되었습니다. 스승으로 받아들여지는 것은 내 최고의 희망이었습니다. 그러나 나 스스로는 내가 선생이기보다는 새로운 것을 배워야 할 학생에 가깝다고 생각하였습니다.

처음에 인도에 도착했을 때만 해도 나는 배우는 데 아무런 생각이 없었고 단지 가르치려고만 했습니다. 그러나 인도에 머무르

---

*구루(Guru)

힌두교에서 종교적 진리에 대한 가르침을 주는 스승을 뜻한다. 기원전 8세기부터 기원후 3세기까지 형성된 우파니샤드 철학에서 인간의 실재에 대한 가르침을 주던 일단의 은둔 수도자들을 통칭했던 개념에서 발전했다. '구루의 무릎 아래에서'라는 뜻의 우파니샤드 철학은 자아의 본질인 아트만(Atman)을 깨닫도록 가르치는 구루와 수도자들의 관계에서 출발했다.

는 동안 나는 많은 것을 배웠습니다. 인도에 와서 사실, 동양의 부드러운 미덕을 배운 덕분에, 이전보다 훨씬 괜찮은 사람이 되었다고 생각하고 있습니다.

하지만 내게 '스승'이란 단어가 적합한지 여전히 의문입니다. '소개하는 사람(introducer)'이라는 단어가 더 적합하지 않을까 생각합니다. 한번은 계속해서 진행되고 있던 집회를 중단하고 한 힌두교인 학생에게 그리스도에 대해 알고 싶지 않은지 물어보았습니다. 그는 알고 싶다고 간절히 대답하였습니다. 그러나 그는 주저하면서 말했습니다.

"하지만 어떻게 그에게 가야 할지 모르겠습니다. 누가 저에게 그를 소개해 주면 좋겠습니다."

나는 기꺼이 나의 주님에게 그를 소개해 주겠다고 제안하였습니다. 그때 나는 인도에서 해야 할 나의 임무가 무엇인지, 또 가장 큰 즐거움이 무엇인지 희미하게나마 알게 되었습니다. 그것은 그리스도에게 사람들을 소개하는 것이었습니다. 이제 나는 확실히 말할 수 있습니다. 나의 임무는 인도의 길을 걷고 계신 그리스도에게 사람들을 소개하는 것입니다.

그들을 그리스도에게 소개하려면 먼저 내가 그들에 대해 잘 알고 있어야 합니다. 이것은 아주 중요한 일입니다.

"예수를 본 적이 있습니까?"

한 힌두교인 변호사가 나에게 물었습니다. 나는 약간 주저하면서 천천히 대답했습니다.

"예, 저는 보았다고 믿습니다."

그러자 그 변호사가 이렇게 말했습니다.

"그렇다면 선생님은 제가 아직 찾지 못한 무엇인가를 이미 찾으셨겠군요. 저도 그것을 찾아야 되겠습니다."

예수 그리스도를 아는 것, 그리고 그를 소개하는 것이 나의 임무입니다.

인도에는 아주 아름다운 결혼풍습이 있는데, 이 인도의 결혼풍습에서 우리가 할 임무를 어렴풋하게나마 발견할 수 있을 것입니다. 인도의 결혼식에서는, 신부의 여자친구들이 음악소리에 맞춰 신부를 신랑집으로 데리고 갑니다. 그리고 그들은 신부를 신랑이 있는 곳으로 안내합니다. 그들의 역할은 여기서 끝납니다. 신부의 친구들은 신부를 신랑 곁에 남겨두고 떠납니다. 이것이 바로 인도에서 우리가 해야 할 즐거운 사명입니다.

그를 알고 그를 소개한 후, 이제 떠나는 것입니다. 여기서 떠난다는 것은 꼭 지리적으로 떠나는 것을 의미하지는 않습니다. 그것은 인도를 예수 그리스도에게 위임하고, 예수 그리스도를 인도에 위임하는 것을 의미합니다. 우리의 역할은 여기서 끝납니다. 나머지 길은 예수 그리스도와 인도가 함께 걸어갈 것입니다.

인도는 지금 인도의 길을 걷고 있는 예수 그리스도와 함께 자신의 길을 걸어가기 시작하였습니다. 얼마나 놀라운 길이 될까요?

옮긴이의 말

스탠리 존스의 《인도의 길을 걷고 있는 예수》를
찾아가는 여정

김상근

"내가 제일 감동 깊게 읽은 책입니다"라며 건네주었던 한 권의 책

▲1926년에 출간된
《The Christ of the
Indian Road》

2004년 여름, 스코틀랜드의 에딘버러대학에서 개최되었던 학술회의를 마치고, 일행과 함께 스코틀랜드 북부지역에 위치한 하이랜드(Highland)를 여행할 기회가 있었다. 이곳은 멜 깁슨 주연의 영화 〈브레이브 하트 Brave Heart〉의 배경이 되었던 지역이고, 수많은 선교사들을 배출한 곳으로도 유명하다. 또한 인도 교육선교

386

의 아버지로 불리며 지금의 인도가 영어를 공용어로 사용하는 데 결정적인 영향을 미쳤던 알렉산더 더프(Alexander Duff, 1806~1878)가 태어난 곳이기도 하다. 또한 하이랜드는 한국 기독교의 초기 역사와도 관련이 깊다. 만주에서 최초로 한글 《신약성서》를 번역했던 존 로스(John Ross, 1842~1915) 선교사도 이곳에서 태어났다. 영어가 아닌 갈릭어(Gaelic)를 사용하던 하이랜드 사람들에 의해 인도에서 영어 공용어 정책이 정착된 것도 그렇지만, 한글로 된 최초의 《신약성서》가 하이랜드 사람에 의해서 번역되었다는 점은 참으로 흥미롭다.

하이랜드 여행 3일째 되던 날, 우리 일행은 에버딘으로 향하던 일정을 멈추고 발라터(Ballater)라는 작은 마을의 한 아담한 호텔에 짐을 풀기로 했다. 빅토리아 여왕의 여름 별장이 있던 발모랄(Balmoral)에서 약 10킬로미터 떨어진 발라터는 영국왕실 전용기차 역사(驛舍)가 있던 곳으로 유명하다. 그러나 빅토리아 왕조시대의 화려함은 어느 덧 흔적을 감추고, 지금은 그저 평범한 작은 시골마을로 변해 있었다.

우리 일행은 발라터에서 뜻밖에도 한 동양인을 만날 수 있었다. 베트남에서 의사의 딸로 태어나서 영국 사업가와 결혼해 발라터에서 20년 전부터 살고 있다는 호텔의 여주인이었다. 특유의 베트남 영어 악센트로 발음하는 그 여주인은 오랜만에 찾아온 동양 손님을 반갑게 맞아주었다. 그녀는 발라터 도심의 일반주택을 사서 호텔로 개조해 숙박업과 식당을 운영하고 있었는데, 방이 무려 30개나 되는 큰 집이었다. 그 여주인의 소개로 역사박물관으로 사용되고 있는 옛 역사를 돌아보다가 길모퉁이에 문을 연 고서점을 발견했다.

고서점 앞에 머물면 언제나 그렇듯 가슴이 설렌다. 더군다나 그 서점은, 한 백 년쯤 된 책도 일반 서가에 평범히 꽂혀 있을 정도이고, 300년쯤 되어야 제법 고서 대접을 받는 그런 오래된 서점이었다. 그 고서점이 문을 연 지도 150년이 지났다는 주인의 설명을 들으면서, 다시 한 번 진한 감동을 느꼈다. 이미 150년 전부터 그 수많은 헌 책들이 이 작은 시골마을에서 유통되고 있었고, 마을사람들은 출간된 지 100년이 지난 책을 돌려가며 읽고 있었던 것이다.

선교역사에 대한 서적을 찾고 있다는 역자에게 그 마음씨 좋아 보이던 고서점 주인이 "내가 제일 감동 깊게 읽은 책입니다"라며 책 한 권을 내밀었다. 그 책이 바로《인도의 길을 걷고 있는 예수》였다. 헌 책치고는 값이 제법 비싼 10파운드를 지불하고, 그렇게 소장하고 싶었던 스탠리 존스의 책을 입수하게 된 것이다.

《인도의 길을 걷고 있는 예수》는 세계적인 선교사, 신학자들의 운명을 결정지었던 책

역자의 스승인 앤드류 월스(Andrew Walls) 박사에게 한번은 이렇게 물은 적이 있었다.

"선생님은 왜 선교사가 되셨고, 선교학자로서 평생을 사시기로 결정하셨습니까?"

"옥스퍼드대학을 졸업하고 아프리카의 선교사가 되기까지 내 운명을 결정지은 것은 학창시절 스탠리 존스가 쓴 《인도의 길을 걷고 있는 예수》를 읽고서이네."

그것이 현존하는 선교학의 세계적인 대가 앤드류 월스 박사의 대답이었다. 도대체 스탠리 존스의 책에 어떤 내용이 담겨 있기에 월스 박사의 선교신학을 결정지었을까, 그때부터 궁금해지기 시작했다.

그 동안 선교역사를 전공하면서 역자는 수많은 선교사, 선교신학자, 선교행정가들의 생애를 연구해 왔다. 그런데 흥미로운 것은 20세기 중반 이후에 활동한 수많은 선교사나 선교신학자들이 선교에 헌신하기로 결심한 이론적 배경에는 스탠리 존스의 《인도의 길을 걷고 있는 예수》가 있었다는 점이다.

그 책의 내용이 더욱 궁금해진 나는 급기야 스코틀랜드 여행을 마치고 2004년 세계종교박람회에 참석차 스페인 바르셀로나로 이동하던 중, 스탠리 존스의 책을 단숨에 읽었다. 비할 데 없는 진한 감동이 밀려왔다.

왜 그렇게 수많은 선교사들이 이 책을 읽고 자신의 선교신학을 새롭게 정립할 수 있었는지 짐작할 수 있게 되었다. 그리고 평소

에 의문을 품고 있던 선교학적 난제들이 단숨에 해결되는 짜릿한
지적 감동을 느꼈다.

'기독교와 서구문명은 같다'는 등식을 깨고, 인도인을 위한 기독교 정착을 강조

1938년 12월 12일자 〈타임〉지는 스탠리 존스를 '세계에서 가장 위대한 선교사'로 소개했고, 〈크리스천 센추리〉지는 그를 '가장 신뢰받는 선교학의 전문가'이며 '현존하는 가장 탁월한 인도문제 전문가'로 높이 평가하고 있다. 그러나 일부 근본주의적 선교신학자들은 그가 복음의 순수성을 인도의 전통과 맞바꾸어 놓았다고 비판한다.

또 일부 진보적인 신학자들은 스탠리 존스의 이론이 더 철저하게 인도문화와 종교를 인정하지 못했다고 평가하고 있다. 스탠리 존스에 대한 엇갈리는 평가에 대해 역자는, 다른 사람들의 이차적인 견해를 참고하기 전에 스탠리 존스가 직접 쓴 문헌을 읽고 독자 자신이 평가해 보라고 권유하고 싶다.

《인도의 길을 걷고 있는 예수》를 통해서 우리는 스탠리 존스의 생애와 선교신학이 어떤 특정한 카테고리를 한정할 수 없는 매우 광범위한 신학적 사고를 담고 있음을 발견할 수 있을 것이다.

스탠리 존스는 1884년, 미국 동부의 메릴랜드주에서 태어났다. 20세기 초 학생선교운동이 활발하게 전개되던 시대에 애즈베

리대학에서 수학했던 그는 선교사가 되기로 결심한 후 1907년부터 감리교 선교사로 인도에서 사역했다. 원래는 아프리카 선교를 자원했지만 미국 감리교회 선교부의 결정에 따라 선교지를 인도로 정하게 되었다.

그는 1911년 룩나우(Lucknow)에서 동료 선교사이며 교육선교사로 인도에서 사역하던 마벨 로싱(Mabel Lossing)과 결혼한 후 평생 인도의 부부 선교사로 사역했다.

▲스탠리 존스와 마벨 로싱

1928년, 스탠리 존스는 신분과 지위가 보장된 미국 감리교회의 감독(Bishop)으로 선출되었지만 영예스러운 취임식 날 아침, 감독직을 돌연히 사임하여 주위 사람들을 놀라게 했다. 선교사 본연의 자세로 돌아가 끝까지 복음을 전하는 자로 남겠다는 그의 결단이 많은 사람들을 숙연케 했다. 이에 미국 감리교회는 그에게 '인도와 전 세계를 위한 복음 전도자 대표(Evangelist-at-large for India and the world)'라는 직책을 부여하면서 그의 숭고한 선교정신을 기렸다.

스탠리 존스는 철저한 복음주의자로 인생을 살았지만, 그의 선교방식은 매우 혁신적인 방법을 채택하고 있었다. 그의 선교는 한마디로 '인도의 길을 걷고 있는 예수 그리스도'를 인도인들에게 소개하는 것이었다. 그는 '기독교와 서구문명은 같다'는 등식을 과감히 깨뜨린 선교사였다. 그는 미국과 유럽문화에 의해 채색된 기독교를 소개하는 것을 반대했으며, 기독교가 인도인을 위한 기독교로 정착되어야 함을 강조했다. 또한 기독교의 범위를 서구교회로 한정짓는 것을 반대했다. 인도에서 복음을 전한다는 것이 미국이나 유럽의 교회를 이식하거나 복사판을 만드는 것은 아니라는 게 그의 변함없는 주장이었다.

이 책에 등장하는 예화들은 인도의 '원탁회의'에서 종교적 토론을 통해 얻은 새로운 깨달음과 교훈의 기록!

스탠리 존스는 인도 선교를 통해 오히려 복음의 의미를 새롭게 깨닫게 되었고, 이 놀라운 선교신학적 발견을 《인도의 길을 걷고 있는 예수》라는 책을 통해서 제시했다. 인도인들에 의해 이해된 기독교의 모습에서 오히려 진정한 복음의 의미가 드러나고 있다는 것이다. 이것은 마치 선교사가 선교를 받고 있는 형국이다. 스탠리 존스의 아래 고백은 이러한 역순의 선교과정을 잘 보여주고 있다.

어느 날, 나는 원탁회의 석상에서 신실한 민족주의자들 가운데에 조용히 앉아 있었습니다. 내가 먼저 말을 꺼냈습니다. "나의 형제들이여, 나는 여러 밤에 걸쳐 예수 그리스도에 대해 여러분에게 이야기하였습니다. 당신들은 왜 그를 받아들일 수 없는지 솔직히 마음을 터놓고 이야기해 주었으면 합니

다. 나를 염두에 두고 말하지 마십시오. 그냥 솔직히 말해 주
셨으면 합니다."

이때 한 힌두교인이 일어나서 물었습니다.

"선생님은 지금 우리에게 기독교인이 되기를 요청하고 계신
데, 이 자리를 빌어 선생님께 한 가지 질문을 드리고자 합니
다. 선생님의 나라에서 기독교인들이 어떻게 생활하고 있는
지 물어봐도 되겠습니까? 워싱턴에 있는 당신의 정부에는 부
패가 없습니까?"

그 사람이 이렇게 말한 데는 이유가 있습니다. 당시 워싱턴에
서 석유와 관련된 부정사건이 폭로되었기 때문입니다.

또 다른 사람이 아주 곤혹스러운 질문을 했습니다.

"미국에서 당신네들은 흑인을 고문하지 않습니까?"

또 다른 사람이 일어났습니다.

"당신들은 수세기 동안 기독교를 믿어왔고 또 예수 그리스도
를 평화의 왕이라고 고백해 왔지만, 그럼에도 불구하고 당신
들은 아직 전쟁을 그만두는 방법을 배우지 못했습니다. 당신
네들은 기독교를 그 정도밖에 이해하지 못합니까?"

스탠리 존스는 원탁에 함께 둘러앉아 종교적 토론(Round Table
Dialogue)을 나누는 대화의 선교(Mission of Dialogue)를 지향했
다. 스탠리 존스가 사역할 당시 인도에서는 영국으로부터의 정치
적 독립을 위해 마하트마 간디를 위시한 수많은 인도 지식인들이
열띤 정치적 토론의 장을 펼치고 있었다. 이 점을 착안한 스탠리

존스는 언제나 인도인을 의장으로 위촉하고 아무런 전제조건이
나 타종교에 대한 공격의도 없이, 순수한 종교적 토론과 대화를 통
해 인도인들에게 받아들여질 수 있는 예수 그리스도를 소개하기 시
작했다.《인도의 길을 걷고 있는 예수》에 등장하는 수많은 예화들
은 이 원탁회의에서 종교적 토론이 진행될 때 얻은 새로운 깨달음
과 교훈을 기록한 것이다.

　　원탁에서 종교적 토론과 함께 추진되었던 기독교 아슈람
(Ashram)운동은 스탠리 존스가 인도에서 추구했던 대표적인 선
교방법이었다. 그는 아슈람운동을 통해 인도의 종교문화적 전통
을 존중하면서 기독교 선교를 얼마나 펼칠 수 있을지 그 한계를
시험했다.

▲간디가 사바르마티 아슈람운동을 펼치던 은둔수도처

1920년대 초반에 이미 마
하트마 간디의 사바르마티
아슈람(Sabarmati Ashram)운
동에 동참했던 스탠리 존스
는 1923년 인도의 시성(詩聖)
으로 불리던 타고르의 산티
네케탄 아슈람(Santineketan
Ashram)에서도 함께 지내며
인도에서의 종교 간의 대화에 대한 경험을 쌓았다.

　　스탠리 존스의 이러한 힌두교적 경험은 1930년부터 사트 탈

(Sat Tal)에서 시작된 기독교 아슈람운동에 의해 실행되기 시작했다. 간디의 정신을 본받아 철저한 근검과 내면적 영성을 강조하는 기독교 은둔수도처를 제공함으로써 기독교적 영성이 인도 환경에서 어떻게 표현될 수 있을지 새로운 가능성을 제시하기에 이른다. 스탠리 존스의 이러한 노력과 종교적 경건함은 수많은 인도의 젊은 지식인들에게 깊은 감동을 남겼다.

스탠리 존스의 기독교 아슈람운동은 인도를 넘어 미국과 유럽 등으로 확산

1935년 스탠리 존스는 자신의 선교 본거지였던 룩나우(Lucknow)에 또 다른 기독교 아슈람을 열고 '인도의 길을 걷고 있는 예수 그리스도'가 과연 어떤 모습인지 묵상하며 이를 인도의 지식인들과 함께 나누기 시작했다.

스탠리 존스의 이러한 기독교 아슈람 운동은 마하트마 간디의 정신적 지도력과 결합되면서 크리스타그라하(Kristagraha)운동으로 발전하게 된다. 간디의 사탸그라하(Satyagraha)운동을 기독교식으로 접목시킨 크리스타그라하는 기독교적 진리를 향한 인도인들의 구도 운동이었다.

한편 스탠리 존스가 인도의 독립운동 지도자들과 교류하는 것을 못마땅하게 여긴 영국의 식민정부에 의해 룩나우 아슈람은 폐쇄명령을 받게 되고, 아슈람을 실질적으로 운영하고 있던 제이 홈

즈(Jay Holmes) 선교사는 인도로부터 추방명령을 받게 된다.

그러나 스탠리 존스의 기독교 아슈람운동은 인도 국경선이라는 지역적 한계를 넘어 미국과 유럽의 여러 국가들로 퍼져 나갔다. 1940년에 세워진 미국 뉴욕시의 할렘(Harlem) 아슈람은 차별받고 있던 흑인들을 위한 인권회복과 이민자로서 어려운 처지에 놓여 있던 푸에르토리코 이민자들에 대한 법률적 보호를 주창하는 등 비폭력과 평화운동에 앞장서게 되었다. 미국의 민권운동을 이끌며 흑인해방을 위해 자기 목숨을 걸었던 마틴 루터 킹 목사는 스탠리 존스가 쓴 '마하트마 간디의 전기'를 읽고 비폭력 운동의 기본정신을 배웠다고 전해지고 있다.

헨드릭 크래머의 선교신학과 충돌, 철저한 복음주의 지향

1938년 인도의 탐바람(Tambaram)에서 열린 국제선교협회(International Missionary Council) 총회에서 스탠리 존스는 주제 발제를 맡았던 헨드릭 크래머(Hendrik Kraemer)의 칼 바르트적인 주장을 정면으로 반박하면서 선교신학적 논쟁을 불러일으켰다.

▲ 스탠리 존스

인도의 대표적 논술지와 〈크리스천 센추리〉에 기고한 논문(1939년 5월 15일자)에서 스탠리 존스는 '마드라스에서 놓쳐버린 것들(Where Madras Missed Its Way)'이라는 주제로 헨드릭 크래머의 주장이 지나치게 서구중심적 교회론에 치우쳤다고 비판했다. 칼 바르트의 신학사상을 선교신학적으로 해석한 크래머의 교회론을 인도의 선교현장에 적용할 경우, 대부분의 인도인들은 교회(Church)라는 가시적인 제도를 서구문명과 혼동할 뿐만 아니라 제국주의의 영향으로 인해 기독교를 부정적으로 볼 수밖에 없다는 것이 스탠리 존스의 경험에서 우러난 선교신학적 통찰이었다. 인도와 같은 선교현장에서 교회라는 가시적인 제도보다 광범위한 '하나님의 나라'를 추구하는 것이 올바른 선교의 지향점이라고 본 것이다.

스탠리 존스의 주장을 반박한 사람은 헨드릭 크래머가 아니라 뉴욕의 유니온 신학교의 헨리 반두센(Henry Van Dusen) 교수였다. 그는 〈크리스천 센추리〉지에 기고한 논문(1939년 3월 29일자)에서 '마드라스에서 스탠리 존스가 놓친 것(What Stanley Jones Missed at Madras)'이란 주제로 스탠리 존스의 주장을 정면으로 반박했다.

그러나 헨리 반두센 교수의 비평은 스탠리 존스의 선교신학을 정확히 이해하지 못함으로써 제기된 오해였던 것으로 평가되고 있다. 반두센 교수의 주장과는 반대로 스탠리 존스는 철저한 복음주의적 선교신학자였기 때문이다.

1926년 영국에서 출간되자마자 공전의 베스트셀러 기록
한국에서도 1930년 번역 출간되기도

스탠리 존스는 1961년 '간디 평화상'을 수상했으며, 인도 독립 운동과 연관된 활동과 제2차 세계대전 중에 펼친 평화활동 등으로 두 번에 걸쳐 노벨 평화상 후보로 지명되기도 했다. 그는 철저한 복음주의자로 살면서도 열린 마음으로 인도인들에게 다가갔으며 그들의 문화와 전통을 존중하면서도, 유일하신 예수 그리스도의 복음을 효과적으로 전했던 인물이었다.

그는 매일 2시간씩 명상과 기도시간을 가짐으로써 자신의 신앙을 유지하는 데 소홀히 하지 않았으며, 간디와 타고르와 같은 인도의 지도자들과 깊은 유대관계를 가지면서 인도의 독립운동에 직간접으로 영향을 미쳤다.

《인도의 길을 걷고 있는 예수》는 스탠리 존스가 남긴 29권의 저술 중 가장 먼저 씌어진 책인 동시에 가장 널리 알려져 있는 책이다. 이 책은 1926년 7월에 초판이 출간됐는데, 같은 해 영국에서만 13쇄를 거듭 찍어야 할 만큼 공전의 베스트셀러를 기록했고, 밀려오는 책 주문으로 같은 해 11월에만 무려 5번의 재쇄를 찍었던 전대미문의 기록을 남기고 있다.

전 세계 독자들의 사랑을 받으면서 수백만 부 이상 팔려 나갔던 이 책은 이미 일제시대 때 한국 독자들의 마음을 사로잡은 적이 있었다. 1930년 조선야소교서회(朝鮮耶蘇敎書會)에서《인도도상

(印度途上의 그리스도》란 제목으로 출간되었으며, 번역자는 박두환(朴斗煥)이었다. 이번에 평단문화사에서 번역 출간되는 책은 원전을 참고하여 다시 새롭게 완역한 것이다.

독자들의 이해를 돕기 위해 등장하는 인물과 지명, 그리고 핵심되는 전문용어에 대해서는 자세한 설명을 덧붙였다. 이 한 권의 책이 선교 120주년을 기념하는 한국교회에 조그만 격려와 도전이 되길 기대해 본다.

김상근

인도의 길을 걷고 있는 예수

스탠리 존스 지음 | 김상근 옮김
발행처 | 도서출판 평단
발행인 | 최석두

신고번호 | 제2015-000132호
신고연월일 | 1988년 7월 6일

초판 1쇄 인쇄 | 2016년 11월 25일
초판 1쇄 발행 | 2016년 11월 30일

주소 | (10594) 경기도 고양시 덕양구 통일로 140(동산동 376) 삼송테크노밸리 A동 351호
전화번호 | (02)325-8144(代)
팩스번호 | (02)325-8143
이메일 | pyongdan@daum.net

ISBN | 978-89-7343-480-0 (03230)

값 · 14,000원

이 도서의 국립중앙도서관 출판예정도서목록(CIP)은 서지정보유통지원시스템 홈페이지
(http://seoji.nl.go.kr)와 국가자료공동목록시스템(http://www.nl.go.kr/kolisnet)에서 이용하실
수 있습니다. (CIP제어번호 : CIP2016025923)